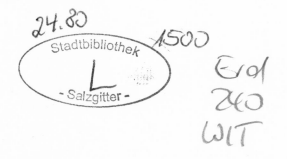

w

Burkhard Wittek

Reif für die Gipfel!

Zu Fuß auf dem E5:
Von Oberstdorf
nach Meran und Bozen

**Ein bajuwarisch, frech schwäbisches
Scherzando per pedes über die Alpen**

Wiesenburg

Bibliographische Information der Deutschen Nationalbibliothek:

Die Deutsche Nationalbibliothek verzeichnet diese Publikation
in der Deutschen Nationalbibliographie;
detaillierte bibliographische Daten sind im Internet
über http://dnb.d-nb.de abrufbar.

1. Auflage 2013
Wiesenburg Verlag
Postfach 4410 · 97412 Schweinfurt
www.wiesenburgverlag.de

Alle Rechte beim Verlag

Umschlagbild: Burkhard Wittek
Abbildungen im Text: Burkhard Wittek
Graphiken: Burkhard Wittek
Layout: Burkhard Wittek

© Wiesenburg Verlag

ISBN 978-3-943528-74-9

www.burkhard-wittek.de

Für Andrea –

und für Linus,
unseren Westi-Wanderhund.

Das Christentum gab
dem Eros Gift zu trinken. Er starb
zwar nicht daran, aber entartete zum Laster.
Friedrich Nietzsche

Oiwei des aufi – umi – obi – …
und oiwei des – oa Hoibe – zwoa Hoibe …
und oiwei des – un no oane! – un no oane!
On oiwei im Kopf des
aufi – umi – obi – aufi – umi …

Ällaweil des nuf – nom – nonder – …
On ällaweil des – oi Woiza – zwoi Woiza …
On ällaweil des – on no oins – on no oins!
On na au no ällaweil em Kopf des
nuf – nom – nonder – ond no: rieber, nieber ond fort!

Wichtiger Hinweis

für alle Leserinnen und Leser

Im Bewusstsein der Verantwortung für alle Leserinnen und Leser distanzieren sich Autor und Verlag von jeder Form des tierischen Ernstes und der Bier ernsten Sachlichkeit und versichern, dass dieses Buch in all seinen Texten, Bildern und Darstellungen rein skurril frivol witzige Absichten trägt und das Ziel verfolgt, die Menschen, insbesondere den des Lachens mächtigen Teil, außerhalb des eigenen Kellers er- und angeheitert zusammen zu führen.

Nicht alle in diesem Buch erzählten Ereignisse und dargestellten Figuren sind witzig oder verbürgt, geschweige denn erlebt, sondern entspringen in Teilen oder ganz der blühenden Fantasie des Autors. Jedoch wurde stets Wert darauf gelegt, nur solche Tatsachen und Fakten in dieser Weise zu verbiegen, die in einer Pointe enden; falls nicht – sei 's drum. Kein Buch also für Nüchterschnecken, Sturzwiesler, Humorbremsen, Schwachasseln, nörgelnde Pointenbeißer oder tief gefrorene Ernsthaft-Eisbären.

Für die Leserschaft nördlich des Weißwurscht-Äquators: Alle Personen sind frei erfunden. Ähnlichkeiten mit lebenden Personen sind rein zufällig und nicht beabsichtigt.

Inhaltsverzeichnis

Reif für die Insel! Reif, davon zu gehen, dem Alltag zu entfliehen, dem Stress im Job und vor allem dem Beziehungsstress, den eigenen Frauen die irgendwann einfach nur nerven mit ihrem ständigen Lamento: „Dätsch m'r net a' mol!", das einem als Mann nach so und so vielen Jahren Beziehungskiste auf den Keks geht, besonders die moralisch formulierten Erwartungen und Vorhaltungen, vor denen man einfach nur noch davon gehen möchte.

So sitzen wir bedauernswert abgehärmten Männer am liebsten am Stammtisch auf unserer Insel, die wir uns im Eldorado unserer Selbstgefälligkeit jenseits aller Alltagssorgen eingerichtet haben: Für uns, Maxi und mich, ist das drüben beim indischen Pizzawirt, jenseits der zwei Hauptstraßen, die dort eine Verkehrsinsel bilden, mitten im viel umfahrenen Asphaltdreieck, wo kein Zebrastreifen hinführt und auch keiner mehr weg, wenn's sein muss den lieben langen Tag, bis tief in die Nacht hinein. So sitzen wir dort abgeschirmt in unserer mannhaften Selbstgewissheit jenseits aller Zumutungen des Alltags in gleichgültiger Ruhe beflissen.

Hier sitzen wir ein- oder zweimal in der Woche im kleinen Biergarten des indischen Pizzeria-Selfservice-Wirts vor dem Haus, wo die süditalienische Mafiatorte nur um die sechs Euro kostet und das Weißbier auch nur unter drei. Denn hier ist alles, wie es bei Muttern schon immer gewesen war. Alles ist einfach köstlich und deliziös, ohne gleich Bio oder dynamisch oder links-, rechts- oder sonst wie verdrehend sein zu müssen. Denn einmal im Leben, wenigstens in diesen wenigen Stunden, in denen der reine

Genuss im Mittelpunkt steht, muss man Präferenzen setzen. Denn hier – um mit dem Dichterfürsten zu sprechen: Hier bist du Mann, hier darfst du 's sein.

Auf unserer Männerinsel beim Pizzeria-Self-Service-Inder, hier mitten im schönen Verkehr unseres kleinen oberbayerischen Ortes, erblickten nicht selten seltsame Geistesblüten das Licht der Welt. Hier kamen wir auf die glorreiche Idee, mal gemeinsam Urlaub zu machen. Und was lag da näher als – ja, was lag näher für einen Bayern und einen Schwaben, die sich gefunden hatten – als über alle Berge zu gehen, allein, ohne Lederhosen und Haferlschuhe, ohne Erwartungen und Kleidungskonventionen, ohne Frauen und Fünf-Sterne-Hotel mit Pool, einfach so zum vierzehntägigen Männerdauerstammtisch. Das war der tiefere Sinn, in dem wir uns reif für die Insel fühlten.

Als wir auf diese Idee kamen, war es in unserem kleinen Ort gerade tiefster oberbayerischer Winter. Die Temperaturen lagen unter null. Wir saßen eingelullt in warmen Mänteln, Schals und mit Winterschuhen bekleidet an unserem eisigen Tisch beim Inselwirt, saßen auf kalten Metallstühlen vor dem Haus bei einem auf Zimmertemperatur angewärmten Bier und aßen Pizza Regina. Wir wälzten im Geheimen Reisekataloge und suchten ein Ziel, an das unsere Frauen zum Urlaub bestimmt nicht mitgehen wollten. Denn anders hätten wir es ihnen nicht beibringen können, dieses Jahr alleine, ohne sie, fortfahren zu wollen.

Aber eines Tages, es war irgendwann im März, und Maxi und ich saßen wieder auf unserer Insel mitten im schönsten Verkehr, da trat ein Typ an unseren Tisch, der wohl selbst zum soundsovielten Male hier sich seine Pizza abholte. Der sagte mit einem Mal zu uns:

„Ich sehe euch jeden Tag hier sitzen und seit kurzem Urlaubskataloge wälzen. Wie seid ihr denn drauf?".

Was ist steil und spitz in Bayern? Klar! Der Radi und die Gipfel.

„Was geht denn dich das an?", platzte ich heraus. Er aber, auch nicht auf den Mund gefallen, erwiderte:

„Habt ihr 'n psychisches Problem oder seid ihr einfach nur schwul?".

„Was für'n psychisches Problem denn?", sah ich ihn verständnislos an und warf meine Stirn in nachfragende Furchen:

„Na ja, ich will ja nichts sagen. Aber ihr zwei seid schwul oder leidet ganz beträchtlich an ADHS."

Das saß. Das war ein herbes Stück; ganz abgesehen davon, dass ich nicht wusste, was ADHS ist. Ich sagte:

„Du suchst wohl Streit oder gehörst du zu diesen abgefahrenen Wissenschaftlern, die mit Fremdwörtern den Otto-Normalverbraucher zu verunsichern suchen", sah ihn an und ergänzte: „Also wenn du Männer-Gesellschaft brauchst, dann hol' dir 'n Bier und hock dich her, aber halt einfach 's Maul; pseudo-wissenschaftliches Gelaber kön-

nen wir nicht brauchen. Wir sind ernsthaft bei der Arbeit."
„Ich trink kein Alkohol; hin und wieder vielleicht ein Glas Wein."
„Egal! Dann hol dir halt drin einen Halts-Maul-Wein!".
„Was ist denn das?".

„Das, was offenbar dir abgeht", schaute ich ihn vorwurfsvoll an und erklärte: „Das ist schwäbischer Wein, am besten aber ein Pfälzer, die Literflasche nicht teurer als zwo zwanzig."

Also drehte er sich wortlos um, ging hinein. Er holte sich an der Theke seine Pizza ab und kaufte eine Flasche Wein. Als er noch drinnen stand und wartete, fragte Maxi:
Was ist denn das für einer?".

„Ein halber Irrer – auch nicht besser als wir."

„So 'n Scheiß! Mir scheint eher, da sucht so 'n Ein-Euro-Psychologe ein paar Blödmänner fürs sozialpsychedelische Pedanten-Kanapee."

„Oder eine Mischung aus Beethoven, Workaholic und frei schaffendem Künstler betätigt sich als sozialwissenschaftlicher Hobby-Semiologe."

Wir lachten, amüsierten uns über den genialen Witz. Maxi aber ergänzte:

„Und? Hast du schon mal einen Psychologen getroffen, der anders ist? Die haben doch alle einen an der Waffel. Wie könnten die sonst ihre Patienten therapieren?".

„Da liegst du, wenn ich 's mir recht überlege, sicher nicht ganz falsch. Die Diagnose eines Psychologen ist immer eine Art Selbstdiagnose. Ein Arzt, der nicht selbst an dem leidet, was er an seinen Patienten findet, hat sein Fach verfehlt."

„Genau. Und Gynäkologen. Die sind fast immer schwul", schaute mich an und ergänzte: „Noch irgendwelche Fragen?".

Gelangweilt blätterten wir in den Katalogen weiter, hatten Eselsohren an jene Seiten gemacht, die uns einigermaßen passend erschienen waren.

Als unser Freizeit-Psychedeliker mit Pappschachtel und Flasche Rotem herauskam, setzte er sich zu uns an den Tisch. Er suchte heute offenbar echte Männer-Gesellschaft.

Er breitete sich genüsslich aus, schob Hefte und Papiere zur Seite, wie es ihm gefiel, klappte seinen Pizza-Pappkarton vor sich auf und entkorkte die Flasche, begann schmatzend zu essen und zu trinken. Er aß ansonsten schweigend, sah uns während des Essens verschlafen zu, wie wir in den Unterlagen hantierten, zwischen Ein-Sterne-Hotels, Poolnixen und Disco-Hype.

Plötzlich lies sich unser verhinderter Psycho-Neurotiker ganz unvermittelt vernehmen, indem er schmatzend fragte:

„Wollt ihr zu viert oder zu zweit verreisen?".

„Was geht's di' o'?"[1], platzte es aus Maxi heraus.

„Nö, natürlich nichts! Aber ich sollte euch einen Rat geben", entgegnete der vorwitzig, weil er offenbar außer unserer Gesellschaft auch ein Gespräch suchte. Maxi und ich schauten uns an. Ich fragte neugierig:

„Was willst du uns denn raten? Du kennst uns doch gar nicht?".

„Nö, kennen tue ich euch nicht. Aber ich weiß genug über euch und die Männer, um raten zu können; und über euch so viel, dass ihr immer hier beim Inderwirt auf der Insel hockt, völlig alleine, so ganz ohne Frauen, mitten im lärmenden Verkehr", sagte er schlau.

Nun wurden wir noch aufmerksamer und neugierig, was für einen Rat dieser feinsinnig schwatzende Entertainment-Psychologe uns geben wollte:

---

[1]   Auf Hochdeutsch: „Was geht es dich an?".

„Ich sag's euch: Ihr zwei seid reif für die Insel, für den Ballermann!", und sah uns mit wissendem Grinsen und unverhohlen provozierend an.

„Du hast koa Ahnung!", rief Maxi, „wir sind beide liiert! Nicht miteinander, versteht sich. Also geht das gar nit ..."

„Warum nicht? Gerade dann ..."

„Du meinst ... ?".

„Ja, ich meine. Das ist doch alles ganz einfach. Ihr wälzt hier seit Wochen bei Wind und Wetter Urlaubskataloge, wisst nicht was ihr wollt, alles aus reinster Verlegenheit. Aber im Grunde wüsstet ihr auch ganz ohne Kataloge, was ihr braucht, wollt es euch aber nicht eingestehen wegen irgendwelcher moralischer Rücksichten – Motto Ballermann. Denn, man sieht es euch an der Nasenspitze an: Ihr zwei seid beziehungsmüde und ballermann-trächtig. Ihr braucht einfach mal was anderes. Jeder Mann, alle Männer brauchen mal was anderes. Und ihr glaubt wirklich, gerade ihr zwei seid da eine Ausnahme?".

Maxi sah mich pikiert an. Ich sah in gleicher Weise zurück, sagte:

„Wir sind in festen Händen. Wir lieben unsere Frauen. Also sind wir treu."

Der Hobby-Semiologe prustete los. Ihm fiel fast der Pizzabissen aus dem Mund. Er hätte um ein Haar den Wein über den ganzen Tisch verschüttet.

Als er den Wein gerettet und einen Schluck genommen hatte, sagte er:

„Ach ja? Ihr liebt sie also, eure Frauen? Schön für euch? Aber der Mann ist im Grunde seines Herzens Jäger und Sammler, und das ist er schon immer gewesen. Und da muss er halt immer mal wieder auf die Pirsch, ins Unterholz und streunen: Er muss sehen und schauen, was es sonst so gibt. Ansonsten ... ".

Schwäbische Grundversorgung fürs Leben 's Schorle ond Käs'brot.

Er zögerte, weiter zu sprechen. Ich fragte unverhohlen neugierig, während Maxi eine amüsierte Miene aufsetzte: „Ja, was ansonsten? Sag 's!", forderte ich ihn auf. Er sammelte sich, schaute uns beide an und sagte:

„Sonst bekommt ihr auf längere Sicht ADHS, sozusagen als spät pubertäre Folge embryonal verdrängter Triebe. Denn auch ihr könnt nicht drei Millionen Jahre Entwicklung zum Homo sapiens maskulinum so mir nichts, dir nichts einfach weg stecken. Auch ihr seid nicht immun, Männer zu sein, ihr zwei aus dem Monogamisten-Paradies entlaufenen Sperma-Helden hier auf der Mafiapizzeninsel."

Mir schwirrte der Kopf von diesem Gerede. Gedanken flogen mir wild durchs Gehirn. Ich spürte, dass selbst die noch so verschlafensten Psychologen auf eine für normal Sterbliche unheimliche Art und Weise mit unbeweisbaren Hypothesen hantierten; auftrumpften mit schlauen Sprü-

13

chen zum Homo sapiens und zur ganzen Menschheitsgattung und der Evolution. Charles Darwin und Claude Levi-Strauss hätten ihren Freud alias Sigmund an dem gehabt. Jäger und Sammler, Männer und Frauen, was sollte man dagegen sagen? Man musste einsehen, dass solche Typen jeder Medizin und jedem Halts-Maul-Wein gewachsen und gegen diese immun sind; obgleich der tatsächlich einen roten Pfälzer im Weinregal des Inderwirts gefunden hatte.

Doch der unrasierte Sozio-Patriarch mit der wilden Mähne und dem zerzausten, müden Gesicht setzte noch eins drauf. Er sagte:

„Aber, soweit ich sehe, leidet ihr zwei schon längst an chronischem ADHS."

Das ausgesprochen, nahm er sein Mahl von Pizza und Rotwein wieder auf. Er steckte sich genüsslich grinsend das letzte Dreiecksstück Pizza in den Mund und nahm den letzten großen Schluck aus seiner Flasche Wein.

Maxi und ich aber sahen uns an. Sein Blick sagte mir: 'Das nervt jetzt gewaltig. Kann der nicht endlich sei' Fotz'n halten?'[2] Denn so allmählich ging uns das alles gegen den Strich. Mir schien, dass er sich mit seinem Psychologengeschwätz nur interessant zu machen versuchte. Und so fragte ich ihn:

„Was hat es denn mit diesem komischen A – D – H – S, von dem du immer redest, so Wichtiges auf sich?".

Er aber, als habe er nur aufs Stichwort gewartet, legte los:

„Man nennt es Aufmerksamkeitsdefizit-Syndrom oder auf Deutsch: Eine psychologische Störung, die auf einen eingebildeten Mangel an Aufmerksamkeit durch andere zurückgeht, in der modernen monogam ausgerichteten Zivilisation, von der eigenen Beziehungsfrau. Und diese Stö-

---

[2]   Auf Hochdeutsch: „Kann der nicht endlich sein Maul halten?".

14

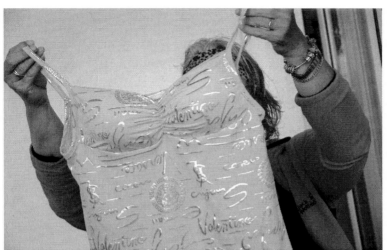

Bayern und Ballermann: Das sind Bräute, Bruno und die Brezen.

rung geht als egomanischer Ich-Reflex mit einer Hyperaktivität einher und mündet, wenn es ganz eklatant wird, in einen Gehirndefekt ein, der in einer hypochondrisch paranoiden Manie gipfelt. Manche Männer sammeln Dates, andere Gartenzwerge, wieder andere bauen Modelleisenbahn oder schreiben Bücher. Bei vielen dieser Exemplare rührt dieser Defekt schon aus der embryonalen Entwicklung, den Kindheitstagen her und ist ein Leben lang unheilbar. Das kann dann nur noch durch bestimmte psychologisch-pädagogische Maßnahmen eingedämmt werden, oder durch eine bestimmte Therapie, Rehabilitation ...".

„... oder Urlaub vom Ich", führte ich sein Dozieren fort.

„Ja, genau!".

„Aber durch einen, den die Männer ohne ihre Frauen alleine antreten und wie in prähistorischen Urzeiten als röhrender Hirsch, als Ötzi oder Bruno der Bär durch die gebirgige Wildnis Oberbayerns streifen", fügte Maxi, selbstsicher geworden, hinzu.

15

„Und du meinst, wir leiden genau daran?", fragte ich.

„Ja. Eure seit Wochen andauernde akribische Konsultation von Urlaubskatalogen zeigt, dass ihr unausgelastet, hyperaktiv, egomanisch und hyperintellektuell unterwegs seid. Ihr sucht ein psychisch-zerebrales Ventil für lang aufgestaute psychisch verortbare Sexualdefizite. Ihr seid – um es deutlich zu sagen – in meinen Augen krank. Am besten, mein Rat, ihr fliegt zum Ballermann. Denn der Ballermann und der Schürzenjäger ist das einer modernen Zivilisation adäquate Sublimierungsartefakt des Sammlers und Jägers, der einst durch die Gebirgswildnis Oberbayerns streifte. Am Ballermann ersetzt die Pofalte der Discomieze das unschuldige Reh, die Schluchten-Gymnastik im Swinger-Club den röhrenden Hirsch am wild romantisch rauschenden Bergbach des Gebirgstals."

Aber indem er das gesagt hatte, stand er auf. Die Pizzapappe war leer, der Wein ausgetrunken. Unser sozialpsychologische Orts- und Bezirks-Therapeut wünschte allseits einen schönen Tag und ging.

Maxi und ich sahen uns aufgewühlt und von dieser Diagnose ernüchtert an. Wir wechselten wissende Blicke. Während ich mich allmählich fasste, sagte ich zu Maxi:

„Was hat der von uns gewollt? Aus welchem Wohnsilo ist dieser Don Grotto der Silberfische uns bloß erschienen?".

„Was fragst du mich. Ich habe von diesem ADHS-Gedönse nichts begriffen; nichts von dem, was der geredet hat", sagte Maxi.

„Also lass uns lieber weiter suchen", zog ich aus unserer Verwirrung die Konsequenz.

Maxi und ich lehnten uns zurück, schnappten nach Luft und besannen uns, suchten mit neu vereinten Kräften Seite für Seite die Kataloge weiter durch und ließen uns von die-

Auf den Gipfeln der Eleganz und des Wohllebens.

sem Gespräch nicht weiter ablenken.

Aber zum guten Schluss ergab sich, dass die Idee mit dem Ballermann gar nicht so schlecht war, schon allein der Preise wegen. Gemäß Katalog waren es die günstigsten Pauschalreisen, mit denen ein Urlaub im Süden, am spanischen Mittelmeer gemacht werden konnte. So traten wir dem Gedanken, den auch der Hobby-Tautologe gemacht hatte, durchaus näher, auch wenn aus anderen Gründen, als dieser empfohlen hatte. Doch warf Maxi ein, dem der Gedanke wie auch mir zunehmend gefiel:

„Das werden wir unseren Frauen niemals klar machen können."

Doch mir, den dieselben Bedenken umtrieben, fiel spontan dazu ein, wie wir sie überzeugen könnten. Ich sagte:

„Doch, das kriegen wir hin. Wir erzählen ihnen, dass ihre Platzhirsche über die Alpen gehen wollen: Zu Fuß von Oberstdorf nach Meran: Einfach über alle Gipfel!".

„Du meinst? Wir zwei? Reif für die Insel! Und gehen,

reif für die Gipfel, vermeintlich über alle Berge?".

„Ja, so sehe ich das."

Ich erzählte Maxi, wie ich mir bei meiner vornahm, sie zu überzeugen. So hatte ich schon den Satz an meine Liebste im Ohr – ich sage mit sinnlich weicher Stimme zu ihr:

„Liebling! Ich habe uns für dieses Jahr schon ein Urlaubsziel ausgesucht", sie neugierig und freudig schauend, während ich ernst fortfahre: „Es wird eine Alpenüberquerung von Oberstdorf nach Meran, zu Fuß auf 10.000 Höhenmetern in geführter Gruppe!".

Sie stutzt, sagt erstaunt: „Das kannst du als Urlaub alleine machen. Da gehe ich nicht mit; zu Fuß über die Alpen. Du spinnst wohl!", und indem sich ihre Miene verdüstert: „Niemals im Leben gehe ich mit dir über alle Berge!".

Ich: „Schatz, das tut mir jetzt aber überaus Leid, ich habe nämlich schon alles fest gebucht."

Sie: „Dann mache ich mit meiner Freundin in diesem Jahr Urlaub. Das jedenfalls kannst du alleine machen – machen mit wem du willst, aber auf keinen Fall mit mir."

Aber, fragt es in mir, woher weiß sie, dass ich nicht mit ihr in diesem Jahr in Urlaub fahren will? So ist es am besten, dass man als Mann auf einen solchen Satz seiner Liebsten gar nicht antwortet, keinerlei Zustimmung zeigt. Das würde Frau misstrauisch und argwöhnisch machen. Mann schweigt sich mannhaft aus und freut sich, dass er von ihr das Plazet hat, alleine in Urlaub zu gehen.

So waren Maxi und ich einig, hatten gefunden, was wir machen und wie wir unsere Frauen überzeugen konnten. Wir hatten eine geniale Urlaubsidee für uns, die wir über so viele Tage am Stammtisch beim Inselwirt in unserem kleinen oberbayerischen Heimatort ausgebrütet hatten: Nun, als das geschehen war, fühlten wir uns wirklich reif

Leben wie Gott am Strand: Wellness mit Meer und Muse.

für die Insel, und wussten, mit Einverständnis unserer Liebsten, was unser Weg zurück zu den Gipfeln unsrer Selbstfindung sein würde.

Warum Bayern und Schwaben nicht wandern

Seitdem der Mensch laufen kann, geht er auf Reisen. Er ist zu Fuß unterwegs, aber seit zweitausend Jahren mit Heuwagen oder Kutsche, seit zweihundert Jahren mit Eisenbahn oder Automobil, mit Moped oder Fahrrad.

Gleichgültig wie er reist: Er will wie Marco Polo oder Sven Hedin, wie Amundsen oder Scott die Welt erobern und wie der Preuße Alexander von Humboldt die Bräuche und Kulturen der Völker Südamerikas und der Welt erforschen.

Aber Bayern und Schwaben sind ganz anders: Denn indem der Mensch die Welt kennen lernt, findet er dort draußen sowieso immer nur sich. Man könnte nun sagen, da könnte er gleich zu Hause bleiben, sich einen schönen Lenz machen und in den Spiegel schauen. Da sieht er alles, was er unterwegs ohnedies nicht findet. Und spart, wie die meisten Bayern und Schwaben, obendrein noch viel Geld.

In dieser Art sind diese beiden germanischen Naturvölker in der Weltgeschichte schon immer unterwegs gewesen: Sie sind einfach zu Hause geblieben, haben die Völkerwanderung verschlafen und stets nur gefragt: Was kostet die Welt – und: Was kostet sie mich, wenn ich zu Hause bleibe.

Bevor sie los gingen oder los fuhren, wollten sie wissen, was in der Welt los ist und was es kostet, überhaupt unterwegs zu sein: An eigener Kraft und an eigenem Vermögen.

So sind Bayern und Schwaben häusliche Typen. Sie bleiben am liebsten, wo sie sind, bleiben was sie sind und was ihre Vorfahren aus ihnen gemacht haben. Sie sind seit tausenden von Jahren immer nur sitzen geblieben, sozusagen auf ihrem sesshaft Wertesten; am allerliebsten in aller Gemütsruhe und selbstvergessen zu Hause am Holzkamin beim gut gekühlten Bier und Brettl-Vesper mit rotem und weißem Presssack. Da sind sie dann ganz bei sich geblieben und ließen mit Kruzifix über der Eingangstür auch den Herrgott einen guten Mann sein. So war es den Bayern und Schwaben bei sich immer vergönnt. Sie genügten sich und es genügte ihnen bei sich, was bis in die heutigen Tage hinein so geblieben ist.

So blieb insbesondere der Bayer immer dort, wo ihn Geburt und Geschick hingesetzt hatte, wohin das Schicksal von Natur und Völkern ihn vor Jahrtausenden hin versetzte: Nämlich in einer der schönsten Landschaften nördlich der Alpen. Seine Heimat hier hat er niemals verlassen. Sogar die gesamte Völkerwanderung hat er verschlafen. Er hat hinterm Ofen sitzend einfach immer abgewartet, bis die Menschen zu ihm kamen, sei es nun als streitbares Heer oder als genusssüchtige Touristen. Und manchmal sind diese gleich geblieben oder auch wieder gekommen,

Gebirge oder Strand und Meer – Wohlergehen auf je eigene Art.

haben sich ihren Gastgebern in deren Lebensart angepasst. Man könnte meinen – und vermutlich stimmt das auch – Bayern und Schwaben litten und leiden bis heute an einer orthopädisch äußerst bedenklichen Fußkrankheit, von der nachgewiesenermaßen auch Maxi nicht ganz frei war. Denn er erzählte mir eines Tages, als wir am Stammtisch bei unserem Inselwirt saßen und wussten, welche Art Urlaub wir gemeinsam machen wollten, die folgende bemerkenswerte Geschichte:

Er habe vor Jahren den für einen Bayern unerhörten Selbstversuch unternommen, direkt von der Haustüre bis nach Südtirol zu wandern, wo er einen Bergbauern im Vinschgau kannte, mit dem er bisher nur telefonisch verkehrt war. So hatte er sich nun endlich mit Sack und Pack auf den Weg gemacht, war mit Zelt und Lebensmitteln los gezogen. Er wollte Hotels und Pensionen, Restaurants und Gasthöfe meiden. Er wollte bis zur Ankunft in Südtirol, im Vinschgau, nur kostengünstig im Freien, in Heuschobern

21

oder bei Bauern übernachten; und er wollte nur von Mitgenommenem leben.

Aber selbst mitgenommen, brach er kurz darauf alles ab: Er war ohne ausreichendes Vermögen schon zwei Tage später am Hohen Peißenberg gescheitert, da seine Füße – der Schuhe und deren Einlagen wegen – und seine leider etwas feuchtigkeitsempfindliche Körperhaut – seines atmungsinaktiven Zeltes wegen – den Dienst quittierten. Sie verleideten ihm das unbayerische Ansinnen mit Stichen in der Ferse und einem pitschnassen Zelt und Schlafsack.

So war natürlich klar, wollte er überhaupt mit mir verreisen, dass er den Ballermann einem zweiten Wanderversuch vorziehen würde, schon deshalb, da man dort mit wenig Gepäck auskäme: Gemäß Packzettel machte er klar, dass Zahnbürste mit Handseife und Badehose, ein T-Shirt und eine Hose mit einer Garnitur Unterwäsche für 14 Tage vollauf genügen dürften.

Wenn ein Schwabe reist und verreist, also von Zuhause davon geht, hat es leicht andere Gründe: Er, der gerne am Sonntag oder am liebsten an allen Tagen genussvoll auf seinem Wohnzimmersofa sitzt und seiner Lebenspartnerin entspannt beim Arbeiten zusieht, zum Beispiel beim Saugen, Wischen und Kochen, genießt zu solchen Stunden einen köstlichen Kaffee und starrt am liebsten dabei Gedankenlöcher in die Luft, ist also – frei nach seinem Ahnherrn Friedrich Schiller – rein philosophisch unterwegs und liebt die Erziehung des Menschengeschlechts in freiheitlich gesinnter, Schillerscher Manier.

Kommt ihm da aus der Küche oder irgendwo aus einem der Zimmer der Ruf in die gedankenleere Quere, der ungefähr so lautet:

„Na, du kloiner, fauler Egomanen-Arsch: Dätsch du vielleicht a Mâle d'â Tisch deckâ?"; da erschrickt er und denkt

22

bei einer solchen Ansage seiner geliebten Ehefrau ganz unschuldig bei sich: 'Ja jetzt? So was aber au' !', und sagt: „Joã, I komm glei'! Bin leider g'rad e'n e'm wichtigã Noachden'gã begriffa!"[3], und überlegt: 'Des isch heit wieder zum Dã'voo laufa!'[4] Er meint damit aber: 'Da könnte ich ja gleich wandern gehen', und fühlt sich, indem er das denkt und für sich im Sessel oder auf dem Sofa sitzt und mit sich und der Welt sonst vollkommen im Reinen ist, von der eigenen Frau unverstanden; denn er weiß:

„Worum hat s'e mi' eigentlich g'heiradet, wenn s'e mi' net nemmt, wie i' halt a Mol' bin?"[5].

Aber sein Verhalten erklärt, warum der gewöhnliche Schwabe gegenüber dem gewöhnlichen Bayern eher nicht fußkrank ist, nicht gern zu Hause bleibt und die Gartenzwerge im heimischen Gartenparadies akribisch pflegt, sondern irgendwann raus muss, weg und schnurstracks in die Welt hinaus; nur immer weg und am besten gleich über alle Berge.

Er geht, wie er selber sagt, dann „oi'fach da'voo" oder auf Hochdeutsch: Er muss raus!, weil er es zu Hause nicht mehr aushält. Und deshalb trifft man so viele Schwaben in den bayerischen Alpen beim Wandern an oder in Oberstaufen im Allgäu, vornehmlich allein oder mit dem Kegelverein oder gleich mit der Freundin, niemals aber mit der eigenen Ehefrau. Denn die bleibt als treue, redliche

---

[3] Hochdeutsch: „Ich komme gleich, mein allerliebstes Herzblatt. Ich bin leider gerade mit einer wichtigen Überlegung beschäftigt!" Und er meint damit: „Können wir der Einfachheit halber nicht einfach das Geschirr und Besteck von gestern verwenden?"

[4] Hochdeutsch: „Das ist heute mal wieder zum Davonlaufen!"

[5] Hochdeutsch: „Warum hat sie gerade mich geheiratet, wenn sie mich nicht nimmt, wie ich nun mal bin." (Hinweis: Die Kausalität zwischen erstem Satz und Nachsatz entspricht dem schwäbischen Kausaltyp, hat also mit Logik eigentlich weniger zu tun.)

Hausfrau zu Hause, passt auf die Möbel auf und darf in aller gebotenen Gewissenhaftigkeit das traute Heim besorgen.

So ist es nicht verwunderlich, dass Bayern und Schwaben, was deren männlichen Teil angeht, immer wieder reif für die Insel sind – oder reif für die Gipfel, über die sie so gerne hinweg gehen. Denn für beide gilt: Der erste Schritt zur Selbstverwirklichung ist es, sich die Freiheit zu nehmen, und sei man auch Bayer oder Schwabe.

Also machten wir zwei uns auf den Weg und nahmen uns unseren gemeinsamen Urlaub und wanderten auf himmelstürmenden Pfaden über die Gipfel und Bergzüge des Alpenhauptkamms, auf die Gipfel unseres Glücks am E5, die uns irgendwo südlich unserer kleinen Stadt auf 140 Streckenkilometern und über fast 10.000 Höhenmetern alles abfordern sollten.

Aber so konnte das auch kein rein feucht fröhlicher, entspannender Urlaub werden, vor allem nicht für einen bayerischen und einen schwäbischen Flachlandtiroler, die beide ausgemacht und ausgekocht genug waren, stets auf einen günstigen Absprung zum Ballermann zu achten. Es war im Juli 2009, als das geschah, als mit unausgesprochen „erfräulicher" Genugtuung die Planung eines solchen Urlaubs in die Tat umgesetzt wurde.

Wie man plant, was keiner will

Da eine Wanderung zum Ballermann, also auf die Balearen, aus verschiedenen Gründen wenig erstrebenswert ist, musste es doch der E5 zwischen Oberstdorf, Meran und Bozen werden, den wir planten. Also lag nichts näher, als eine Pauschalreise dorthin zu wählen. Dazu boten die verschiedenen Wandervereine und Sportschulen genügend Möglichkeiten an.

Aber wir stellten fest, dass wir uns von diesen und ihren Arrangements schnell zu sehr eingeschränkt fühlten. Wir wollten ja noch den Absprung zum Ballermann schaffen.

Wir wollten auch nicht in einer zwangsbetreuten Gruppe[6] im Lemminge-Korsett gehen, mit festen Uhrzeiten und Tagen, gleichgültig, wie das Wetter oder Allgemeinbefinden ist, auch wenn uns das gewisser eigener Planungen und Vorsichtsmaßnahmen enthoben hätte; auch wenn uns einige Leute, die uns gut kannten – wie sie vorgaben – zum Beispiel unsere Frauen, uns vom alleine Gehen abrieten.

Denn man wusste ja nie, welche Gefahren im Hochgebirge, in Besonderheit in den Zentralalpen zwischen Oberstdorf und Meran, lauerten: Wild gewordene Murmeltiere, tierisches Hornvieh oder sonstige unzivilisierte, manierlose Geschöpfe. Denn auch Wetterumstürze und plötzlich herein brechende Steinlawinen, unvermutete Hagelschläge, Erdbeben und Vulkanausbrüche waren immer möglich. Sogar unvermutet herbei stürmende, marodierende Wanderwillige in Midlifecrisis kamen vor. Besonders mit solchen war auf Pfaden und Wegen der Alpen und in Hütten immer zu rechnen.

Aber das Schlimmste, was überhaupt geschehen konnte, ohne pauschal lemmingehaft in den Bergen unterwegs zu sein, war es, dass man zu dieser Zeit, in der wir gehen wollten, mitten im Juli, auf den am Weg liegenden Hütten kein Nachtlager mehr bekommen könnte. Denn die waren schon ab Frühjahr samt und sonders pauschal ausgebucht.

Also machte es Sinn, mit einem der anbietenden Wanderorganisationen sich brav ins betreute Wandern über die

---

[6] Wichtiger Hinweis: Geführtes Wandern ist sinnvoll, insbes. für Personen, die keine oder wenig Erfahrung im Hochgebirge haben!

Zentralalpen von Oberstdorf nach Meran und Bozen zu begeben.

Aber – so nicht wir! Wir, die sowieso zum Ballermann wollten, schworen davon ab! Wir schworen uns: Ohne Gehwagen und Rollator über die Alpen! Reif für die Gipfel! Aber immer schön zu Fuß!

Ohne Rückfrage bei Krankenkasse, Arzt oder Apotheker wurde der Rucksack gepackt: Es blieben zum Beispiel Dixi-Klo mit Papier und Wasserspülung und ein Dekontaminierungszelt für notorische Schnarcher, ein Bügeleisen sowie der Toaster und die gesamte nicht erträgliche (nicht: nicht tragbare) Ausrüstung zu Hause, die da war: 24teiliges Tafelservice mit Bierkrügen und Weinkelchen, First-Aid-Überlebenspaket mit Bratwürsten und Grillkohle, Tüten mit Chips und Crackern, Salzstangen und das Salzige jeglicher Art, einschließlich der eigenen Frauen, ganz abgesehen von Lippen-, Kajalstiften und jede Art von Strapsen und was der selbstbewusste Mann von heute sonst so zum Überleben braucht.

Dann, mit gepackten Rucksäcken, ging es los: ein fußkranker Bayer und weltsüchtiger Schwabe machten sich auf den Weg. Aber jener, der ein fußlahmer Bayer war, trug – sage und schreibe – nur acht Kilogramm Stammwürze am Leib, während ich mich mit 16 Kilo am Rücken über die Gipfel zu schleppen anschickte.

Er, der als wahres Wanderfedergewicht ins Alpengeschehen eingriff, hatte noch nicht einmal eine Armbanduhr dabei. Er schaute die gesamten 14 Tage über auf mein nacktes Handgelenk und sagte in seiner nonchalanten treuherzigen Art eines bajuwarischen »Ordere de Mufti di Bavaria« zu mir, der zugunsten seiner umfangreichen Fotoausrüstung auf die zweite Unterwäsche-Garnitur heulend verzichtet hatte:

„Du hast bestimmt nichts dagegen, wenn ich mir nach unserem Urlaub von deinen Bildern eine Kopie ziehe?".

„Natürlich nicht!", sagte ich, klopfte Maxi wohlwollend auf die Schulter und dachte für mich: 'Sag lieber nichts und lass den fußkranken bajuwarischen Wanderschnösel ziehen, der nun nicht einmal mit der digitalen Revolution geht, die es in der Fotografie inzwischen gegeben hat.'

Er musste auf diese Weise nicht mal mehr tief in die Tasche greifen, um Abzüge von den Ansichten seiner Reise zu bekommen. Ihm reichte der Klick auf die Computertaste, um von mir seine Reiseerinnerungen fertig und perfekt in seinen Memory-Stick abzuschnorren.

So gingen wir los, er leicht tänzelnden Schrittes und behenden Fußes mit acht Kilo Rucksacklebendgewicht, während ich mich mit sechzehn feisten Kilo den lieben langen Tag abmühen durfte und dafür auf meine Zweit-Unterhose großzügig verzichtet hatte. Es war der 11. Juli 2009 um 6 Uhr, als dieses wundersame Geschehen seinen unabänderlich legendären, auf 14 Tage anberaumten Lauf nahm. Wir waren fort, einfach reif für die Gipfel![7]

---

[7] Im Glossar findet sich eine detaillierte Packliste für Rucksack und die Ausrüstung am Mann.

Etappe 1: Oberstdorf – Spielmannsau

Früh am Morgen ging es los. Es war kurz nach 6 Uhr. Wir machten uns von zu Haus per pedes zu S-Bahn und zum Alex-Express auf den Weg, der von München-Pasing nach Oberstdorf fahren würde, mitten ins Herz der Wanderwelt des E5 hinein.

Wandern war angesagt. Unseren freischaffenden, sozialpsychedelischen Bezirks- und Orts-Psychologen bekamen wir zu dieser Stunde nicht mehr zu Gesicht; und er nicht uns. Er dilettierte noch irgendwo in unserem oberbayerischen Ort im Schlaf des Gerechten. Das war auch besser so. Denn statt mit Badehose und Badeschlappen im Gepäck, brachen wir mit voll gepackten Rucksäcken und Wanderstiefeln auf.

Schon auf der Fahrt nach Pasing hatten wir viel Spaß. Maxi erwies sich schon auf den ersten Kilometern Bahnfahrt als Quatschmacher. Wir ahmten das Ernsthafte vieler Wanderer nach, die das Zu-Fuß-Gehen wie eine neue Lemminge-Religion mit eigener Zeremonie und Orthodoxie betrieben. Wir machten bedeutende Gesichter, zogen Grimassen und übten Handshakes wie große Persönlichkeiten vom Berg, schwadronierten über das Kommende, scherzten über Bekannte und machten Fotos von den zukünftigen steinernsten Alpenbegehern. Denn wir waren sicher, wenn es nur gute Bilder gäbe, würden unsere Frauen bei unserer Rückkehr beeindruckt sein, was wir alles erlebt hatten. Dabei waren wir in Bezug auf unsere Füße und Gelenke gar nicht so sicher, wie das mit unseren Körpern verwachsene Wandermaterial einschließlich dem übrigen Kerl durchhalten würde. Zwar hatten wir unsere Füße die Tage zuvor mit Melkfett oder Hirschtalg Mumien gerecht

Mit dem Alex von München nach Oberstdorf.

einbalsamiert. Aber keiner wusste, ob es helfen und wofür es gut sein würde. Aber man würde es ja sehen, Wandern oder Ballermann, hin oder her.

Der Zug mit Namen Alex traf kurz vor 7 Uhr ein. Es ging los Richtung Oberstdorf. Wir ließen uns irgendwo in der Mitte des Zuges nieder. Es ging weiter, wie unsere Reise in der S-Bahn begonnen hatte. Noch hier ließ uns der Gedanke nicht los, dass für uns der Ballermann mit Strand und Mädels ein verführerischerer Gedanke gewesen wäre, als tagein, tagaus von einer Hütte zur nächsten zu gehen und auf eintönigen Wanderwegen sich selbst und den Rucksack samt seines schweren Inhalts über die Alpengipfel zu schleppen. Der Gedanke an „Reif für die Insel!" war uns verheißungsvoller als der an dieses „Reif für die Gipfel!". Doch waren wir auf jeden Fall reif für alles, was gemeinsam und ohne Anhang für ein paar freie Tage einen erholsamen Urlaub bringen würde.

Als die Schaffnerin unsere Fahrkarten geprüft und gestempelt hatte, machte sie uns darauf aufmerksam, dass wir im falschen Waggon säßen, dass der Zug bis Oberstdorf zweimal geteilt werden würde, und zwar in Buchloe und in Immenstadt. Aber weil wir ihre Erklärungen gleich wieder vergaßen oder nicht ganz kapiert hatten, machten wir uns ohne genaue Instruktionen in Richtung Zugende auf den Weg, einfach entgegen der Fahrtrichtung gehend, denn irgendwo dort musste der Waggon nach Oberstdorf am Alex hängen. Als wir im letzten Waggon ankamen, stellten wir fest: Das letzte, das kam, war das Zugbistro. Aber das war gut, denn es war Zeit, ein zweites bayerisches Frühstück zu uns zu nehmen. Und wir hofften, dass es bis Oberstdorf am Zug dran bleiben würde.

So gab es nach dem heimischen Frühstück am frühen Morgen im Alex-Express Weißbier mit mitgebrachten, belegten Broten. Das war die erste Maßnahme, um Rucksack und Rücken von Gewicht zu erleichtern. Was nämlich im Magen liegt und am Bauch hängt, kann nicht mehr beim Tragen drücken, allenfalls beim Bücken behindern oder beim Schuhe schnüren die Sicht einschränken wie auch beim Pinkeln. Aber das stand zum Glück ja noch nicht an.

Wir saßen an einem der Kantinentische im Zugbistro, die hier in Reih und Glied an großen Panoramafenstern standen und unverrückbar wie Papst und katholische Kirche fest und polsterlos wie eine Burg am Boden verschraubt waren. Hier genossen wir belegte Brote und Berge, die immer allgäuerischer auf uns zukamen. Wir erkannten, vor uns hin essend, welches Unheil unaufhaltsam über uns hereinbrach. Es schien, dass wir demnächst zu Fuß gehen, ja es ohne Badehose, ohne Strand und Meer ausbaden und demnächst durch grobes, bröseliges Gestein an Hang und Fels dahin wandern müssten. Noch einmal überlegten wir, wie wir in letzter Minute den Absprung schaffen könnten. Maxi kam auf die Idee, von Oberstdorf direkt eine Maschine nach Mallorca zu nehmen. Er fragte zweifelnd:

„Es wird doch in Oberstdorf einen Flughafen geben?".

Nun, ich schaute mich um, schaute auf ihn, auf die so und so vielte Flasche Weißbier, die vor ihm stand, und sagte:

„Aber vielleicht wird es die Schaffnerin wissen? Sie

wusste ja auch vorhin so gut Bescheid.“

„Ich bin in den letzten zwanzig Jahren nicht mehr in Oberstdorf gewesen. Aber was sich in der Zeit dort alles getan hat ... einfach unvorstellbar und faszinierend! Und, wer weiß, die haben jetzt bestimmt so was.“

Wir schauten uns befriedigt an, nahmen die Gläser auf und stießen an. Als wir diese abgesetzt hatten, sagte ich:

„Vermutlich brauchen wir im Terminal nur die Pauschalreise buchen; und ab geht die Post. Ooh! Ich habe keine Badehose dabei.“

Maxi lachte und sagte:

„Also werden wir vom Bahnhof gleich zum Flughafen fahren? Aber zuvor noch Badesachen kaufen.“

„Ja“, erwiderte ich, „genau so werden wir es machen.“

Wir klatschten mit der rechten Hand gegenseitig ein, da es ein guter Einfall und ein Geniestreich war, einfach ein toller Plan und das totsichere Rezept, um allen endgültig ein Schnippchen zu schlagen. So würden wir uns in wenigen Stunden nicht am Berg verausgaben müssen, sondern jeder würde mit Strohhalm an seinem Sangria-Eimer am Ballermann sitzen, links und rechts ein Mädel im Arm.

„Super“, sagte Maxi, „der Plan ist gut!“, und lächelte befriedigt vor sich hin. Doch schließlich sagte er:

„Und was machen wir, wenn es in Oberstdorf keinen Flughafen gibt?“.

Nun, das war wirklich ein Problem. Ich sah bekümmert zum Panoramafenster hinaus, als der Zug einen Schwenk nach Westen tat und ein erster Blick auf die Berge frei wurde. Ich wusste sofort, dass er recht hatte, dass es zum Problem werden könnte. Betreten schauten wir uns an, als sich die Blicke trafen. Dann sagte ich:

„Dann werden wir wohl oder übel gehen müssen, zumindest bis zum nächsten Ort, zur nächsten Stadt, die einen Flughafen hat, und wenn keine solche kommt, zur Not auch leider bis Bozen."

„Tja!", seufzte Maxi: „Das wäre dann tatsächlich eine Katastrophe! Dann müssten wir in Oberstdorf doch noch eine Wanderkarte für den E5 kaufen, um den Weg nach Bozen und zum Bozener Flughafen zu finden."

In Gedanken versunken glitt an uns die Landschaft vorüber. Die Berge der Allgäuer Alpen kamen bedrohlich näher, ragten immer unverschämter vor uns aus Dunst und Wolken heraus, unverschämt, da sie so hoch waren, dass es bestimmt Mühe machte, sie zu besteigen; und weil uns klarer wurde, dass wir sie übersteigen müssten, wenn alles, was wir uns vorgenommen hatten, scheitern würde. Denn zu allem Unglück kam ein immer grauer werdender Himmel hinzu. Dunkle Wolken zogen auf, die ankündigten, dass über den Bergen südlich Oberstdorfs eine Regenfront sich herausbildete und den weiß blauen Himmel zunehmend verhing.

So verscheuchten wir die düsterer werdenden Gedanken mit dem mitgebrachten Karten-Quartett, das den Titel „Tiere im Bauernhof" trug. Wir spielten es zum Zeitvertreib bis zur Ankunft in Oberstdorf; aber das misslang. Denn die Mindestspielerzahl war auf drei bestimmt. Es war zu zweit, also für uns allein, unspielbar. So, schien es, nahm das drohende Unheil allmählich seinen Lauf.

Beim Kauf dieses Quartetts hatte ich die Vorstellung gehabt, dass es eines meiner Jugendzeit sei. Damals spielte man Quartetts, in denen es um Autos und Sportwagen ging, um Spezialfahrzeuge, Flugzeuge und Motorräder. Man fragte beim Spielen der Karten nach Hubraum und PS, nach Höchstgeschwindigkeit, Zahl der Zylinder und ähnlichem anderen mehr. Aber wie ginge das mit Tieren? Darmlänge oder Ohrengröße? Die Zehenzahl oder Augenfarbe?

Nach kurzer Überlegung fiel uns was ein: Um die Tiere

Kurz vor Ankunft in Oberstdorf, mit Sicht auf die Allgäuer Gipfel.

im Bauernhof bespielbar zu machen, mussten wir den Tieren äußere Kriterien hinzufügen. Das umzusetzen, sollte die nächsten Stunden füllen. Doch das zog sich bis in die nächsten Tage hin, so dass wir im Zug zunächst mit der Umfirmierung des Quartettspiels begannen. Damit beschäftigt, waren wir von Geltendorf über Kaufering, Kaufbeuren, Südsee und Kempten nach Immenstadt gekommen. Der Zug verließ die Stadt in umgekehrter Richtung und traf um 9:22 Uhr über Fischen und Langenwang in Oberstdorf ein.

Wie wir aus dem Zug stiegen und der strömenden Menge folgten, sahen wir, dass Oberstdorf ein Endbahnhof war und die Bahnsteige am Ende in die Bahnhofshalle übergingen. Von hier aus war der Vorplatz und das Zentrum Oberstdorfs nah und leicht zu erreichen.

In Oberstdorf schien die Sonne, der Himmel war nur mit wenigen Wolken belegt. Es war warm, der Tag lachte uns an. Es wäre ein herausragender Wandertag geworden, hätte nicht anderes unsere Planungen bestimmt. So kauften wir unseren Frauen zuerst eine Postkarte, meine mit der Abbildung einer küssenden Kuh, Maxi eine mit einer Ansicht Oberstdorfs, alles nur, damit keine von beiden auf falsche Gedanken käme.

Wir schrieben sie gleich und warfen sie in den nächsten Briefkasten ein. Denn es hätten die letzten sein können, die wir ihnen von unserer Wanderung schicken würden. Also war es gut, es gleich hinter uns gebracht zu haben.

Stehend auf dem Vorplatz des Bahnhofs in Oberstdorf, schauten wir uns um: Wir sahen nirgendwo einen Wegweiser mit Aufschrift „International Airport Oberstdorf". Aber es gab auch kein Reisebüro, in dem man Näheres hätte erfragen können. Der Taxistand war gerade leer, und ein Passant, den wir in unserer allmählich aufkommenden Verzweiflung nach dem Oberstdorfer Flughafen fragten, sah uns verdutzt an und ging Kopf schüttelnd und ohne ein Wort weiter. Entweder verstand er kein Deutsch, sprach einen absonderlichen bayerischen Dialekt oder wusste nicht den Weg dorthin. Maxi schloss messerscharf daraus, dass der Flughafen heute geschlossen sei oder die „Oberstdorf Airways" heute nicht fliege, wir also vorsichtshalber eine Wanderkarte kaufen sollten.

Wir müssten also doch den Weg über die Berge antreten, wollten wir die Zeit nicht hier absitzen. So gab es vor dem Zu-Fuß-Gehen kein Entrinnen mehr. Wir gingen noch einmal in den Bahnhof hinein, taten, was niemals hätte geschehen sollen: Wir kauften eine Wanderkarte *E5 Nord* und ein transparentes Klebeband.

Als wir auf einer Bank auf dem Vorplatz des Bahnhofs gerade begannen, uns in unser unentrinnbares Schicksal zu fügen, trat auf einmal von hinten eine fesch gestylte Wanderin à la Happy Girly Face mit Partner, der gehüllt in Johann Wolfsfell war, freudig grüßend und lächelnd an uns heran. Sie wollte mit ihrem Assistenten im Schlepptau erfreut wissen, ob auch wir zu jener Wandergruppe gehörten, die sich an dieser Bank hier träfe. Sie sei deren Führerin und sie beide gemeinsam das E5-Wanderführungsteam.

Maxi und ich, die wir zunächst nicht begriffen, sahen uns

fragend an, waren unsicher, was jene attraktive Schöne à la Beauty Lift Face meine, warum sie, die Alpenwanderstewardess, gerade uns, denen der Sinn nach Ballermann stand, ausgerechnet aufs E5-Wandern anspräche.

Doch klärte sich alles schnell auf. Sie war Wandergespielin einer jener Veranstalter und Sportschulen, die heute eine Gruppe Wanderer über den E5 Richtung Meran führen sollte. Treffpunkt der Gruppe war diese Parkbank auf dem Vorplatz des Oberstdorfer Bahnhofs, auf der wir gerade unserer Wanderkarte zum *E5 Nord* mit einem um einen Meter ausgezogenen Klebebandstreifen Manieren beizukleben versuchten. Wir beteuerten, wir seien unschuldig und überdies alleine unterwegs, würden den E5, wenn schon, dann ganz auf eigene Kosten machen wollen.

Die Dame Changing To Hard Face war sichtlich bedient. Aus ihren Gesichtszügen verschwand jedes Lächeln, ihr Blick erstarrte und ihre Auskünfte wurden spärlich und karg. Herzlichkeit und Freundlichkeit wichen einem verstockten, ernsten Ton. Sie setzte ein verdrießliches Gesicht, ein Stupid Trailer Face auf, gab keine weiteren Auskünfte, weder zu sich noch zu Wetter oder Weg, so als seien wir E5-Wanderheuretiker und uns des kommenden Unheils nicht bewusst und irgendwie vielleicht auch geistig minderbemittelt.

Sie, das Shiny Wonder Face, fragte, ob uns die Gefahren wirklich klar seien, die auf dieser Strecke auf uns lauerten. Und im übrigen werde das Wetter heute schlecht, ein Wettersturz stehe bevor, wenn der Föhn erstmal zusammenbreche. Dann könne es sehr schnell gehen, und man müsse dann die Problemstellen der Wanderstrecke zügig hinter sich gebracht haben. Und das ginge nur mit ihr – dem Spicy Akne Face.

Wir hörten ihren Ausführungen still und ergriffen zu. Ich aber dachte an Oberstdorf Airways und an Ballermann und

Sangria-Eimer und versuchte mich dennoch in einer Widerrede:

„Macht nichts, das ist uns ganz egal. Und das Wetter ist uns völlig Wurscht. Wir sind nämlich auf dem Weg zum Ballermann. Da ist uns die Frage, wie hier das Wetter ist, ziemlich schnuppe."

Weil die Alpenwanderstewardess nicht begriff, fügte Maxi unerbittlich hinzu:

„Du verstehst scho': Strand und Meer, Sangria und Mädels ...", und sah sie grinsend und Verständnis heischend an. Sie aber fühlte sich für dumm verkauft, sah sie doch, dass wir in Wandermontur und mit Rucksäcken vor ihr standen. Sie sagte:

„Habt ihr überhaupt die Hütten vorgebucht? Auf dem Weg nach Meran ist alles weg. Ihr werdet Schwierigkeiten haben, überhaupt ein Bett zu bekommen. Wisst ihr, was das heißt: Auf dem Boden schlafen?".

„Wir finden schon noch ein Eckchen am Meer – und wie gesagt: Sangria im Eimer, Mädels am Strand und wir mitten drin."

Bei diesen Worten drehte sie sich um und ging geradewegs fort, platzierte sich mit ihrem hörigen Johann-Wolfsfell-Wanderfamulus auf einer anderen Bank. Sie residierte wie's ungeküsste Wanderfröschle ganz daselbst und empfing um sich die Gruppe der ihr gläubig geh- und wanderwillig Zugehörigen. Denn sie war im Gegensatz zu uns den Klebereien einer Landkarte enthoben, wusste sie doch den Weg, der ins alpinistische Sodom und Gomorrha jenseits Oberstdorfs führt. Welch eine schöne Einrichtung, dachten wir, eine solch perfekte Lemmingetruppe!

So war zu dieser Stunde am Morgen auf dem Vorplatz vor dem Bahnhof in Oberstdorf manches los. Alle waren hier vom Wandern elektrisiert. Jeder betrat den Platz im modernen, stylisch minded Wander-Outfit mit huge packed Trailer-Rucksack. Man gehörte einer verschworenen Gruppe an, machte sich auf Bänken, im letzten Schatten unter einem Baum fertig fürs Unausbleibliche; und überall bildeten sich Grüppchen, die gemeinsam losgehen wollten, in vereinter Kraftanstrengung über den Berg und ins vorgebuchte Eldorado der Tramps.

Doch uns traf das unausweichliche Schicksal nicht ganz so schnell: Wir mussten, die eher schlechte Wettervorhersage vor Augen, die im Bahnhofskiosk erstandene Wanderkarte an allen Ecken und Kanten erst einmal kleben. Wir wollten nämlich nicht erleben, dass uns der Weg von hier bis zur Kemptner Hütte vom Hin- und Herfalten verloren ginge. So knieten wir auf unserer Bank des Oberstdorfer Bahnhofsplatzes auf der vor uns ausgebreiteten Wanderkarte *E5 Nord*, um sie devot kniend kantenweise nach Süden ausgerichtet abzutapen.

Als Karte und wir zum Losgehen präpariert waren, sahen wir, dass alle anderen schon weg waren. Also gingen wir hinter drein. Wir brachen um 9:55 Uhr auf: Wir zwei auf dem E5 unterwegs, über Gipfel und Berge von Oberstdorf nach Bozen, was allein schon der Gipfel war.

Wir gingen durch die Verkaufsstraße von Oberstdorf, danach eine Wohnstraße Richtung Kirche Sankt Loretto und bald über eine weite, saftig grüne Weide aus der Stadt hinaus und weiter nach Süden. In der Ferne sah man die Berge der Allgäuer Alpen aus Wäldern aufragen, eine ganze Zahl von Heustadeln in ungleicher, ungeordneter Folge dazwischen. Der weit bis zum Horizont hinführende Wanderweg ging über eine große Weidefläche, die gut ein Flughafen hätte sein können, aber nur ein Spazier- oder Wanderweg war. Ihn schienen keine Jets, sondern nur die Oberstdorfer Jetsets anzufliegen. Für sie war er extra angelegt worden. Denn am Wegesrand waren in kurzer Folge eine große Zahl an Ruhebänken aufgestellt, teils eingezäunt in abgehegten Bereichen, wie einsame Aussichtspunkte auf die Lande- und Startbahn eines nie gebauten Airports. Auch gab es eine Kneippanlage, der man ansah, dass hier ältere Menschen sich zur Beförderung einer unter Altersleiden schwerer zu tragenden Gesundheit ihre Muße genossen. Doch für uns stand nicht Muße auf dem Programm. Es waren auch kaum andere Gäste Oberstdorfs zu diesem Zeitpunkt unterwegs, auch keine Fluggäste mit ihren Kleidersäcken und Rollkoffern, sondern nur die uns voraus gehenden Wandergruppen mit Rucksäcken.

Nach vielleicht einem halben Kilometer tauchte der Weg in einen Wald ein, stieß kurz darauf auf einen Bergbach, über den eine neue Holzbrücke führte. Direkt vor dieser Brücke bogen wir nach links. Es ging am Fluss entlang durch einen Laubwald, von dem wir uns nur wenige hundert Meter später wieder trennten. Wir bogen nach links und gingen zu einer großen Kreuzung. Diese überquerten wir und folgten dem Schild, das die acht Kilometer entfernte Spielmannsau anzeigte. Der geteerte und für Fahrzeuge gut fahrbare Weg führte uns wenige hundert Meter später ein paar Serpentinen steil den Berg hinauf und in ein enges Tal hinein. Oberstdorf war von hier nicht mehr zu sehen.

Als wir über mehrere Kehren den steilen Anstieg auf der Teerstraße geschafft hatten, kamen wir an einem Golfplatz vorüber. Dort, durch einen Spalt der Bäume hindurch, sahen wir zusammen mit zwei anderen amüsierten Damen einen älteren Herrn mit einem Golfschläger hantieren. Er legte sich mit großem fachmännischen Könnertum den Ball zurecht, prüfte Richtung und Entfernung und holte in kunstgerechter Beflissenheit aus, um könnerhaft den Ball in die grüne Landschaft zu chippen.

Doch war sein Schlag so hart und sein Schwung so groß, dass der weit über die rechte Schulter hinweg geführte

Die Stadt Oberstdorf im Rückblick.

Schläger wie ein falsch geführter Gärtnerspaten in die Grasnarbe fuhr, dass dem bejahrten Golfästheten Grasbüschel und Dreck um die Ohren und der Ball in einer unmanierlichen Weise hinweg flog, dessen Richtung er wegen heftigen Blinzelns nicht weiter nachverfolgen konnte. Dieser war nicht in der Bodenscholle des Golfplatzes verschwunden, sondern fernab im Sandbunker. Da sagte die eine der bei uns stehenden Damen lachend in die Runde:

„Das heißt beim Golf ein Handicap haben."

Maxi lachte und sagte voller Schadenfreude:

„Der hat seine Platzreife wohl im Steigenberger an der Bar abgelegt. Besser, er hätte auf Reife verzichtet und sich lieber mit der Wellnessnymphe vergnügt."

Ich hatte in diesem Moment meinen Bekannten vor Augen, der am eigenen Haus auf die Gartenreife hinarbeitet und im Frühjahr, kaum dass die Krokusse die Köpfe herausstrecken, mit dem Spaten seinen Garten traktiert und in den frostharten Rasen seine Vertikulier- und Samen-Schneise schlägt, als hebe er Schützengräben aus.

Lachend weiter gehend, kamen wir über eine schmale Fahrstraße, die ohne stärkeren Anstieg zwischen Wiesen ins Trettachtal hinein führte, an einem Haus vorüber. Kurz danach, nach wenigen hundert Metern, kam dieser in einen Wald zurück. In diesem ging es links hinauf und ins enger werdende Tal hinein, durch das die Trettach aus den nahen Allgäuer Bergen herbei fließt.

Als der leichte Anstieg durch den Wald endete, es scheinbar in eine Ebene überging, erblickten wir durch die schwarzen Stämme des Waldes hindurch links von uns einen in einer tiefen Kuhle liegenden kleinen See. Er war eingerahmt von schattigen Bäumen, deren wirre und knöchern kahlen Äste, die alten, toten Fingern glichen, sie von sich weg und übers Wasser hinaus streckten, den Anhöhen und Gipfeln entgegen, die jenseits des blau und grün schillernden Gewässers dunkel und düster aufragten.

Die Oberfläche des Wassers war grün vom Geäst, blau von der Tiefe des friedlichen Nass. An anderen Stellen war es schwarz von der durch die hohen Gipfel ringsumher abgeschatteten Fläche, dann in mancher Partie auch grau, was vom zunehmend wolkiger werdenden Himmel herrührte. Erst jetzt, als wir hier standen, den See, die Bäume und Farben bewunderten, wurde uns klar, dass wir am Christelesee standen. Es war 11:50 Uhr gewesen, als wir vor ihm auf der Anhöhe angelangt waren.

Wie wir für uns den See bewunderten, fielen erste dicke Tropfen vom Himmel. Es wurden rasch mehr. Wir gingen innerlich beunruhigt weiter. Wir verließen diesen Ort, hoffend, dass das Tropfen vom Himmel gleich wieder aufhöre. Aber je weiter wir kamen, gingen wir in immer dichter werdenden Regen hinein. Nur wenige hundert Meter später schlichen wir von Baum zu Baum, um, von Ästedach zu Ästedach sich vorantastend, Kopf und Haare vor dem nass Werden zu bewahren.

Doch das half nichts. Der Regen nahm zu, die Regendächer wurden spärlicher oder zu licht. Es war nicht mehr zu leugnen: Eine dunkle Wolkenwand schüttete ihr bestes

Gut über uns aus. So war es Zeit, endlich Regenzeug anzulegen, da die Tropfen vom Himmel kein vorübergehendes Phänomen mehr sein wollten.

Nach circa einem Kilometer, als uns ein nächstes Ästedach vor den herabfallenden Regentropfen barg, taten wir es: Wir nahmen schleunigst die Rucksäcke ab und zogen Regensachen an. Der Rucksack bekam einen Regenüberzug. Ich probierte erstmals meinen Wanderregenschirm aus, Maxi das große Blatt einer Pestwurz, das er sich umgekehrt auf den Kopf setzte. So konnte er statt mit Kapuze als Rumpelstilzchen-Verschnitt trockenen Hauptes weitergehen.

Es wurde kühl. Der Himmel war bewölkt, die Sonne nicht mehr zu sehen. Ihre Wärme fehlte. Stattdessen kroch erste Kälte in die Glieder, beginnende Feuchte ins Gemüt. Die Griffe von Stöcken und Schirm wurden klamm. Gefühlte Nässe schlich einem den Rücken hinauf, das Haar war nass. Von den Schuhen her schienen die Zehen die erste Nässe zu fühlen. Das Wandern wurde zu einer zunehmend unangenehmen Tätigkeit. So wäre mir jetzt ein Tag voller Sonne und Wärme lieber gewesen, als hier zu sein und über nasse Wege zu gehen.

Aber wir mussten weiter, wollten wir ein trockenes Dach über den Kopf bekommen. Erst einige Kilometer später, immer das Tal im Regen weiter bergauf gehend, erkannten wir am Ende des zu übersehenden Weges ein, zwei Häuser kommen. An einem von diesen stand in verschnörkelten Lettern »Berggasthof Spielmannsau«, der auf 1.071 Metern liegt. Nur wenige Gehminuten trennten uns noch von ihm. Dort angekommen sah man, dass die kleine Siedlung auch ein Jugendheim und Bauernhaus mit Stallung besaß.

'Endlich!', dachte ich durchnässt und ausgekühlt. Es war 12:20 Uhr, als wir hier eintrafen, aber wir wollten heute noch zur Kemptner Hütte weiter gehen. Doch stand, genervt von Regen und Kühle, die Aussicht wie eine große Genugtuung vor uns, hier erst einmal im Trockenen auszuruhen und das Ende des Regens abzuwarten.

So ließen wir uns erschöpft und unterkühlt am rustikalen Naturholztisch auf der Terrasse des Gasthofs »Spielmannsau« nieder. Wir vertrödelten die Zeit, ganz nach der Devise: Wenn das, was wir hier im Regen auf der Terrasse trinken, kälter ist als es uns selber ist, so müsste es uns allein vom Unterschied warm werden, so dass wir, inzwischen aufgewärmt, weitergehen könnten.

Aber es wurde uns noch viel wärmer ums Herz, als wir sahen, dass fortwährend drüben am renovierten, alten Jugendheim mehrere betreute Wandergruppen von Oberstdorf her ankamen und sich flugs fürs eilige Weitergehen zur Kemptner Hütte bereit machen mussten. Die pauschal geführten Herrschaften bekamen von ihren Führern dazu nur wenig Zeit, geschweige denn einen Augenblick zum Ausruhen für ein gemütliches Getränk am Gasthof. Die Wanderführer trieben ihre Leute an, als ginge es ums Leben: als gelte es, zur Kemptner Hütte einen neuen Fluchtrekord aufzustellen.

Wir hingegen lehnten uns belustigt und amüsiert vom Treiben ringsumher zurück, ließen uns solch humorlose Wanderei zum Augenschmaus werden und schauten in der allgemein betrieblichen Betrübsamkeit um uns her dem Regen beim gelangweilten Tropfvergnügen zu.

Kurz nach Mittags, es war gegen 13 Uhr, begann es stärker und noch anhaltender zu schütten. Die ersten Tropfen fanden ihren Weg auf die Holzplatte unseres Tisches, während drüben am Jugendhaus noch immer neue Gruppen ankamen, um gleich darauf durch den Regen los zu stapfen. Sie, die pauschal Wandergedemütigten, mögen uns, die wir in aller Ruhe auf der Terrasse des Gasthofs saßen, um unser angenehmes Schicksal beneidet haben. Aber es half nichts. Wir saßen im Trocknen, sie gingen im Regen los.

Als die Zeit Richtung Nachmittag voran schritt, überlegten wir und diskutierten, was mit diesem Tag noch Sinnvolles anzufangen sei: Hier bleiben und ein Zimmer nehmen oder abwarten und zu einem späteren Zeitpunkt losgehen? Denn fürs Weitergehen war noch genügend Zeit an diesem Tag. Die Kemptner Hütte lag von hier nur ca. drei Stun-

Berggasthof »Spielmannsau«.

den entfernt, und es war erst 14 Uhr, am Abend würde es zu dieser Jahreszeit ja lange hell bleiben. Doch, wenn auch dieser Tag wenig von Balearen und Ballermann zu bieten hatte, gab es für uns keinen Grund, irgendetwas an diesem oder den kommenden Tagen zu überstürzen.

Und so geschah, was nicht natürlich, aber konsequent war. Ich fragte nach kurzer Diskussion mit Maxi den Wirt drinnen am Rezeptionstresen, ob er für uns zwei Nachtlager habe. Aber aufgrund des Gehverhaltens der betreuten Wandergruppen konnte daran kaum ein Zweifel sein.

Und so war alles kein Problem. Der Wirt gab uns im gegenüber liegenden Jugendheim das Vier-Bett-Zimmer mit der Nummer 8. Er gab es uns zu zweit, und der Preis dafür war o.k. Er lag bei Euro 20,50 pro Nase inkl. Frühstücksbüfett und zu entrichtender Kurtaxe.

Nach Bezug des Zimmers saßen wir kurz darauf statt am Ballermann drinnen in der Gaststube. Das war immer noch akzeptabler und genussvoller als bei klammen Temperaturen und in strömendem Regen zur Kemptner Hütte zu gehen.

Aber der Tag war noch jung. Es war an diesem frühen Nachmittag noch lange nicht Zeit, den Tag zu beschließen. So machten wir uns auf den Weg zum Almbauern, dessen Hof man von der Spielmannsau aus sehen konnte und am Wanderweg zur Kemptner Hütte liegt. Der Regen ließ, je näher wir der Oberaualpe (1.000 m) kamen, immer mehr nach. So ließen wir uns vor dem schmucken Bauernhaus auf einer der Bänke nieder. Wir genossen die Landschaft. Maxi kam bei dieser Gelegenheit mit der Bäuerin ins Gespräch, erzählte ihr von seinem Vinschgauer Bauern, bei dem er immer wieder als Ernteeinsatzhelfer seine freien Tage verbracht hatte.

Später, gegen 18 Uhr, kam der Bauer von einer Tour zur Hochalm in die Oberaualpe zurück. Maxi wollte dem Bauern beim Melken und dem Versehen der Kühe helfen. Als dieser ans Werk ging, stand er dabei. Maxi griff, als der Kuh das Melkgeschirr angelegt wurde, zu deren Schwanz. Er half dem Bauern mit versiertem Schweif-Schwengeln beim Melken. Das hatte er in Südtirol gelernt, wo es dafür eine lange Tradition und sogar einen Lehrberuf gibt. Maxis Gesellenstück war das Schwengeln am steilen Hang im Hochgebirge über 2.000 Metern. Zum Meisterschwengler wird nur ernannt, wer die Kuh ohne Euterzitzenziehen zum Milch Geben bringt. Darauf basiert nämlich die hohe Südtiroler Milchkuhleistung und die sprichwörtlich so erfolgreiche Milch- und Käsewirtschaft in Südtirol.

Mich interessierte das wenig. Ich stand lieber am Schweinekoben, wo Sauen, jung und alt, ihre klobigen Steckdosen durchs Gitter drückten, weil sie von mir Fressbares erhofften, von ihm, dem davor Stehenden, während sie mit ihren feisten Ferkelaugen rollten.

Im Stall der Oberaualpe bei der Spielmannsau.

Ich sah den kleinen und großen Ferkeln beim grunzigen Suhlen im Dreck zu. Es war einfach süß, wie sie mit ihren dicken Nasen durch Schlamm und Suhl schnorchelten, in Pfützen wühlten, um irgendetwas Genießbares zu finden. Aber die Sauen im Pferch waren noch klein, rannten umher, drängten heran und schoben einander fort, grunzten und ferkelten durcheinander, bohrten im schlammig steinigen Grund und begehrten wenig behutsam und quietschend gegeneinander auf oder patschten allein in irgendeiner Ecke für sich herum.

Immerhin aßen die Gourmets in München von Schubeck bis Käfer jene Delikatesse, die Schweinenasen aufzuspüren wissen: den Trüffel[8], der teuer von diesen bezahlt wird. Als ich die dreckigen Viecher im Schlamm waten und herumpanschen sah, musste ich lachen. Offenbar wusste keiner von denen, die für Trüffel schwärmten und diesen für teures Geld aßen, was für Dreckschweine das braun knorrig, wurzelige Etwas schon in der Schnauze gehabt hatten.

Als die Kühe per ausschweifender Schwanz-Bedienung gemolken und der Stall ausgemistet war, die Kühe auf dem kurzen Weg zwischen Stall und Weide auf die benachbart

---

[8] Sie werden heutzutage mit Hunden der Rasse Lagotto Remagnolo oder auf andere Weise gesucht; teils noch per Trüffelschweinen.

Die Sauen im Schweinekoben.

liegende Alm getrieben waren, begab sich der Bauer zusammen mit uns auf die nordöstliche Seite vors Haus. Wir genossen gemeinsam den beginnenden Abend in der untergehenden Sonne, die hinter unserem Rücken die Berggipfel der Allgäuer Alpen vor uns orange-rot illuminierte. Er zeigte uns auf den gegenüber liegenden hohen Weiden am steilen Berg die Gämsen. Er holte dazu sein großes Fernglas aus dem Haus, stellte sich mit uns an den Zaun und beschrieb, was er alles über sie wusste. Sie standen – mit bloßem Auge betrachtet – wie kleine Punkte unterhalb der Gipfel auf felsigen Wiesen, kaum sichtbar für das ungeschulte Auge.

Um 20 Uhr war die Temperatur auf nur noch gefühlte 12 Grad Celsius abgesunken. Wir kehrten in den »Berggasthof Spielmamnsau« zurück. Wir beabsichtigten, aufgrund der geringen Temperaturen hier im Tal das Abendessen drinnen im Gasthof einzunehmen. Als wir in den Gastraum eintraten, waren alle Tische in der kleinen Stube belegt. Maxi und ich schauten uns an, wussten nicht, was wir unter den gegebenen Umständen tun sollten.

Schließlich entschlossen wir uns, an einem größeren Tisch nachzufragen, an dem bislang zwei Frauen alleine saßen, die uns außerdem nicht ganz unattraktiv erschienen. Hier war genügend Platz für weitere Personen.

Bis wir die Speisekarte des Abends durchgesehen und bestellt hatten, kamen wir mit beiden nicht ins Gespräch. Damit das anders werden würde, wagte ich den ersten Schritt, sah ans Südende der Tafel und fragte:

„Seid ihr auch zum Wandern hier?".

Sie schreckten auf, sahen verblüfft herüber. Scheel lächelnd rang sich die eine der beiden eine zäh wie Harzer Käse über die Lippen gehende Antwort ab. Sie sagte:

„Ja, könnte man vielleicht so sagen."

So hart konnte Eis im Juli sein, so frostig die Stimmung. Diese Worte waren beinhart gefroren, die Sätze wie Karst eines permafrostigen Gletschers. Dafür musste es doch andere wärmende Fragen geben, dachte ich mir, und setzte mit Worten nach, die ich mir eigentlich für den Ballermann reserviert hatte:

„Ihr seid bestimmt allein unterwegs?".

Die beiden Frauen grinsten verstohlen. Dann lachten sie. Nach einer ungewollten Pause sagte die andere:

„Nein, nicht wirklich – nicht ganz."

Maxi und ich schauten uns fragend an: Vielleicht zwei Frauen in Urlaub, mit Kind dabei, das um diese Uhrzeit schon schlief?

Auf einmal kam eine dritte Frau dazu und setzte sich wortlos zu den zweien. Sie schaute neugierig herüber. Da ließ sich die erste wieder hören:

„Und ihr? Was macht ihr hier so?".

„Wir wandern nach Meran und Bozen, Fernwanderung über die Zentralalpen zum nächsten Flughafen, um zum Ballermann zu fliegen. Heute ist unser erster Tag."

Die dritte der Frauen musterte uns. Als sie genug wusste, ging sie wieder davon. Ich fragte:

„Und woher kommt ihr?".

„Aus Freudenstadt im Schwarzwald. Das liegt ..."

„Ja, ich weiß", erwiderte ich. Wir nickten, und sie fuhr, redseliger werdend, fort:

„Unsere Männer sind gerade oben. Die bringen die Kinder zu Bett.“

Wir ließen uns nichts anmerken, aßen weiter und dachten uns unseren Teil. Dann, in eine weitere Pause hinein, sagte die eine der zwein verschmitzt:

„Schöner Tag heute. Wenn auch zu regnerisch, ich meine, zum Verlieben.“

Betretenes Schweigen, auch unsererseits. Aber dann:

„Ja. Sicherlich. Morgen wird es bestimmt besser, ich meine – mit dem Wetter“, sagte Maxi gelangweilt. Dann sagte er in leisem Ton zu mir:

„Die zwoa san' vielleicht zwoa Xanthippen[9]!“.

Kurz darauf bogen tatsächlich zwei Ehetypen in der Gestalt biederer Mannsgatten um die Ecke, der eine mit Schmerbauch, der andere zu hager, um ein echter Kerl zu sein. Sie setzten sich demonstrativ zu ihren Frauen, bestellten, als die Kellnerin kam, Bier und Schnitzel.

Da waren sie also, die kaputt emanzipierten Kindermänner, dachte ich. Maxi und ich schauten uns grinsend an, aßen unbekümmert und gelangweilt weiter.

Auf einmal durchbrach der bräsigste der zwei Männer das Schweigen. Er drehte den Kopf zu uns, erzählte ohne Punkt und Komma drauf los, sprach vom Wandern und lies uns wissen, worauf es dabei ankäme. Er schien damit große Erfahrung zu haben und genau zu wissen, was im Hochgebirge zu beachten sei. So dozierte er, ohne zu fragen, ob wir an seinem Wissen teilhaben wollten.

Er sprach zum Beispiel übers Gepäckgewicht, fragte, wie viel wir dabei hätten; belehrte uns, dass zu einer richtigen Fernwanderung eine Gewichtsersparnis gehöre, wolle man möglichst hoch hinaus und möglichst weit kommen. Eine solche Gewichtsersparnis bedinge, dass man der Zahnbürste den Stiel absäge, dass man obendrein nur einen Liter

---

[9] Xanthippe, die herrschsüchtige Ehefrau von Sokrates, steht in Bayern für eine frustriert, dominante Ehefrau.

zu trinken mitnehme und man am Morgen immer sehr früh aufstehe, am besten gleich ohne Frühstück losgehe, um in jeder Hinsicht nicht zu viel dabei zu haben.

Er saß mit prallem Schmerbauch im dezent bunt gekotzten Yuppie-Safari-Hemd und Jeans am Tisch, aß Schnitzel und trank Bier. Er war einer von jener Sorte Besserwisser, der anderen ungefragt Ratschläge gibt, wohl wissend, dass er sie selbst niemals einhalten könnte. Er war einer von jenen ganz besonders gescheiten Promikutschen-Lenkern, der, bevor er anderen gute Ratschläge erteilt, erstmal besser selbst gelaufen wäre. Er wollte gescheit sein für drei oder gleich für jedermann, war aber selbst zu schön und zu unsportlich mit Familie. Er musste sich vor der eigenen Frau ins Zeug legen, um zu zeigen, dass er immer etwas drauf hat und zu sagen weiß.

Aber woher wusste er, dass er sich bei uns mit dem Thema Wandern Gehör verschaffen konnte? Augenfällig an seinen Äußerungen war, dass die dritte Frau eine kleine, miese Petze war. Sie hatte den Männern, als diese die Kinder wickelten und zu Bett brachten, gleich frisch gesteckt, dass ihre beiden Frauen unten im Lokal mit fremden Männern flirten würden. Sie hatte recht, aber ging's sie was an?

Als uns jener obergescheite Familienhengst am anderen Morgen beim Frühstück noch einmal sah, fragte er: „Ja seid ihr denn noch immer da?".

Wir sagten nichts, Maxi schaute mich mit verdrehten Augen an und sagte gelangweilt:

„Es gibt halt Leut', zu dene' sogt a g'scherter Bayer einfach bloß Arschloch."

Aber vielleicht waren wir an diesem Morgen doch nur zu spät aus den Betten gekommen, weil wir in dieser Nacht zu lang und zu verzweifelt an den Stielen unserer Zahnbürsten gesägt hatten.

Etappe 2: Spielmannsau – Kemptner Hütte

Am Morgen gab es im Gasthof »Spielmannsau« ein üppiges Frühstücksbüfett. Es fehlte uns an nichts, für jeden Geschmack und jede noch so verwöhnte Zunge war etwas dabei. Allerdings befand sich das Büfett im Nebenraum. Es war nur über den Hotelflur zu erreichen, so dass schon jetzt, mit dem Frühstück, der zweite Wandertag vor dem eigentlichen Losgehen begonnen hatte.
Wir nahmen im Speisesaal an einem schweren Holztisch Platz. Er stand in einer Nische, vor einem großen Fenster, durch das man eine Panoramasicht auf die südlichen Berge hatte. Über der linken Seite des Tisches, wo noch zwei Plätze frei waren, hing ein schweres, in Gold gerahmtes Ölbild, in dessen düsterem Ambiente zentral zwischen Felsen ein röhrender Hirsch am wild aufschäumenden Bergbach stand, dahinter überm Hangwald die Gipfel und Berge der Allgäuer Alpen.
Wir setzten uns mehr verschämt als selbstbewusst ans Kopfende unters Bild, denn am anderen Ende saßen schon zwei artig essende Damen mit Niveau, die ausgesprochen hochdeutsch proper gedrechselte Worte des Deutschen näselten. Ich sagte zu Maxi:
„Irgendwo da hinten muss die Kemptner Hütte liegen", und wies bei meinen Worten zum Goldrahmenbild hinauf.
Maxi, der zum Fenster hinaus geschaut hatte, drehte sich um, sah am rauschenden Fluss entlang ins hintere Tal und zum gemalten Hangwald hinauf. Er, der das Bild bisher nicht beachtet hatte, überlegte und meinte:
„Die Kemptner Hütte kann ich nicht sehen. Aber auf den Almen überm Hangwald gibt es bestimmt Bergziegen."

Bergziege in den Allgäuer Alpen.

Ich musste grinsen, erinnerte ich mich doch, was uns der Bauer gestern Abend von der Oberaualpe aus mit dem Fernglas gezeigt hatte. Dann sah ich Maxi entsetzt an, danach verstohlen zum anderen Ende des Tisches hinüber, an dem zwei Preußinnen artig und gepflegt frühstückten. Sie gönnten dem Hornvieh am Hangwald keinen Blick. Sie sahen in ihren stylisch feinen Wanderklamotten wie Wachspuppen eines Versandhauskatalogs aus. Kein Fusel, kein Fleck und auch kein Riss verunzierte das noch feine Tuch. Die Gesichter fein wie Seide und fugenfrei. Ich fragte mich, ob sie auf der Wanderung am E5 oder auf dem Laufsteg für graue Panther unterwegs seien. Aber es schien eher, dass sie für Berg und Tal ihren Meister noch suchten. Denn ihr Sprachgehabe, ihr geziertes Getue gingen mir allein schon vom Hinsehen auf den Wecker, ohne dass ein Wort mit diesen gewechselt worden wäre.

Es stellte sich schnell heraus, dass diese Preußinnen Bielefelderinnen auf Bayerntour waren. Sie, die sahen, dass sich unser Frühstück am regenfreien Morgen länger als für Wanderer üblich hinzog, blickten aus den Augenwinkeln immer missgünstiger herüber: Sie schauten verstohlen auf uns oder den Hirsch im Ölfarbenteich. Aber wir taten den beiden nicht den Gefallen, das erste menschliche Wort aus dem Outback an sie zu richten. Diesen Weißwurscht-

Äquator überschritten wir nicht. Unsere Richtung hieß Süden.

Als ich die Wanderkarte aus meiner mitgebrachten Tasche zog, Maxi und ich den heutigen Weg noch einmal durchsprachen, richtete die eine der beiden das Wort an uns, fragte, ob wir heute auch zur Kemptner Hütte gingen. Oh Wunder! Sie hatten uns als Wanderer erkannt!

Wir bejahten kurz angebunden. Doch sie ließen nicht locker. Sie nahmen den Gesprächsfaden der Ariadne auf. Sie, die fleißig redeten, boten angelesenen Wander-Smalltalk feil und zeigten, wie groß ihre Erfahrungen in den Bergen seien, während wir wie Bobele am Netz mit „ja" und „nein" ihre Wortflut parierten.

Ihr kristallklares Reden langweilte mich. Solches Reden machte keinen Spaß, und Maxis Gesicht deutete an: Gut auswendig gelernt, die Damen. Ich aber sagte leise zu ihm: „Die hauen aber mit ihrem lauen Gebirgswissen ganz schön feist in die Kacke."

„Die wissen nichts von Bergen, haben alles im Flachland mit dem Finger auf der Landkarte erlebt. Ich wette, das sind Lehrerinnen; die wissen sowieso Bescheid."

„Wie auch immer. Das wäre uns am Ballermann nicht passiert: Dass zwei Gehschnecken einen so down under vertexten."

Aber sie redeten und redeten, ein Satz folgte dem nächsten. Sie erzählten den gesamten kommenden Ablauf ihrer Wanderung am E5: Wohin sie wollten, wie weit sie kämen, wann sie wo sein müssten, und so fort. Das war so unglaublich und so dick aufgetragen, dass selbst der röhrende Hirsch im Ölgemälde davon stieb, dann staunend und ergriffen noch einmal aus dem Allgäuer Gebirgstal heraus trat, um über so viel borniert Einfältigkeit brünstig aus dem Maul sabbernd in die Bergwelt hinein zu stöhnen.

Kaum war von der letzten Hütte und ihrer Ankunft in Meran die Rede, standen sie kauend auf. Den letzten Schluck Kaffee gossen sie im Stehen runter. Dann, ein letztes „Wir sehen uns!" im Abwenden, dann die Schuhe zugeschnürt, den Rucksack auf den Rücken geschnallt – das Tagewerk konnte beginnen. Als sie gegangen waren, sagte Maxi zu mir:

„Die hom 's aber plötzlich eilig."

„Tja. So ist das. Sie zeigen uns, wie ernst es ihnen mit dem Wandern ist; trotz der astreinen Klamotten."

„Und hoffen, dass wir ihnen hinterher laufen, was wir ohne Zweifel tun müssen, wollen wir heute noch zur Memminger Hütte kommen."

„Was bei uns nicht sicher ist. Aber am besten wäre, wir brächen nach solchen Erfahrungen die Wanderung lieber gleich hier ab."

„Das würde denen so gefallen – und uns: Dann besser noch Ballermann. Die Blöden sind dort zumindest viel jünger."

Dann ging es auch für uns los. Wir starteten in der Spielmannsau auf ca. 985 Höhenmetern, mussten bei der Kemptner Hütte 1.844 Meter erreichen. Es stand uns eine dreieinhalb stündige Wanderung bevor, für die wir noch nicht so fit waren wie erwünscht. Aber wir hatten es nicht eilig. Wir brachen in aller Gemütsruhe gegen 9:18 Uhr auf. Bis zu diesem Zeitpunkt waren schon einige geführte Gruppen am Gasthof vorüber gezogen. Aber es verunsicherte uns nicht, denn wir wussten, dass ein Hüttenwirt spät Ankommende nicht zurück oder weiter schicken konnte. Also hatten wir, sofern wir nicht früh aufgebrochen waren, nur die Wahl, es noch später werden zu lassen, wollten wir noch ein Nachtlager bekommen.

Das Wetter versprach heute besser zu werden, auch wenn

den gesamten Tag über der Himmel eine geschlossene Wolkendecke bot, die von der Sonne nur gelegentlich durchbrochen werden konnte.

Um 9:27 Uhr gingen wir am Hof des Almbauern vorbei. Er, der schon zum zweiten Mal heute im Stall war, winkte uns aus der offenen Stalltüre zu.

Beim Anblick des Bauern, seiner winkenden Hand, erinnerte ich mich an den gestrigen Abend, an Maxis Hilfe beim Melken, als der Bauer das Melkgeschirr angelegt hatte und Maxi als Südtiroler Kuhschwengler sein Gesellenstück gab, um so den Bauern übers Melkgeschehen in den Südalpen zu belehren. Daran hatten sich Fragen tiefer gehender psychischer Disposition angeschlossen, bei Kuh und Mensch, die erst im wunderbaren Melkgeschehen ihre human-viehische Symbiose finden. Das, dachte ich, der den halben Abend verlegen am Schweinekoben gestanden hatte, müsste mal von einem Psychologen untersucht werden, am besten gleich von einem kulturtechnisch versierten Semiologen. Denn vor das Vergnügen hat der Herr, wie man weiß, gewohnheitsmäßige Arbeit und Anstrengung gestellt. Und das Melken musste ja offenbar auch dazu gehören.

An der Oberaualpe vorüber zog sich der Weg zuerst als fein geschotterter Feldweg dahin. Schon dieser sanfte Anstieg brachte uns außer Atem. Die Spannkraft war noch nicht da, die Ausdauer fehlte.

Wenige hundert Meter später zeigte ein Wegschild an, dass es zweieinhalb Stunden bis zur Hütte seien. Wir gingen rechts. Der Feldweg, der kam, wurde steiler. Er führte durch einen Wald hindurch und über einen am östlich über die Felskante springenden Bach hinüber. Kurz darauf, es war zehn Minuten später nach dem Wegschild, kamen wir an der Talstation der Materialseilbahn zur Kemptner Hütte

Die Oberaualpe in der Abendsonne.

an, an dem die Lemminge-Gruppen ihre Rucksäcke abgaben, wir aber nicht. Rechts am Zaun vorbei ging der Weg weiter und in einen Fußpfad über, der durch den Wald führte. Gemäß Angabe auf dem am Zaun stehenden Schild waren es jetzt noch einmal zweieinhalb Stunden bis zur Hütte hinauf.

Es ging auf engem Pfad durch dichten Wald und an Eisfeldern vorbei, die vom Bach unterhöhlt und von Bergsturzgeröll überflutet waren, teils grau und voller schwarzem Schmutz. Manche musste man am Steilhang überqueren. Der Pfad war oftmals nicht deutlich zu erkennen; und für mich war immer wieder fraglich, ob der Matsch am steilen Hang, ob die Schneefelder, die zu queren waren, sicher zu begehen seien.

Durch ein enges Tal mit reißendem Bach ging es weiter hinauf. Der Pfad war lang, wenn auch wieder leichter zu begehen. Das von schroffem Geröll bedeckte Bachbett war von dichtem Wald umstellt, die Hänge gingen steil hinauf. In der Ferne, durch den Talausschnitt hindurch, sah man nicht, wohin es am Ende hinaus ginge. Aber es schien, dass der Weg um einen der nächsten Hügel herum nach links abbiegen und den Berg noch steiler hinauf gehen müsse.

Eine gute Stunde später, es war 10:47 Uhr, überquerte der Pfad den Bach auf einer schmalen Stahlträgerbrücke, dahinter lag ein von einer Schneelawine und einem darunter hindurch fließenden Bach gebildetes Gletschertor. Dort gingen wir hinüber, auf einen Pfad, der noch steiler anstieg.

Bald erschien am steil hinauf führenden Talende eine einzelne Bergspitze, die wie ein Zuckerhut aus grau-grünem Fels in den Himmel ragte. Es war 11:20 Uhr. Von hier wurde der Pfad und Weg hochgebirgiger. In dieser Höhe erblickte man erstmals den Kranz der umstehenden Allgäuer Gipfel: Kratzer (2.472 m), Mädelekopf (1.910 m), Muttlerkopf (2.366 m) und Krottenspitze (2.208 m) kamen in greifbare Nähe; dahinter sah man womöglich auch den Großen und Kleinen Krottenkopf (2.656m, 2.350 m).

Dann kam auf unserem Weg wieder jene abgerundete Bergspitze in den Blick; der Muttlerkopf, wie uns schien. Er schob sich aus unserer Blickrichtung von unten weiter nach oben vor die höheren Gipfel.

Es ging durch ein enger werdendes Tal steil hoch und hinaus. Man sah hier die für die Allgäuer Alpen so typische Vegetation noch deutlicher: Die grünen Weiden ziehen sich bis zu den Gipfeln der fast 2.000 Meter hohen Berge hinauf. Es ist ein besonderer Anblick, aus großer Ferne so hoch droben noch Tiere weiden zu sehen.

Kurz darauf bog der Weg nach links ab, führte in einem Gebiet, das „Am Knie" heißt, an einer kleinen Kapelle vorbei, die auf einem spitzen Bergkegel thront. Es war ca. 11:45 Uhr, als wir hier am Sperrbach in den Sperrbachtobel hinein gingen.

Hier, an der Kapelle, rasteten gerade zwei junge Famili-

Schneewächte am Gebirgsfluss, kurz vor der Kemptner Hütte.

en. Einer der Männer stand direkt an der Abzweigung zur Kapelle und blockierte den Weg. Als er uns um die Ecke biegen sah, sagte er vorlaut zu den Neuankömmlingen: „Ihr kommt gerade recht. Wir haben soeben das Bierfässchen angezapft; und die Grillwürstchen sind auch schon fertig."

Ich schaute ihn verwundert an, hatte sofort den Eindruck, dass er uns veräppeln wollte. Aber der setzte noch eins drauf und sagte laut und bestimmt:

„Und heute, zur Ehre des Tages und der eingetroffenen Gäste, wird das von zwei Damen oben ohne serviert."

Pikiert und verblüfft über solche Rede gingen wir wortlos vorüber; denn immerhin standen dort, wo die zwei Männer ausharrten, zwei Kinderwagen. Maxi, der grinste, sagte im Weitergehen über die Typen:

„Irgendwie sind auf dem E5 ganz schön komische Vögel unterwegs, was meinst du?".

„Ja, ganz genau: Vögel scheint das richtige Wort dafür zu

sein."

Aber vermutlich wollten sie dort an der Kapelle von anderen ungestört bleiben. Jedenfalls hieß für uns „oben ohne" zur Zeit nur: Oben, auf der Kemptner Hütte, ohne Reservierung anzukommen.

Mit dem Lied auf den Lippen „Alle Vögel sind schon da", gingen wir weiter.

Es war 12:00 Uhr, als aus dem Sperrbachtobel heraus der Mutlerkopf in seiner ganzen Imposanz über uns aufragte. Doch sah man an einem erscheinenden Talwinkel, dass vor dem Muttlerkopf eine weite Hochebene beginnen müsse.

Hier gehend erblickte ich mit einem Mal im Vorübergehen an einer hohen Felswand ein altertümliches Metallschild mit folgender Aufschrift:

Alpenvereins-Weg – erbaut v.d. Sektion Allgäu-Kempten des D. und Oe. Alpenvereins.

Es stammte aus der Zeit vor dem 1. Weltkrieg, als deutscher und österreichischer Alpenverein zusammengehörten und gemeinsam die österreichischen Alpen erschlossen hatten. Aus dieser Zeit rühren auch die vielen deutschen Namen für Hütten und Wanderwege in Österreich her.

Die Kühle an diesem Tag nahm, je höher wir kamen, wieder zu. Es begann leicht zu regnen. Aber auch der Fels wurde schroffer, die Vegetation in dunklem Grün behauptete sich noch mit harten Gräsern. Felder niedrig wachsender Latschenkiefern gab es längst nicht mehr. Über den Fels stürzten kleine Bäche vom Berg herab. Erstarrte Schneelawinen, ausgehöhlt von Wärme und Frost, nahmen zu. So ging es noch eine ganze Weile steil bergauf, und ein den Wandernden erlösendes Hochtal kam Schritt um Schritt in Sicht. Aber bevor sich unser Blick zur Hütte hin öffnete, schwebte die hölzerne Gondel des Materiallifts zur Kemptner Hütte in noch größerer Höhe über unsere Köpfe hinweg. Doch bald war es dann soweit: Wir erblickten die Hütte. Es war 12:47 Uhr, als sie in einem breiten Kareinschnitt mit ringsum stehenden Gipfeln auf einer Seitenerhebung erschien. Sie war uns durch einen Bergspalt hindurch aufgetaucht. Sie lag auf einem Felsvorsprung am westlichen Berghang, umgeben von steilen Weiden im saftigen Grün. Es war 13 Uhr, als wir die für heute vorgesehene Wanderung hinter uns gebracht hatten.

Die Hütte war riesig. Maxi war erstaunt. Mit seiner Peißenberg-Kondition hatte er noch keine Hütte im Hochgebirge gesehen. Die Kemptner Hütte ist auf zwei Etagen angelegt, unten die Feuchträume für nasse Kleidung und Bergschuhe. Nur mit Hausschuhen dürfen die oberen Bereiche mit Gaststube und darüber liegenden Schlafräumen betreten werden.

Der Wirt hatte noch Schlafplätze frei. Zu dieser frühen Ankunftszeit war es kein Problem, etwas zu bekommen. Wir erhielten die Plätze 23 und 24 im Matratzenlager unter dem Dach. Dieses war groß. Es bot ca. 30 bis 40 Leuten zum Schlafen Platz.

Den Tag, der sich erst zum Nachmittag neigte, verbrachten wir, weil es draußen auf der Terrasse zu kalt war, im Gastraum der Hütte. Draußen regnete es inzwischen, wie es schon auf unseren letzten hundert Höhenmetern gewesen war. Und so blieb es auch den gesamten verbleibenden Tag über.

So mussten wir zusehen, wie wir die Zeit im Gastraum der Kemptner Hütte zubrächten, da wir auf keinen Fall noch einmal den Bielefelderinnen in die Hände fallen wollten. Da spielten wir noch lieber unser mitgebrachtes

Bauernhof-Quartett, das heißt, wir setzten fort, was wir im Zug begannen: Wir bemühten uns mit höchster Sorgfalt seiner Verunstaltung. Wir machten aus ihm das „Schauderhof-Tierisch-Tacheles-Quartett". Wir teilten alle im Kartenspiel enthaltenen Tiere auf einer Skala von 1 bis 10 nach den Kriterien Schnelligkeit, Potenz und Liebesfähigkeit, Panzerung, Anzahl der Füße sowie Geschlecht ein. Aber die entscheidenste Frage war: Wer ist was? Wer ist zum Beispiel der Galloway-Ochse und wer der Haushahn? So fanden wir nicht nur uns selbst im Quartett fabeltierisch fabulös symbolisiert: Maxi wurde per Auslosung zum Haushahn und Gockel; mir blieb hingegen der zu früh impotent gewordene Besamungsochse, sozusagen der Kraftdepp, den man noch leidlich zum Ziehen von Karren oder Pflug brauchen kann.

Je später der Nachmittag, desto mehr der honorigen Gäste. Schon nach zwei Stunden, in denen wir hier gesessen hatten, waren alle Tische im Gastraum der Hütte besetzt. Viele der noch ankommenden Wanderer verzogen sich in den Nebenraum, der ein schlecht beheizter Durchgangsflur mit Biertischen und -bänken zur Terrasse hin war.

Plötzlich erschraken wir. Maxi, dem der Schrecken im Gesicht stand, wies mich auf die in der Tür stehenden preußischen Laufgurken hin, die gerade eingetreten waren. Als uns die eine, vom Tresen kommend in der warmen Stube sitzen sah, sagte sie laut zur anderen, man könne auch draußen gut sitzen. So froren beide lieber im zugigen Hüttenschornstein zwischen Gaststube und Grün, als nochmals unsere Gesellschaft zu suchen. Aber es war uns recht, uns mit den beiden Wandergrazien nicht weiter beschäftigen zu müssen; denn wir wollten mit unserem Quartett lieber alleine sein, es ohne sie spielen. In ihm interessierten uns die zwei jedenfalls als Spielkarten. Denn so konnten

Die Kemptner Hütte.

wir über sie ungeniert lachen.

So kam es, dass die zwei an unserem Tisch frei gebliebenen Plätze von einem anderen Paar belegt wurden. Sie kamen noch später als jene an. Sie, die fror, hatte sich zuerst mal einen Tee geholt. Sie wartete immer ungehaltener auf ihren Typen. Der kam einfach nicht. Irgendetwas hatte der noch zu tun, aber wie ihr Gesicht zu sagen schien: Etwas G'scheites kann's halt doch net sein.

Als er nach langen Minuten an den Tisch trat, frotzelte der in seinem tiefen Bayerisch über den Wirt. Dieser hatte ihm das bestellte Zimmer nicht gegeben: So war er auf die Barrikaden gegangen, sagte, er brauche dann nicht mehr reservieren, wenn er das Zimmer, das er bestellt habe, dann doch nicht kriege. Also stritten sie, und er gleich an unserem Tisch noch weiter. Sie sagte:

„In Gott's Namen. Dann nehma halt 's Lager!".

„Nein. Ich nicht. Niemals! Du konnst moch'n, was d' wuillst. Dann konn i' nämlich 'd Faxen mit 'm Fax'n nächst 's Mal glei' lossen."

Ich dachte beim Quartett-Basteln: 'Was meint der bloß mit den Faxen beim Faxen?', und dann: 'Kommt halt da-

61

von, wenn man so lahm geht und zu lang ausbleibt.'

Aber es war ja auch egal. Wir hatten unser Matratzenlager, das wir zwar noch nicht kannten, weil wir seit der Ankunft hier in der Stube saßen. Wir hatten es nicht eilig. Hauptsache reserviert.

Die Stimmung am Tisch beruhigte sich erst, als er von der zweiten Unterredung mit dem Wirt zurückkam, dem er seinen am Tisch mehrfach geübten Satz: „Dann brauch' i' nächst' Mal gar nimmer fax'n!" schusssicher an den Kopf knallte. Jetzt, als er zurückkam, lachte er triumphierend: „Jetzt hob' i' 's kriegt! I' hob 's kriegt!".

'Na endlich!', dachte ich: 'Hat der Dickschädel mit dem gutmütigen Gesicht doch noch seinen Willen beim Wirt durchgesetzt.'

Aber es kehrte zuerst noch keine Ruhe an unserem Tisch ein. Der bockige Esel wollte von seiner Partnerin für seinen Erfolg beim Wirt auch noch ausführlich gelobt werden. Ich dachte daran, was mei' Flöckle immer über mich sagte: „Sie wollen immer wieder fürs Gleiche gelobt werden, die kleinen, egomanischen Arschlöcher. So sind sie halt bis ins hohe Alter hinein, und dann noch schlimmer!".

Also tat auch sie es wie meine Frau. Sie lobte ihn, und er freute sich und war glücklich und sehr zufrieden.

Erst jetzt konnte er sich zufrieden zurück lehnen. Erst jetzt konnten sich beide den anderen Genüssen widmen, zum Beispiel uns. Aber zuerst bestellten sie; der Magen forderte sein Recht. Das Abendessen war angesagt. Wir taten es ihnen gleich. Dann, als dieses kam, hatten sie ein Auge auf uns. Wir lernten beide, Sophie, kurz Sopherl genannt, und Xaver, keinesfalls Xaverl genannt, kennen. Es geschah, indem sie fragte, was wir da basteln würden. Wir erzählten ihr, was auf unserer Seite des Tisches geschah: dass wir unseren Freundes- und Familienkreis, Bekannte,

Nachbarn sowie alle erklärten und nicht erklärten Feinde zu Tieren machen würden, und wir selbst wären auch dabei; dass wir also eine wundersame Fabelgeschichte komponieren. Sie fragte, was das für ein Quartett sei und welches Tier wir seien. Ich sagte:

„Ich bin der Ochse, er nicht die Kuh, er ist der Gockel", und ergänzte, das sich beim Spielen des Quartetts so traumhafte Begegnungen ergäben, aber auch traumatische voller Witz und Alb und anderen, die den Lachmuskel gehörig strapazieren.

Wir grinsten und aßen zunächst den bestellten Leberkäs mit Brot und die Portion Kartoffeln mit Kräuterquark. So kamen wir mit Xaver und Sopherl, die aus Partenkirchen stammten, ins Gespräch, freundeten uns allmählich mit ihnen an.

Als Tamara, die Bedienung der Kemptner Hütte, wieder an unseren Tisch trat, fragten wir sie nach dem morgigen Wetter. Die aber wich aus, sagte, da müssten wir den Wirt selber fragen. Der habe ein Radio und wisse Bescheid.

Also ging Xaver, der Sopherls Wanderführer war, gleich los, um den Wirt zu befragen. Der aber stand am Tresen und war sehr beschäftigt. Er zapfte in verschiedene Gläser Bier. Als Xaver mitten in dessen Geschäftigkeit hinein fragte, sagte der lapidar:

„Wia heit!"[10].

Der Wirt sah von seiner Arbeit nicht auf, sondern wechselte am Zapfhahn zum nächsten Glas. Xaver trollte sich zum Tisch zurück. Es wurde laut, er brüllte:

„Der hot' bloß g'sagt, wie i' ihn g'frogt hab', wia 's Wetter morgen wird: Wia' heit! Mehr is' dem ned dazua ei'g'fall'n!", und schüttelte verständnislos den Kopf. Maxi stimmte in seine Kritik mit ein; und Xaver ergänzte:

---

[10] „Wie heute!"

„Den Job von dene will i ha'm. Sagen 's Wetter voraus, wie 's bisher war. I' glaub', bei den teuren Gerätschaften, die die Wetterfrösch' gebrauch'n, spielen die 'n ganzen Tag Monopoly und befragen am Abend 's Horoskop. Wenn i' so arbeit'n tät, kannt i' zu'sperr'n."

Maxi, der meinte, der müsse doch mehr wissen, ging nun selber los und zum Tresen hinüber, um den Wirt noch einmal zu befragen. Der müsse als einziger mit Radio dazu doch etwas sagen können?

Als Maxi vom Tresen zurückkam und ein unglückliches Gesicht machte, berichtete er, vom Wirt Folgendes gesagt bekommen zu haben:

„Was interessiert mi 's Wetter. I' bin a Wirt, ko' Wetterfrosch."

Aber wir sollten auf den weiteren Hütten unserer Wanderung noch ganz anderes erleben. Die Wirte im Österreichischen hatten sich eine ganz eigene, raffinierte Wendung ausgesucht. Sie sagten auf die Frage ihrer Gäste nach dem Wetter für den kommenden Tag immer den folgenden einen Satz, gleichgültig ob es Sommer oder Winter, ob das Wetter schön oder grässlich war:

„Besser wia heit!".

Damit halten sie wenigstens die Laune ihrer Gäste hoch, was sich freundlich, wenn nicht aufs Wetter, so doch auf die Umsätze auswirkt.

Der Abend ging mit einem Kostenpunkt von Euro 41,00 zur Hüttenruhe über. Der Preis enthielt zwei Essen mit Fritatensuppe plus Übernachtung und mehrere Getränke. So war auch unsere Laune gut geblieben. Denn auch unser Geschäft erwanderter Konsumtion stimmte, als optimale Voraussetzung fürs morgige Stimmungswetter.

Etappe 3: Kemptner Hütte – Madautal (über Holzgau)

Der bayerische Weißbier-Tourenindikator[11] fürs Wandergeschehen teilt die an einem Wandertag zurückgelegten Kilometer durch die getrunkene Zahl Weißbiere, was für regenreiche Tage, an denen eher wenig Wandertätigkeit stattfindet, zu einem für alpine Beschäftigungen eher ungünstigen Wert führt, an solchen aber, an denen wegen guten Wetters eine eher hohe Wandertätigkeit vorherrscht, zu einem sehr günstigen Wert. Er verbessert sich, wenn für einen das Gehen zum Zwang ausartet und man keine Minute davon lassen kann, also keine Zeit bleibt, in Biergärten oder auf Gasthofterrassen herumzusitzen oder im Trockenen, in warmen Gaststuben. Aber nur, wer in der guten, alten Mitte verbleibt, also im Durchschnitt verharrt, ist ein glücklicher Mensch, was der Weißbier-Tourenindikatorwert punktgenau anzeigt. So ein Mensch nimmt an allem im Leben Teil und hat von allem etwas und von nichts zu viel. Das gilt auch beim Wandern, auch hier gilt diese Weisheit zurecht. Denn Leute, die im Gehen rauchen, hat man schon viele gesehen; keinen aber bisher, der im Gehen Weißbier trinkt. Folglich ist dieser Indikator empirisch bewiesen: Es gibt ihn! Und umgekehrt gilt: Wandern ist nachweislich gesund, außer man ist Raucher.

Solches besprachen wir beim Frühstück mit Wurst, Käse und Müsli auf der Kemptner Hütte, als wir zwei Männer neben uns sitzen sahen, die nicht frühstückten. Sie tranken zu früher Stunde ein erstes kaltes Bier. Ich fragte mich, wie so etwas am frühen Morgen ginge. Aber in Bayern war

---

[11] Der Weißbier-Tourenindikator ist nur mit höheren akademischen Weihen zu verstehen, jedoch für jedermann anwendbar.

manches möglich, wo schon schreienden Säuglingen mit der Muttermilch Bier eingeflößt wird, um sie zu beruhigen und zum Einschlafen zu bringen. Meine Frau, mei' Flöckle, hat das – altersgemäß und zielsicher – bei mir durch eine veritable Kopfnuss ersetzt, weil die den Bierkonsum nachhaltig senkt. Also war für einen richtigen Bayern, aus dem ein richtiges bayerisches oder Münchner Kindl werden sollte, ein frühes Bier am Morgen oder im Leben nichts Ungewöhnliches.

Doch Maxi, dem die zwei besonders sympathisch waren, erklärte mir auf meine Frage, dass diese eine so genannte Reparaturhalbe trinken würden. Auf meine Rückfrage, was denn das nun wieder sei, erklärte er seinem unwissenden Wanderspetzel sehr ausführlich:

„Wenn das nicht gerade eine Reparaturhalbe ist, was die trinken, dann kann es nur eines sein: Sie trinken Bier, weil das Bergsteiger und Wanderer für den Tag brauchen, Hopfen und Malz, Weizen und Wasser. Denn Bier besitzt einen höheren Nährwert als Brot und Wurst, hat eine höhere Flüssigkeitsmenge als Kaffee oder Tee. Und umsonst dazu gibt's einen frischen Rausch, der einem Bayern hilft, den Weg vom Morgen in den Abend zu spuren."

'Ja, so sind sie die Bayern,' dachte ich, 'die Bayern haben dafür das Sprichwort: Ohne Rausch bist d' wia a Depp. So sind sie mit dem ersten Rausch am Morgen physisch und energetisch gespurt für den Tag, und alles ganz ohne Energy-Drink.'

„Aber", fragte ich, „was in aller Welt ist nun eine Reparaturhalbe?".

„Ganz einfach: Man soll am Morgen mit dem anfangen, womit man am Abend aufgehört hat. Das nennt man in Bayern eine Reparaturhalbe – wenn 's ums Bier geht."

„Und wenn es um etwas anderes geht?".

Blick in den Aufstieg zum Mädelejoch.

„Dann heißt es halt anders."

„Tja. Wenn's mit dem Heißen allein immer g'wesen wär'. Aber billiger ist es allemal – da hat der Schwabe vom praktizierenden Bayern schon wieder was gelernt. So ist, wenn du mich fragst, mei' Flöckle, mei' Reparaturhälfte." Der allgemeine Aufbruch war längst vorüber. Als die dritte und letzte betreute Wandergruppe los ging, gingen auch wir in den Wanderkeller hinab, um unsere Wanderstiefel anzuziehen und unser Bündel zu schnüren. Es drängte auch uns endgültig fort, zurück auf den Wanderweg, heute im Sonnenschein zunächst den Berg hinauf bis aufs Mädelejoch (1.973 m). Was danach käme, wussten wir noch nicht. Doch nun ging es freudig mit Rucksack und Wanderstöcken in den kommenden Tag hinein.

Als wir vor die Hütte traten, standen in Gruppen noch einige Wanderer da, darunter die Bielefelder Wanderglucken, flügellahm mit Wanderschuh, die wir den ganzen gestrigen Tag kaum gesehen, geschweige denn gesprochen hatten. Doch heute früh unterhielt sich Maxi mit einer von beiden, die auf die andere wartete. Er machte bei ihr auf freundschaftlichen Ton. Man kam ins Gespräch. Doch schließlich gingen sie doch vor uns los, wir für uns allein, denn Xaver und Sopherl waren schon längst weg.

Maxi und ich brachen um 8:50 Uhr auf. Wie wir langsam am Westhang den Bergpfad hinauf gingen und mir die Blüten der Gräser und Blumen ins Auge fielen, erinnerte ich mich an die gestrige Ausführung von Sopherl zu den Alpenblumen. Sie hatte uns ein Beispiel ihrer Blumenkenntnisse gegeben, uns dabei Farben und Formen, Blütenstand und Jahreszeit erklärt. Sie hatte in begeisterten Worten beschrieben, was das Ochsenauge von der Bergrose, den Storchenschnabel vom Wiesenkerbel und vom Taubentropf unterscheidet. Sie sagte, dass die Schwierigkeit, sie zu erkennen, darin läge, dass sie je nach Region und Jahreszeit, je nach Höhe über dem Meer und genauem Ort zu verschieden farbigen Blüten neigten, so dass sie für den Nichtkenner nur schwer zu identifizieren seien. Ich konnte dem folgen, fand es einleuchtend und versuchte nun, was ich gelernt hatte, beim Gang zum Mädelejoch zu probieren. Und sie hatte recht: Ich sah viele Blüten und Dolden, manch Buntes im Gras. Es war auch schön anzusehen, doch Namen fielen mir dazu nicht mehr ein.

Man lief von der Hütte erst durchs weite Tal Richtung Süden, dann leicht ansteigend und an einem grün bewachsenen Schuttkar unter einer Felswand entlang. Der Weg war von weitem zu sehen, auch die Bergwanderer, die schon fernab den Steig hinauf gingen.

Die Hütte sahen wir noch lange im Blick zurück. Denn das Wetter war gut, die Luft kühl, die früh schon wärmende Morgensonne schien von einem blau strahlenden Himmel. Doch die Bewölkung wuchs, die Sonne warf immer wieder Lichtkegel in das weite Weidebecken, auf dessen einem Seitenauslauf die Kemptner Hütte lag, schnell kleiner werdend und fast schon in weiter Ferne verschwunden.

Als wir in den Kamm des Mädelejochs eintraten, ragten zerklüftete Felsen in diesen Blick zur Hütte zurück hinein. Wenige Meter danach war sie verschwunden. Am Bergrücken, der auf 1.973 Metern liegt und auf dem wir nun standen, ragten rechts und links höhere Gipfel auf: das bis 2.033 Meter hoch hinaus gehende Obere Mädelejoch im Nordosten und das 2.096 Meter hohe Mädelejoch im Südwesten. Von hier wurde der Blick frei nach Süden, aufs Kommende des heutigen Wanderns und der kommenden Tage.

Es war 9:35 Uhr, als wir am Übergangsgrat des Mädelejochs ankamen, also 45 Minuten später, nachdem wir losgegangen waren. Wir standen nun 129 Meter höher als die Kemptner Hütte liegt. Bis Holzgau sollten es nach offiziellen Angaben weitere zweieinviertel Stunden sein.

Schon im leichten Abstieg auf einem Vorhügel lag die Grenze zwischen Bayern und Tirol, markiert durch einen Grenzstein. Hier lernten wir ein Paar aus Schwaben kennen, er Technik-Begeisterter, der schon den Jakobsweg gegangen war, der aufgrund seines hohen Brutto-Lebendgewichts dort nur bedächtig und langsam unterwegs gewesen war, sich auch hier die Zeit nahm und nehmen musste, die er nun einmal brauchte. Er zeigte mir sein Handy, in das Landkarten mit GPS-Ortung und einfacher Textverarbeitung mit kleiner Tastatur integriert war. So standen wir hier und unterhielten uns angeregt, bis es 9:45 Uhr geworden war.

Im Abstieg zeigte sich im Fernblick immer noch mehr eine beeindruckende Bergszenerie. Man sah mehrere Bergzüge, die von Osten und Westen sich begegneten und in unterschiedlich intensivem, grünlich gefärbtem Blau bis weit in den Horizont vor den Augen lagen. Und der Weg führte über scharfe, kluftreiche Felsen, steinig grau oder frisch in grün, sich steil am Hang hin und her wendend und bald durch flaches Latschenkiefergeflecht führend, tief hinab. Er zeigte eine Natur, die das Gebirge zum Kunstwerk fürs Schauen und Empfinden macht.

Vom Mädelejoch herab kommend, öffnete sich vor uns – es war 10:30 Uhr – ein breites, grünes Tal. Es war das Höhenbachtal, das von hoch aufragenden Bergzügen wild umstanden war und mit seiner Tiefe und Mächtigkeit bis weit an den Horizont hinüber reichte. Es wurde dort von einer anderen Bergkette begrenzt, die jenseits eines quer verlaufenden Tales lag. Es musste der jenseits der Stadt Holzgau liegende Naturpark Tiroler Lechtal sein, in dem die bestimmenden Gipfel der Zwölferkopf (2.319 m), die Griestaler Spitze (2.622 m) und die vor dieser liegende Peischelspitze (2.424 m) sind.

Dieses Tal, das sich jetzt vor uns auftat, war zu tief, um es in seiner ganzen Dimension einsehen zu können. Wir hörten nur Murmeltiere, die pfiffen, da irgendwo ein Hund leinenlos unterwegs war. Doch sah man die Murmeltiere nur als kleine Punkte im Geröll stehen. Es mussten deren drei oder vier gewesen sein.

Zunächst ging es von dort, wo wir standen, durch ein weites Feld von niedrig wachsenden Latschenkiefern steil hinab. Im Rückblick, schon in recht weiter Ferne, lag in halber Höhe das Mädelejoch. Der Berg leuchtete im silbrigen Sonnenlicht grauen, kahlen Felses. Der Pfad führte scharf am steilen Berg entlang, fast in Serpentinen, die eng, kiesig und schmal ein sicheres Auftreten vom Gehenden abverlangten, auch wenn sich die Blicke lieber an die Tiefe vor uns hefteten, ans längs vor uns ausgestreckte Tal, das sich immer gigantischer in seiner Ausdehnung vor uns auftat.

Im Gehen am steilen Hang auf engen Pfaden durchs Fels-

Im Abstieg - gleich nach dem Mädelejoch.

geröll und zwischen Latschenkiefern hindurch holte uns ein junges Paar mit Hund ein. Dieser lief ohne Leine voraus, kam immer wieder zurück. Die drei gingen schnelleren Schrittes als wir, grüßten kurz, waren schon vorüber und uns bald weit voraus, um kurz darauf nur als kleine Gestalten am unteren Hang noch einmal zu sehen zu sein. Maxi sagte:

„Von deren Schrittgeschwindigkeit sind wir weit entfernt. Von denen können wir zwei Bergschnecken uns eine Scheibe abschneiden."

„Wer weiß, ob das ginge? Mit dir fußkrankem Bayern ist es schon ein großes Glück überhaupt, so weit gekommen zu sein."

„Ich wette, die machen das leistungsmäßig? Nicht wie wir. Die machen das nicht als Freizeitvergnügen, was 's Wandern angeht?".

„Das kann schon sein!", entgegnete ich: „Doch für den Hund ist das echte Arbeit, und für seine zwei ein Hundespaziergang: Geschwind mal kurz vor die Tür."

„Schließlich hatte auf unserem Urlaubsplan Wandern ja

Wanderpause mit Mistkäfer und Hügelglück in der Roßgumpenalm.

nicht gestanden. Aber was man nicht alles macht?".

„Lass gut sein! Bei unserer Schrittgeschwindigkeit haben wir fürs Stöhnen keine Zeit. Lass uns vorankommen."

Als wir den Grund des längs vor uns liegenden Tales erreicht hatten, tauchte aus dem Wald auf einem seitlich liegenden Hügel die Roßgumpenalm (1.329 m) auf. Es war 12:10 Uhr. Der lange Weg, den wir heute schon gemacht hatten, brachte uns dazu, hier einzukehren und zu essen. Aber wir bestellten nichts, nur zu trinken. Wir aßen, was wir seit Tagen dabei hatten, Käse von Maxis Südtiroler Bergbauern, dazu tranken wir ein Apfelschorle.

Aber so schön das Sitzen hier auf der Terrasse der Hütte unter weißen Sonnenschirmen und bei den vielen glücklichen Menschen hier war, wir den Blick ins Tal vor uns und den steilen Hang zur Hochebene hinauf und rings über die Bergzüge gern genossen, so war eines doch ermüdend und lästig: Es flogen ständig silbergoldfarbene Mistkäfer unsere ausgebreiteten Esswaren an, landeten plump umstürzend auf dem Brot oder todesmutig im Käse und strampelten in Rückenlage vor sich hin. So wusste man nie so genau, worauf man biss, wenn man das Brot in den Mund schob; denn unsere Blicke lagen lieber auf den hin und her gehenden Beilagen: der schönen vollbusigen Bedienung, die offenherzig zwischen den fröhlich drein schauenden Gästen ihre Dienste besorgte.

Sie trug Lederhosen und unten am Wildlederschuh, gleich überm Knöchel, ein großes Tattoo. Bis auf diese skizzenhafte Daumen-Show war an ihr alles echt. Sie war, wie es uns schien, ein prächtiger, alpiner Naturkäfer aus Bergen und Klüften, so gebirgig, steil und spitz, wie es sonst nur die Steinhäufen der Alpen selbst sein können. Von der Roßgumpenalm, in der wir große sommerliche Hitze verspürten, brachen wir um 13:20 Uhr auf. Uns führte der Weg wenige Meter danach an einem sehenswerten Wasserfall vorbei. Er liegt ein wenig versteckt, auch wenn man ihn vom Weg her durch eine Felsfurte sehen kann. Man sollte den schmalen Pfad am Bach entlang dorthin gehen und das Wasser, das tosend von weit oben in ein Becken fällt, aus der Nähe betrachten. Manche nützen die Gelegenheit auch zum Baden. Doch wir zogen es vor, weiter zu gehen.

Erst Kiefernwälder, dann Wälder von Fichten nahmen im Fortgang wieder zu. Die Luft wurde feuchter, aber auch die Bewölkung stieg an. Bis Holzgau hatten wir noch etwa eine Stunde zu gehen. Bald wurde der Pfad zu einem Feldweg mit Splitterkies, an dessen linker Seite der flache Bach über loses Gestein zu Tal rauschte. Der, der uns ab jetzt begleitete, wuchs von Mal zu Mal in seiner Breite an, wurde zu einem fein rauschenden Alpenfluss, der das Ohr mit Naturtönen benetzte.

Doch schließlich führte der Weg uns auf einen breiten Feldweg zurück, der durch einen Fichtenwald ging. Die Steilheit des Weges nahm zu, bis aus den Bäumen plötzlich das Café Uta hervortrat. Es lag steil am Berg, mit schöner Terrasse auf halber Höhe über dem Waldweg.

73

Man bot auf einem Kreideschild am Café eine gute Zahl köstlicher Obstkuchen an, mit vielerlei Früchten in mancher, uns unbekannter Mischung belegt.

Doch da die Zeit unweigerlich fortschritt und es schon 14:14 Uhr war, wir aber noch zur Memminger Hütte aufsteigen wollten, gingen wir ohne solchen Kuchengenuss weiter – was ohne Frage ein großer Fehler war. Aber bis Holzgau sollten es noch gut und gerne 40 Minuten sein. Also machten wir hin, um nicht schon wieder aus einer Etappe zwei persönliche zu machen.

Der Weg führte wieder am Bach entlang und durch ein enges Tal mit zerklüftetem Fels hinab. Als der Weg noch steiler, der Fluss noch breiter und brausender wurde, führte jener, zum Feldweg geworden, direkt auf einen Felsberg zu, an dem das Tal zu enden schien. Doch der Weg führte schließlich um diesen herum, während das Wasserrauschen immer lauter erscholl, bis kurz nach dem Durchschlag zwischen Felsberg und östlichem Berghang herum gehend ein gewaltiges Tosen einsetzte. Aber noch immer war nichts anderes als der steil abfallende Weg am Berghang zu sehen; dazu der kalte, in der Sonne glänzende Fels, die mächtigen Berghänge und Gesteinsfelder. Woher das laute Wasseraufrauschen kam, war nicht zu erkennen.

Als wir den Felsberg völlig umrundet, den Durchschlag ganz hinter uns gelassen hatten, sahen wir, woher das Tosen kam: Eng an die Wegkante getreten, ans steil neben uns abfallende Schroffe zum Tal, an dem es kein Geländer gab, sondern nur einen steilen Absturz, sahen wir, wie der breit angeschwollene Fluss in mächtigem Strahl tief hinab stürzte. Es mochten gut und gerne hundert Meter sein. Das Wasser stürzte in eine große Tiefe, traf im engen Talgrundbecken auf, das nur zum Teil zu erkennen war. So wanderten die suchenden Blicke hinab und hinauf, immer am Brausen des hinab gehenden Wassers entlang; aber ohne Erfolg.

Noch lange Zeit im Weitergehen hörte man das Brüllen der Fluten, sah im Zurückschauen das weit hinab fallende Nass, wie es von weit oben hinein stürzte ins Tal und unten aufschlug, aufbrausend in die Felsklippen barst. Doch bald erstarb die freie Sicht zurück, kurz darauf das Tosen, das langsam abnehmend sich irgendwann im leichten Rauschen vollkommen unhörbar verfloss.

Das Tal wurde danach breiter, der Weg flach, die Wiesen grün und saftig. Der Weg befestigte sich und endete wenig später in Holzgau, wo wir nach wenigen Häusern direkt auf das Hotel »Bären« zugingen. Dort, vor dem Haus, an einem der Tische, saßen zwei, die wir schon kannten. Im Näherkommen erkannten wir das Pärchen mit Hund, die uns weit oben am Berg überholt hatten.

Sie saßen eher apathisch als frohgemut, eher belanglos und überflüssig als geh-geschäftig vor dem »Bären« und warteten gelangweilt auf ein bestelltes Bier; das heißt sie, er war ein gesundheitsbeflissener Verächter davon. Aber noch mehr warteten sie auf das vor einer halben Stunde bestellte Taxi, das nicht kommen wollte. Denn er, der Marathon-Man mit Himalaja-Erfahrung, wie sich bald herausstellte, wollte unbedingt heute noch die Memminger Hütte erreichen – wie auch wir. Also setzten wir uns als nicht ganz ebenbürtige Leidensgenossen zu ihnen, hofften, von ihren Arrangements oder wenigstens ihrer Erfahrung zu profitieren.

Es war schon 14:50 Uhr. Würden wir uns den beiden anschließen und mit ihnen per Taxi zur Talstation des Güterlifts der Memminger Hütte fahren, wären wir erst nach einer mehr als einstündigen Busfahrt dort. Es würde schon 16 Uhr oder 16:30 Uhr sein, bis wir den Aufstieg auf die um 1.176 Meter höher liegende Memminger Hütte antreten könnten. Bei einem Aufstieg von vier bis fünf Stunden kämen wir dort nicht vor 20 Uhr an. Das schien uns reichlich spät und unserer Saumselig-Sorglos-Wandermentalität wenig vereinbar.

Wir überlegten, ob wir nicht gleich im »Bären« bleiben sollten, und prüften anhand der Wanderkarte, ob es noch andere Möglichkeiten gebe. So fanden wir heraus, dass es auf halber Strecke den Alpengasthof »Hermine« gab, von dem wir nichts wussten. Würde man dort aber Quartier finden, bräuchte man morgen von dort gerade einmal eine Stunde zur Talstation des Güterlifts der Memminger Hütte, um dann in den beginnenden Tag hinein den Aufstieg zu machen. Der fortgeschrittene Tag und die fortgeschrittenen schmerzenden Füße ließen diese Möglichkeit als die vernünftigere erscheinen. Ein Anruf im »Hermine« machte alles klar, eine Klärung mit den zweien vor dem »Bären« auch. Es gab uns die Sicherheit, dass ein kurzer Abzweig zur »Hermine« kein Problem sei. Also warteten nun auch wir auf deren Taxibus.

Beherzt miteinander redend, stellten wir fest, dass er ihr immer wieder klar zu machen versuchte: Der heutige Aufstieg auf die Memminger Hütte ist nicht verhandelbar. Er wollte, also musste sie. Maxi und ich spürten, dass sie am liebsten mit uns in den Alpengasthof »Hermine« gekommen wäre, sahen, wie sie uns beneidete, nicht den Ehrgeiz ihres Freundes oder Mannes zu haben, ihm zuliebe aber doch tat, was er wollte. Aber wir erfuhren auch: Die Sportskanone mit Himalaja-Erfahrung, trieb Freundin oder Ehefrau samt Hund an, machte aus der Wanderung eine Sportübung, eine Tortour, was weniger die Hündin, als die Freundin zu spüren bekam.

Um 15:50 Uhr bog das Taxi Feuerstein um die Ecke. Der

Mit dem Taxibus von Holzgau ins Madautal.

VW-Bus hielt direkt vor dem Hotel. Der geschäftige, ältere Herr war sogleich einverstanden, für Euro 12,50 den Abstecher über die »Hermine« zu machen.

Wir fuhren auf der Bundesstraße von Holzgau nach Stockach und kurz nach dem Ortsschild rechts in einen für private Fahrzeuge gesperrten Feldweg hinein. Von hier führte die schnelle Fahrt zuerst an einem Wald entlang. An dessen lichteren Stellen sah man die eng stehenden Berge und Gipfel immer näher kommen. Der Weg führte immer tiefer ins Madautal hinein.

Bald wurde das Tal enger. Die schmaler werdende Straße schmiegte sich eng an den Berg und zog sich in Schwingungen und teils extremen Steigungen ins Tal hinein. Man hatte den Eindruck, man fahre einer mächtigen Steinwand aus Fels und dunkelgrünen Hangwäldern entgegen, vor der die Straße irgendwie ende.

Doch nach Zweidritteln der von uns gefahrenen Wegstrecke bis zum Gasthof »Hermine« stand auf einmal vor unserem Taxi ein anderer Pkw auf der asphaltierten, engen

Mautstraße. Unser Fahrer, der in diesem Moment gerade seinen Wagen um eine enge Kurve gelenkt hatte, bremste abrupt. Er schimpfte nicht, sondern grüßte, sagte an uns gewandt: „Das ist der Förster, der zugleich Bergbauer ist. Vermutlich schaut der nach den Hölzern, vielleicht auch nach dem Rotwild." Beide grüßten sich freundlich mit Handzeichen, woraufhin der Bergbauer und Förster schnell einstieg und los fuhr. Er suchte vermutlich eine Ausweichfurt, um das Taxi vorbei zu lassen. Als er sie einige Kilometer später fand, fuhr unser Taxi am stehenden Fahrzeug vorüber und setzte die Fahrt in hoher Geschwindigkeit fort. Doch sahen wir noch im zurück Schauen, dass sich vier Frauen in Wanderkluft am herunter gekurbelten Beifahrerfenster mit dem Rotwildjäger unterhielten.

Unsere Fahrt ging in zahllosen Straßenschwingungen steil hinauf und weiter ins Tal hinein. Als ein Wegschild kam, auf dem zu lesen war, dass das »Hermine« nicht mehr weit sein würde, schoss von hinten um die letzte Kurve ein Fahrzeug heran. Es war der Rotwildjäger, den wir schon kannten, dem es nun eilig zu sein schien. Er fuhr Stoßstange auf Stoßstange hinter uns her. Erst kurz vor dem Gasthof »Hermine« fiel er noch einmal zurück, vermutlich aufgrund der Steigung, die die Straße hier aufwies. Als das Taxi durch Bäume und Wald hindurch brach, öffnete sich nach langer Fahrt der Blick zu steil am Berg liegenden Weiden, in denen verstreut mehrere Häuser und Heustadel standen. Irgendwo hier war auch der Gasthof »Hermine«. Nur erst gedacht, das Ankommen erhofft, stand das Taxi schon. Gleich unterhalb lag ein Haus, es war der Berggasthof »Hermine«, nur wenige Meter unter uns am Hang.

Wir bezahlten das Taxi. Als wir uns von den zweien, die

78

Der legendäre Berggasthof »Hermine« im Madautal.

heute noch zur Talstation des Güterlifts der Memminger Hütte weiterfahren wollten, verabschiedet und unsere Rucksäcke geschultert hatten, fuhr gerade der Förster des Madautals heran und hielt mit quietschenden Reifen hinter dem feuerroten Taxi Feuerstein. Wir sahen noch die Türen aufspringen, doch da waren wir schon den Hang hinab gegangen, die wenigen Stufen zum Eingang des Gasthofs hinauf gestiegen und darin verschwunden. Der Wirt, der hinter seiner Biertheke stand, begrüßte uns und fragte, ob wir reserviert hätten. Wir bejahten, sagten, wir hätten von Holzgau angerufen.

Als er in sein Buchungsregister schaute und uns weitere Auskünfte über unsere Unterbringung für die Nacht geben wollte, sprang mit einem heftigen Schlag die Tür hinter uns auf. Wir blickten uns erschrocken um, der Gastwirt verstummte und schaute wie wir verstört zur Türe hin.

Wir sahen zwei Furien eintreten, die im Feuerstrahl ihrer Selbstgewissheit vom brennenden Himmel herab fuhren, um Sodom und Gomorrha das Schicksal zu bringen. Es stieben die Bielefelder Rächerinnen zur Theke herüber. Sie fuhren selbstbewussten Schrittes zwischen die an der Theke stehenden und erstaunt drein schauenden Mannsen. Bevor irgendeiner von diesen etwas sagen konnte, rief die eine von diesen, als gelte es, nichts in letzter Sekunde zu versäumen, was später in jeder Weise unwiederbringlich verloren sein würde, stutenbissig zwischen das entsetzt umher blickende Mannsenvolk[12]:

„W i r haben telefonisch reserviert! W i r sind zuerst an der Reihe! Dann kommen erst alle anderen."

Ich wollte schon protestieren, da wir ja auch telefonisch reserviert hatten. Der Wirt aber schaute scheu wie ein gerade gezähmtes Reh drein. Er war fassungslos und ohne Worte, schaute stumm in sein Buch und entschuldigte sich mit einem verdrießlichen Blick bei uns. Dann sagte er, ohne aufzublicken:

„Dann eben erst die Damen. Ich habe ...".

Die vier Damen aber genossen es, dass sie vom Wirt derart hofiert wurden, die hohe Aufmerksamkeit, die gerade ihnen zuteil wurde. So honorig und anerkannt fühlten sie sich jetzt.

Als die vier Grazien in jeder Weise erledigt waren und samt ihres Wandergepäcks zufrieden zum zweiten Stock auffuhren, waren endlich wir arme Teufel dran.

Der Wirt entschuldigte sich noch einmal bei uns und schaute abschätzig den vier Altersprinzessinnen hinterher. Man sah, er hatte sie, was seine Sympathie für diese betraf, ganz und gar gefressen, kaum dass sie angekommen waren.

Maxi aber, der nun Sorge trug, dass es im Gasthof »Hermine« im Laufe des heutigen Abends noch viel voller werden könnte, stellte mit einem Mal unverblümt seine be-

---

[12] Mannsen steht wie Weibsen für Männer und Frauen.

sorgte Frage an den Wirt, der in seinem Buch ein passendes Zimmer für uns zu finden suchte:
„Darf ich Ihnen eine Frage stellen?". Der Wirt schaute vom Buch zögernd auf, runzelte die Stirn und sah Maxis Frage gespannt entgegen. Der fühlte sich ermuntert und sprach: „Wie viele Wandergruppen kommen heute noch an?". Der Wirt, sichtlich verwirrt über die Nachfrage, schaute kritisch und ernst zurück. Ihm entfuhr wie aus einer versehentlich abgedrückten Pistole folgender Satz: „Dös geht di' überhaupt nix o! Oder bist d' von d'r Finanz?".

Maxi erschrak. Er stand sprachlos da, von Schmauchspuren brüsk geäußerter Worte verletzt. Der Wirt griff in aller Gelassenheit neben sich und reichte uns stumm vom Seitenregal seiner Theke ein detailliert ausgearbeitetes Fragemenü, wie man es sonst nur für Speisen und Getränke kennt. Je nach Art der Frage und Situation erhob man im Gasthof »Hermine« von seinen Gästen Gebühren – was im einzelnen so viel hieß wie:

Aufgrund der explosionsartig gestiegenen Fragen, die nicht unseren Betrieb betreffen, sind wir gezwungen, folgende Leistungen zu berechnen:

Einfache Fragen	€	1,50
Schwierige Fragen	€	5,70
Unnötige Fragen	€	22,--
Nicht zu beantwortende Fragen	€	200,--

Desweiteren sind wir dazu gezwungen für Standardsituationen wie:

Schulterzucken	€	2,--
Dummes Gesicht	€	3,--
Sau dummes Gesicht	€	25,--
Faustdicke Lügen	€	10,--
Chef bei Siesta stören	€	10000,-- (Lebensgefahr!)

zu erheben.

Sofern die Idee, für bestimmte Fragen seiner Gäste Gebühren zu verlangen, als dreist erscheinen mag, war es für mich wohltuend feststellen zu können, dass eine faustdicke Lüge im Gasthof »Hermine« günstiger zu bekommen war als ein erzdummes Gesicht.

Der Wirt wies uns, da er nun kein anderes mehr hatte, das Doppelzimmer im ersten Stock mit der Nummer zehn zu. Aber dieses wurde zur Zeit silikonisiert, so dass bis etwa 20 Uhr ans Duschen nicht zu denken war, also für die kommenden vier Stunden. So begaben wir uns, so verschwitzt und verschmutzt, wie wir waren, auf die noch von der Sonne beschienene Terrasse vor dem Haus, um die frische Luft des Madautals und den Blick auf die umliegenden Berge in der schon zum Horizont herab sinkenden Sonne zu genießen.

Auf der Terrasse vor dem Gasthaus »Hermine« war es schön zu sitzen. Man sah über die umliegenden Hänge bis in den Kranz der das Tal umstehenden Gipfel. Die Wiesen waren saftig grün, sie lagen wie die Landschaft selbst im Glanz der Sonne.

Am Terrasseneck gab es ein Hinweisschild, das mit der Pfeilspitze schräg hinaus zeigte, nach oben zur Felswand am Berg, wo es aber nichts als kahlen Fels im schroffen Absturz gab. Auf dem Schild stand in leuchtend roten und großen Lettern, wie man sie sonst nur von Boulevard-Blättern wie der Bild-Zeitung her kennt: »Geierwally Adlerhorst«.

Das weckte unsere ganze Aufmerksamkeit. Wir stellten uns die Frage, ob es sich dabei um einen groben Scherz des Wirtes handele, den der mit seinen Gästen treibt.

Um Näheres zu erfahren, sprach Maxi den Wirt auf das Schild an, als er uns das nächste frische Apfelsaftschorle brachte. Der aber warf ihm folgenden Satz an den Kopf:

„Davon versteht a Bayer nix!", und ging ohne ein weitere Erklärung davon.

„Der Wirt, des is' a ganz G'fotzader!"[13], brach es aus Maxi impulsiv heraus. Maxi war zum zweiten Mal an diesem Tag beeindruckt vom Madau-Wirt. Es imponierte ihm, wie dieser scharfzüngig und redegewandt reagierte und seinen Gästen austeilte, wie es ihm gefiel.

Als der zurück kam, verwies dieser uns auf die Worte und Ansprache, die er am Abend, kurz bevor es Essen gäbe, dazu verlieren wolle. Bis dahin sollten wir uns gedulden.

Kurze Zeit darauf erschienen aus ihren bezogenen himmlischen Verließen die frisch gestriegelten und luftdicht einbalsamierten Gewitterziegen. Sie nahmen, erstrahlend in hygienischer Reife und Würde, am Nebentisch Platz und und ließen den Wirt mit Stolz auf der Lippe und den Nasen wolkenkratzerhoch die Weinkarte bringen.

Sie bestellten gepflegten Weißwein, natürlich mit Eiswürfeln und Kühler, tranken vornehm und spitzlippig aus feinem Glas. Für sie konnte der Abend in aller Eleganz und Gepflegtheit beginnen. Sie unterhielten sich anregend, aber schauten auch immer wieder pikiert zu uns herüber. Doch als sie sahen, dass Sopherl und Xaver in der Tür des Gasthofs erschienen und sich zu uns setzten, hatten wir sie auch heute vergrätzt. Aber das schadete nicht, auch wenn sie wohl gehofft hatten, dass wir ihre Gesellschaft jenen beiden vorzögen.

Wir erzählten Xaver und Sopherl, wie sie sich bei der Ankunft im »Hermine« verhalten hatten, wie sie einige Kilometer vor Madau den Förster angehalten und ihn gebeten hatten, sie ins »Hermine« mitzunehmen. Nun hörten wir sie sagen: Wenn der försternde Almbauer mit seinem Pkw

---

[13] „An G'fotzader" - einer, der ein großes, freches Maul hat.

nicht gestoppt hätte, hätten sie das nachfolgende Taxi angehalten.

Aber in dem hatten wir gesessen. Das erboste Maxi noch mehr. Er schob einen Hass und sagte leise zu uns:

„Wär's so g'scheh'n, hätt' i' 's Fenster runter'draht und hätt' die Weibsen g'sogt: Ihr lauft's besser, wie ihr's in d'r Memminger großartig g'sogt habt'! Oder lernt's flieg'n, ihr Bergschnepfen!".

Lang angekündigt, doch noch bevor die Sonne den Horizont berührte, geschah es: Der Wirt, der zuvor seine Gäste fleißig bedient hatte, betrat vom Innern des ersten Obergeschosses seines Gasthofs herkommend seine Brettl-Bühne: Er trat stolz und erhaben schreitend heraus, stand in theatralischer Würde da, blickte übers Gästevolk, das sich inzwischen in vollständiger Schar auf der Terrasse vor dem Haus versammelt hatte.

Allmählich, mit verschränkten Armen oben stehend und schweigend herab sehend, verstummten die Gäste. Sie stellten ihr Geplauder ein. Einer nach dem anderen sah zu ihm auf, sah ihn erwartungsvoll an und harrte dem, was nun folgen sollte.

Als eine so große Stille und Gespanntheit eingetreten war, dass man nur noch den fein in der Kastanie des Gasthofgartens lispelnden Wind vernehmen konnte, trat der schmächtige »Hermine«-Wirt auf seinem zwei Quadratmeter großen Außenpodest zum ersten Obergeschoss den letzten Schritt nach vorn und legte seine Hände vor sich aufs Geländer, beugte sich langsam vorn über, als wolle er jedem Gast einzeln ins Ohr flüstern. Dann, mit einem Paukenschlag, als auch keine Bedienung mehr umher lief, stellte er sich aufrecht und majestätisch in Positur. Der schmächtige Wirt der »Hermine« begann in großsprecherischem Ton und mit großer Pose zu reden.

Die Geierwally und die Saxenwand.

Er begrüßte zuerst in sanftem Ton seine Übernachtungsgäste und zelebrierte die Geschichte des Gasthofs »Hermine«, auch die des Madautals und Tirols. Er berichtete vom Leben, den Schicksalen im Tal, kam, als er gestikulierend mit großer Geste, mit ringenden und verschlingenden Armbewegungen in Hitze und alsbald in Rage geraten war, als er schreiend und tobend, grinsend und frech formulierend die Furien und Erinnyen des Schicksals herbei beschworen hatte, aufs Leben und Leiden der Anna Stainer-Knittel alias Geierwally zu sprechen.

Er zeigte aufs Schild am Terrassenrand. Er schwang sich wie Flügel schlagend im schroffen Absturz am Adlerhorst weit übers Podestgeländer hinweg, zeigte weit ausgreifend auf den Wegweiser am Terrasseneck, hinauf zur Saxenwand, mitten ins Felsgestein der kahlen Schroffe, wo diese Anna Stainer-Knittel dereinst dem Lämmeradler das Gelege stahl. Sie hatte es, baumelnd am Seil gesichert und sich dem aus der Luft angreifenden Adler erwehrend, gewaltsam aus dem Nest gerissen; denn alle jungen Männer, der Kreis der Jungs im Dorf, hatte dazu der Mut und Schneid gefehlt. Denn damals wurde jedem Kind, das geboren wurde, eine Ziege geschenkt, von dem es auf Dauer ernährt werden sollte. Doch diese holte mitunter der Adler, der in demselben Tal nistete und für den eigenen Nachwuchs Lämmer, Ziegen oder Hühner riss.

„Ja!", schrie der Wirt über seine Gäste schroff hinweg, als hinge er statt ihr hoch droben am Seil, steil in der Saxenwand: „Die Anna Stainer-Knittel, das war halt no' a' Weibs'n! Die war zu ihrer Zeit scho' a' ganz B'sondere: A' richtige Emanzipierte!", und wie er Luft geholt hatte: „D i e alloi woar zwoa Mannsen wert und no' viel mehr als alle z'sam!".

Dann, plötzlich, der Wirt verstummte. Er stemmte die Ellenbogen auf dem Geländer fest und sah ganz ernst und feist zum Volk hinab, prüfte mit scharfem Blick die Mienen, was sie von den Madauern, was sie von deren Geierwally wohl hielten, nämlich nichts! Die hier hatten doch allesamt nur das Wandern, die Memminger und den E5 im Kopf. Die hatten doch allesamt keine blasse Ahnung, was für eine die Anna Stainer-Knittel alias Geierwally gewesen war. Und wie er das so für sich dachte, es ihn nervte, kam er noch einmal richtig in Fahrt: Er ging in Pose und schrie mit großer Geste:

„Was wisst denn ihr, wer die Geierwally war und was s'e g'litten hoat? Und was die Hillern aus ihr g'macht hoat? Aus dem armen Maderl, aus der Stolzesten aller Weibsen hier in der Madau und olle ondern, mitsamt d'r gonzen Kultur und döne Film, die 's ge'm hoat?".

Er lief bei diesen Worten auf dem Podest des ersten Stocks umher, die Brettl-Bühne vor und gleich darauf zurück, die Treppe runter und wieder rauf im Sturmlauf, hin und her. Dann plötzlich, stand er angewurzelt da, kniete devot vor der Monstranz, verschränkte demütig die Hände, als fiele er selbst als der Vinzenz, als leibhaftige Kopie des Bären-Joseph der Anna Stainer-Knittel mitten in der Saxenwand vor d' Füß' – doch dann, als er vor Liebestollheit ganz ergriffen verstummt, schreit er aus Leibeskräften in die Runde:

„So – und nit anders! – muss 's sei'! Die Mannsen kniend vorm geharnischt'n, heilig'n Weib, weil die d'r Muat, d'a Schneid verlier'n vor'm g'scheiten Weib! Vor dera Geierwally Adlerstolz! D'r Geierwally aus'm Madau! A kraftvoll's, a soo muatig's Maderl, wie's d' Mannsen d' Schneid fehlt! Die d' Mannsen gonzen Schneid abkauft!". Dann, nochmals Luft holend:

„Nur'n Bären-Joseph hoat'se ham woll'n, hoat's akzeptiert, 's fein Maderl; aber nöt den Vinzenz. So wurd's vom Vater zum Similaun verbannt, zum Murzollgletscher, zu'n saligen Jungfrau'n, von denen s'e selber oine g'wesen is': A wahre Grazie! A Heilige und Göttin: Mei' Brunhilde vom Madau!".

Und dann, als er in Rührung und Liebe zerging, kraftlos geschwächt am Geländer in sich zusammensinkend zu schweigen begann, schrie er betroffen auf die Gäste runter:

„Und wos hot d' Hillern aus ihr g'mocht! Was? – A Krimhilde vom Madau, die Mannsen frisst!", und kurz darauf:

„Aber d e s is' se ganz bestimmt net g'wesen."

Nun sank der Wirt der Hermine vollends in sich zusammen. Einige Minuten vergingen, bis er zu sich kam und wieder aufsah, bis die Betroffenheit aus den Gesichtern der Gäste wich.

Als er offenen, geklärten Gesichts wieder in die Runde sah, streckte ich meine Hand hoch und fragte:

„Warum heißt die Stainer-Knittel eigentlich Geierwally, wenn sie ein Adlernest ausgeräumt hat?".

Der Hermine-Wirt rieb die verklärten Augen. Er sah ungläubig herüber. Die Frage hatte er wohl nicht erwartet. Erst zögerte er, ermattet wie er war, dann sagte er mit entgeistertem Blick:

„D i e Piefke-Frage wird heut' nit mehr beantwortet."

Mit diesen Worten verstummte er, während der eine oder

87

andere der Gäste zu meiner Frage schmunzelte. Maxi aber lehnte sich zu mir herüber und klärte mich auf: „Im Österreichischen heißen die Greifvögel Geier. Das ist eine allgemeine Bezeichnung dafür." „Du meinst, der Geier ist im Österreichischen nicht nur ein bestimmter Greifvogel neben Adler, Falke und so weiter?". „Ja, genau!" und indem er fort fuhr: „Wally steht für Wallburga, also für Walburga oder die heilige Walburga, die im süddeutschen Raum die Bedeutung einer starken Burg hat. Sie steht in Tirol für eine aufrechte, selbstbewusste Frau, die – weil sie noch ganz andere weibliche Qualitäten mitbringt – es den Tirolern angetan hat."

Sie nimmt also ihr Glück in Leben und Liebe in die eigenen Hände. So stellt der Heimatroman von Wilhelmine von Hillern über die Anna Stainer-Knittel, der im Jahre 1875 erschienen ist, eben diese Walburga Stromminger und auch die Heilige Walburga dar. Sie wird in Personalunion dieser beiden zum Vorbild für die Geierwally vom Madautal. Sie gehört zu den früh emanzipierten und selbstbewussten Weibsen, wie es sonst kaum Mannsen gibt.

Heute werden unter dem Namen der Geierwally Stiefel und Haferlschuhe verkauft, aber bis zum heutigen Tag auch Dramen geschrieben oder Filme gedreht, der erste im Jahre 1940, dann einer in den 50er Jahren und der letzte im Jahre 2005 mit Christine Neubauer in der Hauptrolle. In diesem ist die Geierwally ganz auf Naturverträglichkeit und ökologisches Denken getrimmt. Denn jener junge Adler muss erst aus dem Nest gefallen sein, bevor sie ihn aus der Felswand holt, ihm so ganz ökologisch geklärt das Leben rettet. Aber auch vieles andere von der überzeugenden Geschichte der Hillern wurde im Film weggelassen, die Handlung vereinfacht und banalisiert, zurecht gestrickt, wie es dem einfachen Zeitgeschmack von heute entspricht, so dass am Schluss eine Ungereimtheit bleibt: Keiner weiß, warum die stolze Geierwally den ihr verfallenen Bären-Joseph, der sie so enttäuscht hat, zum Schluss doch noch wählt, während die Geierwally im ersten Film aus nationalsozialistischer Zeit noch geschichtswidrige Sachwalterin überkommener Machtverhältnisse gewesen war, die das Patriarchat völkisch heilig spricht: das glückliche Weib, gefangen in der Zitadelle aus Haus, Heim und Herd, die, tatsächlich aber abkommandiert in die Rüstungsschmieden, das Regime am Laufen hält.

Aber zurück zur »Hermine«, zum gleichnamigen Gasthof und seinem vorwitzigen Wirt. Mit ihm wurde der Abend auf der schönen Terrasse im Madautal mitten in den Bergen noch ganz anders bunt. So gab er auch auf eine weitere Piefke-Frage keine Antwort, nämlich auf die, warum auf einem alten, aber neu lackierten Holzschild sein bunt geblümtes Alpengasthaus einmal »Gasthaus Bergheim Hermine« heißt, auf einem anderen »Berggasthof Hermine«? Aber vielleicht gab's auch keine Erklärung, kannte der Wirt selbst keine.

Unsere Bestellung nahm der »Hermine«-Wirt selber auf, nicht von der Gebührenkarte, sondern ganz gebührenfrei, wie sich's versteht, das Essen wie die Getränke, selbst noch im wiederholten Falle. Als Vorspeise aßen Maxi und ich eine Kasknödelsuppe, die frisch zubereitet bestens schmeckte. Eine Leberknödelsuppe war zur Zeit leider ausgegangen.

Als die auf der Terrasse versammelte Bergheim-Gesellschaft wieder in ihre allgemeine Unterhaltung der Tische überging, hörten wir die Bielefelder Damen schräg neben uns überheblich und aufschneiderisch reden. Sie, die gestern auf der letzten Hütte noch schwadroniert hatten, dass

sie auch den zwölf Kilometer langen Weg zwischen Holzgau und nächstem Übernachtungsquartier »Hermine« zu
Fuß ohne weiteres hinter sich brächten, begannen nun, andere große Töne zu spucken, darunter Halbsätze der Art:
„Wenn wir dann in Italien sind ...". Maxi, der nicht glauben konnte, was er da hörte, sah
mich, ob der gehörten Rede am Nebentisch, betroffen an.
Er sagte:
„Wenn das der Wirt hört, der wird die z'sam stauchen,
dass denen Seh'n und Hör'n vergeht!".
Denn Maxi mochte sie nicht mehr, sie, die überheblich
ohne Substanz waren. Sie waren ihm zu stolz, zu vorder-
gründig. Er empfand sie gegenüber den Südländern anma-
ßend. Er war einer, der eine solche Denke niemals vergaß,
ein Verhalten, das zeigte, dass sich Nicht-Bayern mitunter
als etwas Besseres ansahen, schon des Dialektes wegen.

Sie taten so, als käme ihnen das Beste vor allen anderen
zu, sei es nun vom gepflegten Wein, vom fein destillierten
Marillenschnaps, dem besseren Zimmer oder einem Le-
benspartner, der ihnen einen hohen Sozialstatus bieten
konnte, weil er Karrierist und Workaholic war, aber dafür
keine Zeit für sie und die Gemeinsamkeit hatte; denn vom
Konsum allein wird keiner glücklich.

Als am Bielefelder Tisch die eine der vier einen Marillen-
Schnaps bestellte, fragte die Wirtin, bevor sie diesen holen
ging, die anderen am Tisch, ob sie auch einen wollten. Sie
verwies auf die besondere Schnapskarte des Gasthofes
»Hermine«, auf der folgende Discount-Angebote verzeichnet waren:

Ebas fir an Bauch – jeden Toug wos anders – des isch in Madau so
Brauch:

Obstler	kostet am Montag	€ 1,60
Zirben	kostet am Dienstag	€ 1,60

Lotterie-Schnaps	kostet am Mittwoch	€ 1,--
Williams-Birne	kostet am Donnerstag	€ 1,60
Enzian	kostet am Freitag	€ 1,60
Piroskaa-Marille	kostet am Samstag	€ 1,60
Obstler	kostet am Sonntag	€ 1,60

Die anderen Bielefelderinnen verneinten aber, wollten auf einen Schnaps verzichten. Als die Wirtin nach gewisser Zeit zurückkehrte und den einen bestellten Schnaps auf den Tisch stellte, da sagten die anderen drei Frauen zu ihr: „Frau Wirtin, nun möchten wir doch auch einen." Also ging die Gemeinte mürrisch noch einmal los.

Als wir gerade unsere Essen bekamen, hatte sich an einem der Holztische gleich bei uns eine Gruppe Norddeutscher, Saupreißen aus Köln, niedergelassen. Mit denen kamen die Bielefelder Damen ins Gespräch. Man war ohne Probleme sogleich auf du und du, schließlich stammte man aus der gleichen Ecke – zumindest aus der Perspektive von Süden her.

Sie pflegten wortreichen Kontakt, bestellten Bier und erzählten sich schließlich Witze, worüber keiner, außer sie selbst, lachen konnte. Sie waren nämlich abartig, wie diese selbst. Trotzdem schmeckte einem von denen das Weißbier, wie man es von einem richtigen Kölner eigentlich nicht erwartet hätte. Dennoch stellte sich der Wirt nach dem soundsovielten bestellten Bier demonstrativ am Kopfende des Tisches auf. Er sagte strafend:

„Könnt'st du net a halbes Weißbier b'stelln wie alle normale Leit' und nit immer dös null drei Liter. Dann müsst' i' nöt so viel laufa?".

Der Kölner, dem diese direkte Art des Wirtes und sein ungefragtes Duzen gar nicht gefiel, schaute ihn verwundert an, schwieg, sagte dann in ganz ruhigem Ton:

„Nein, ich bin Kölner. Ich trinke das Weißbier aus einem

Null-Drei-Glas. Dann ist es frischer."

Der Wirt, dem dieser Gedanke völlig neu war, trollte überrascht und wortlos davon. Er runzelte die Stirn und schien darüber nachdenken zu müssen, was Kölner zu sein mit dem Trinken aus Null-Drei-Gläsern zu tun habe.

Kurz darauf stand der Wirt wieder an demselben Tisch, diesmal aber ein frisch aufgefülltes kleines Bierglas in der Hand. Noch einmal stellte er sich demonstrativ am Tischende vor dem Kölner auf, ohne das Glas zu servieren. Er hielt es einfach in der Hand, bis die am Tisch Sitzenden ihr Gespräch unterbrachen und den Wirt neugierig ansahen. Als jener von vorhin den Wirt bat, das Bier doch abzustellen, sagte dieser:

„Wo'ßt, was mir an dir g'fällt?".

Doch der Kölner sah ihn verwirrt an. Er hatte die Frage gar nicht verstanden, da er der Sprache des Wirts nicht mächtig war. Denn schon rein sprachlich liegen zwischen dem Kölner und Tiroler Dialekt mehrere Hemisphären. Als einer der Kölner dem Gemeinten die Frage des Wirts in vernünftiges Schuldeutsch übersetzt hatte, lächelte dieser erfreut und fragte voller Erwarten zurück:

„Ja, besten Dank. Was denn?".

Der Wirt, der erst jetzt das Glas vor seinem Gast absetzte, grinste hintergründig und sagte:

„Wenn d' 's wissen willst: Nix!".

Der Kölner sah verdutzt in die Runde, während alle anderen über die Grobheit des Wirtes und das Gesicht, das der Kölner machte, schallend lachten. Maxi sagte bewundernd über den Wirt:

„Der Wirt! Des is' halt doch a Spitzbua!".

Solche Schmeicheleien des Wirtes, gepaart mit einem besonderen Witz, gefiel Maxi und allen anderen sehr. Es war das Salz in der Suppe hier im »Hermine«, wo Service und

Die Gipfel rund ums Madautal und den Berggasthof »Hermine«.

Arbeit, die das Wirtsehepaar zusammen mit einer Aushilfsbedienung leisteten, ganz vorzüglich waren.

An diesem Abend waren wir zusammen mit Sopherl und Xaver mal wieder beim Schafkopfen. Dabei gab es das eine oder andere Gespräch über das eine oder andere, heute Abend vornehmlich übers Reisen und was man in den letzten Jahren so erlebt hatte. Sopherl berichtete von ihrer ersten Segeltour, auf der ein Zwischenfall geschehen war. Sie sagte:

„Do hoat's Schifferl Schreiberl verlor'n"[14]. Sie berichtete, wie es dann weiterging. Auf einmal kamen wir aufs nackt Baden. Xaver, der eher nur zugehört hatte, fiel auf einmal ein:

„Wenn i' nackt bade dua, stürz'n s'e sich auf mi'."

Sopherl grinste und fragte schelmisch zurück:

„Wer?".

„Die Nymphen", sagte Xaver betulich und spitzte spitzbübisch den Mund. Er grinste in sich hinein, seine Augen blitzten wissend alle Umsitzenden an. Ich aber sagte:

---

[14] Auf Deutsch: Da hat das Schiff die Schraube verloren.

„Mir scheint du meinst die Nympher! Die Seenympher." Als der Abend spät wurde, die Sonne untergegangen und durchs Madautal ein kühler Wind blies, verlagerte sich das Festen und Feiern in die Stube des Gasthauses hinein. Hier gingen die Gespräche, das Karten spielen weiter. Die Norddeutschen begannen, weil ihnen wohl wenig Besseres einfiel, in der Schankstube grässlich zu singen. Sie sangen bei schief kratzigen Stimmen und Tönen zur Ziehharmonika, grölten durch den Raum. Sie versuchten sich an Seemannsliedern und Country-Songs mitten im Berg. Durch den Raum erscholl es vom „Drunken Sailor" und von „Country Roads", von allem, was das Liederbuch des Seebären und die Weiten des Wilden Westens hergaben. Dieses Liedgut war der alpinen Bergwelt auf schrecklichste Weise gemäß.

Der Wirt, der im Schankraum mitten in diesem lärmenden Singsang am Tresen stand und Gläser und Bier einschenken wollte, ja musste, schrie immer wieder, wenn es ihm zu bunt wurde, dazwischen:

„Jetzt hört's aber auf!" - „Nu gebt's a Ruah!".

Irgendwann stand der am Zapfhahn, hielt sich mit der linken Hand das Ohr zu und goss mit der anderen Hand das Bier ins Glas. So schrie er irgendwann, es ging schon auf 24 Uhr zu:

„Und jetzt is' endgültig g'nuang: Jetzt schleicht's eich!".

Als es noch später geworden war, saß er kurz an unserem Tisch. Wir unterhielten uns über Bayern und Tirol. Wir kamen auf nette Weise ins Gespräch. Doch dann, als er auch uns im Bett haben wollte, sagte er:

„Ihr Bayern habt's uns erst 'n Hofer erschoss'n und dann da Bruno!".

Er sah gewitzt in die Runde, grinste uns verstohlen an, stand auf und ging los. Als er noch einmal zum Kassieren

zurückkam, sagte Xaver zu ihm:
„Brauchst dir nix d'raus macha, dass mir Bayern eich d'Hofer d'erschossen ho'm. Dafür lebt der zur Zeit joa doch wieda auf in Österreich! Sozusagen als a späte Wiedergutmachung!".

Als der Wirt verdutzt und neugierig schaute, da er nicht verstand, was Xaver meinte, ergänzte dieser zur Erklärung seines Hinweises:
„Joa, is doch ganz kloar! A späte Wiedergutmachung als »Hofer-Discountmarkt«."

Der Wirt schaute betreten, wir lachten, er schließlich mit uns – und Maxi stellte fest, als der wieder gegangen war:
„D e r Wirt, des is halt doch a ganz Wuilder."

Ja, das stimmte. Da stimmten wir überein, er, die Tiroler wie die Bayern und wie dieser Wirt im Madautal, der Wirt des Gasthofs »Hermine«, sie alle waren wirklich Wilde von Herzen, da dieses bei diesen am rechten Fleck sitzt.

Er aber, der Wirt vom »Hermine«, war ein Wilderer des Wortes, der sich mit Charakter und Witz zu einem ganz Schelmischen anschickte, für den man Sympathie haben musste, weil er so erfrischend frei und wie ihm der Schnabel gewachsen war, von der Leber weg redete; und ganz besonders, weil er einer war, der auf die ganz wilden Frauen stand, nicht die angepassten überheblichen, die manierlich vordergründigen, sondern auf solche wie die Geierwally, die urwüchsig verbürgten, die natürlich mutigen, nicht die Kultur-Berggämsen, die überkultivierten aus dem Westen oder Norden oder sonst wo auch immer her.

So kamen wir zu später Stunde überein, dass wir, wären wir gleich von Holzgau aus auf die Memminger Hütte gewandert, vieles mit Sicherheit verpasst hätten. Und mit dieser Erkenntnis gingen wir befriedigt zu Bett.

Etappe 4: Madautal – Memminger Hütte

Wir brachen vom Gasthaus »Hermine« um 10:30 Uhr auf. Das Frühstück hatten wir ab 8:20 Uhr im Nebenraum zur Gaststube an jenem Tisch eingenommen, an dem wir am letzten Abend schon gesessen hatten; nur saßen diesmal am langen Tisch auf der anderen Seite des Raumes die Gruppe der Bielefelder Frauen, nun aber einzeln und in ständig wechselnder stutenbissiger Auswahl. Es schien, als hätten sie sich des Nachts zerstritten. Es musste zur Nachtzeit geschehen sein, da man am frühen Morgen aus deren Zimmern Rumpeln gehört hatte, das Umfallen von Tisch und Stühlen. So waren an diesem Morgen zwei der vier gar nicht mehr zum Frühstück erschienen. Sie waren vermutlich gleich abgereist, ob zu Fuß, per Förster, Kölner oder Taxi, das war ungewiss.

Schließlich deutete die Wirtin an, dass die Damen aus Bielefeld gestern Abend schon zurückhaltend und argwöhnisch miteinander gesprochen hätten. Wir fragten uns: War es vielleicht wegen der Kölner Jungs gewesen, mit denen sie in der Stube zusammen gesessen, zusammen gesungen hatten? Was war wohl nach Mitternacht, was wohl auf den Zimmern geschehen?

Derweil wechselten die zwei übrig Gebliebenen beim Frühstück immer wieder ab. Jede prüfte, wie sie da saß und stumm aß, die Rechnung fürs Abendessen und Frühstück, für die Übernachtung im »Hermine«. Sie ließen sich, sozusagen als Ersatzhandlung, von der Wirtin immer wieder erklären, was es mit den verschiedenen in Österreich geltenden Steuersätzen und -arten auf sich habe. Sie

96

Hochalm in der Madau im Charakter der Hofer-Zeit.

fragten immer noch einmal nach, ob sie das alles tatsächlich gegessen und getrunken hätten. Über der Erklärung der Wirtin schüttelten sie mehrfach ungläubig die Köpfe, nach der Devise: Das könne nicht sein; so etwas gäbe es in Deutschland nicht. Warum in Österreich? Es sei überhaupt nicht nachvollziehbar, was sie erkläre. Sie rechneten und prüften und riefen die Wirtin mehrfach zur Erläuterung an den Tisch. Sie wollten immer noch einmal wissen, welche Bewandtnis es mit den aufgeführten Verzehrarten habe, wie bestimmte darauf geschlagene Prozentsätze und Kostenanteile zustande kämen und warum diese überhaupt erhoben wurden, so als gäbe es keine mathematischen Gesetze, kein Kleines Einmaleins.

Keine Frage. Dort drüben am Tisch lief eine Finanzprüfung ab. Der gesamten Mathematik und ihren Axiomen wurde auf den Zahn gefühlt. Es ging um Steuerarten und -sätze, um Halbbesteuerungsgrundsätze und zu guter Letzt um ein neues niedersächsisch-tirolerisches Steuerabkommen. Aber vielleicht mussten sie auch nur die Rechnung der Kölner Zechpreller mitbezahlen – wer wusste das schon so genau.

So wurden Worte und Sätze rauer, je öfter man die Wirtin zum Rapport an den Tisch befahl. Zug um Zug gingen die Worte beißender hin und her. Sätze wurden zu Befehlen, Mienen ernst und vorwurfsvoll. Irgendwie war denen die gesamte Wanderung aufgestoßen und alles zum Ärgernis geworden, als habe der Murzollgletscher sich gegen sie verschworen und ihr Gefühlsleben ins ewige Eis am Similaun geworfen.

Doch am Ende: All das fruchtete nichts. Die zwei ungläubigen Bielefelderinnen mussten die Rechnung bezahlen, wie sie nun einmal ausgestellt war. Selbst in Österreich gab es dafür kein Pardon. Auch nicht für norddeutsche Piefkes aus Bielefeld.

Entnervt vom ewigen Gezeter wegen ein paar Euro am benachbarten Tisch brachen wir schließlich auf. Wir wollten nicht abwarten, bis die zwei die goldene Ehrennadel der gröbsten „Miss Calculi" des Jahres vom Heimatverein Innsbruck verliehen bekommen.

Wir sattelten lieber die Hühner, räumten unser Zimmer, bezahlten unsere Rechnung und setzten die Rucksäcke auf. Im letzten Blick zurück aufs »Hermine« machten wir uns über einen schmalen Pfad unterhalb des Gasthofs auf den Weg in die Senke des vor uns liegenden Tals. Er führte über eine Wiese an einer alten Hütte seitlich vorüber. Es war ein altes Tiroler Holzhaus aus Zeiten Andreas Hofers, die Zeit der Freiheitskämpfe gegen das Frankreich des Napoleon Bonaparte, der sich angeschickt hatte, im Rausch der großen Französischen Revolution von 1789 und ihrer Ideen Europa gegen England hinter sich gewaltsam zu vereinen. Wie so oft in der Weltgeschichte waren Machtfragen im Vordergrund gestanden, nicht die Ideen, um deren Willen gekämpft wurde.

Als wir die Talsohle erreicht hatten, mündete unser Pfad

in einen Feldweg ein, der Richtung Materialseilbahn der Memminger Hütte zunächst über eine kleine Brücke führte. Der Weg von hier zur Seilbahnstation war lang. Er ging durch eine nach Westen sich wendende Biegung in ein breiter werdendes Tal hinein, in dem ein zwischen schroffem Felswerk plätschernder Bach dahin floss. Als wir schon eine halbe Stunde auf diesem unterwegs waren, kamen an uns in kurzen Zeitabständen ein Zipfer-Bierwagen und zwei Taxibusse des Taxiunternehmens Feuerstein vorüber, die ebenso wie wir den Weg zur Materialseilbahn suchten. Also konnte es nicht mehr weit sein. Immerhin hatten wir wieder jenen Weg zwischen Oberstdorf und Meran unterm Fuß, der von den geführten Lemminge-Gruppen aus Süddeutschland gegangen oder per Taxi überbrückt wurde. Und was wir noch nicht wussten: In dem einen – natürlich nicht im Zipfer-Bierwagen – saß ein Paar aus München, das wir in den nächsten Tagen im Wander-Outfit und ohne Hackbrett kennen lernen sollten.

Je näher wir der besagten Talstation kamen, je breiter das Tal vor uns wurde, öffnete sich der Blick auf die südlich und nördlich gelegenen Berge und Gipfel. Das war im Norden die Saxer Spitze (2.690 m) und dahinter die Freispitze (2.884 m), die unseren Blicken ein riesiges Schuttkar boten. Im Süden war das die Oberlahmspitze (2.656 m) und dahinter der Seekogel (2.412 m) sowie die Parseierspitze (3.036 m), die alle anderen weit überragte. Und zwischen all diesen Bergen, Höhenzügen und Gipfeln lag jenes Tal, durch das wir gerade gingen, in dem im felsigen Flussbett des Parseierbachs ein frisches Bergwasser brodelte, das von jenen zerklüfteten Hängen herab ins Tal geflossen war und aus reinsten Himmeln vom Sonnenlicht leuchtend und kristall glitzernd beschienen wurde. Zu dieser Stunde war es schon warm, ja heiß. Die Sonne setzte uns gehörig zu, uns, die mit schwerem Gepäck dahin gingen.

Bald sahen wir von fern das Tragseil eines Güterlifts, an dem vom nördlichen Rand des Tals in den südlichen Hangberg hinein ein hoch beladener Güterkasten glitt. So konnte es nicht mehr weit sein.

Um eine letzte Kurve biegend, kamen wir am Materiallift der Memminger Hütte an. Dort standen neben dem Bierwagen eine große Zahl von Rucksäcken. Wanderer saßen dabei, redeten und tranken, nahmen vor dem Aufstieg ihr Vesper ein.

Ein braun gebrannter, älterer Herr, in kurzer Gerd-Müller-Gedächtnis-Sporthose aus den 70er Jahren und zu klein geratenem Maler-Käppi auf dem Dickkopf, war Bahnchef des Warentransports zur Memminger Hütte. Er stand geschäftig am Seil. Er hatte an seinem Kommandostand den Oberbefehl, machte aber den Eindruck, dass er alles hier sehr gefällig nehme und nichts im Griff habe. Er schien sich schon gar nicht um die abgestellten Rucksäcke zu kümmern. So sagte er auf Nachfrage in gelangweiltem Ton:

„Joa. Stellen 's ihr'n Rucksack irgendwo do ab. Der geht dann scho au' mit!".

„Yes, why not! D'accord und ganz zu Befehl!", dachte ich, wird schon gut sein und ebenso gehen. So stellte ich, wie andere vor mir, zwar irritiert, aber treu doof, meinen Rucksack irgendwo da am Warenlift der Seilbahnhütte ab, nahm nur das Allernötigste für den Aufstieg an mich.

Maxi war entschlossen, mit Rucksack zur Hütte aufzusteigen. Aber das schien mir keine Kunst, er mit seinen acht Kilogramm Fliegengewicht.

Nachdem ich meine Wertsachen an mich genommen und mit Kappe und Wasserflasche für die kommende Hitze

Im Tal des Paseierbaches zur Güterseilbahn der Memminger Hütte.

ausgerüstet war, gingen wir los. Es war 11:45 Uhr. Es ging zunächst über eine schmale Fußbrücke über den Parseierbach hinüber, danach, kurz nach dem klaren, klirrenden Fließen steil bergauf.

Es ging auf engem, felsigem Pfad und in schmalen Serpentinen den Hang hinauf. Der Bewuchs um uns herum war grün und frisch. Teils ging der Pfad durch einen von Latschenkiefern gebildeten Wald, um schließlich nach mehreren hundert Metern Anstieg in eine von der heißen Sonne beschienene Hochweide zu münden.

Lange noch blieb der Blick aufs Tal erhalten, aus dem wir am Morgen aufgebrochen waren; ebenso auf den nördlichen Bergzug, der unseren gesamten Aufstieg über gigantisch hinter uns aufragte. Westlich in diesen zog sich ein riesiges Schuttkar hinein, in dem zwischen Geröllhügeln noch riesige Schneefelder eingesenkt lagen.

Die Hochweide, in die wir leicht ansteigend hinein gingen, wurde zunehmend schmaler und steiler. Neue Bergzüge, die östlich und westlich verliefen, traten näher und keilten sie immer mehr ein. Doch vor unseren Augen, noch hoch über uns, erhob sich eine gewaltige Bergfalte, die irgendwie zu umgehen oder zu überschreiten war. Wir wussten noch nicht, wie und wo; denn der Pfad verschwand vor uns im allgemeinen Geröll und Bewuchs. Nur an der einen Seite dieser Bergkante strömte ein reißender Bach in mächtigem Wasserfall über die Felsen herab, um sich im gigantischen Felsgeröll der Hochweide zu verfließen. Links von ihm führte ein schmaler, felsiger Pfad, der kaum zu erkennen war, irgendwie weiter hinan. Das kristallklare Wasser umfloss die Felsen der Hochebene, bildete Gesteinsinseln, dazwischen Gumpen mit Schollen aus Eisfluss, über die man gehen und springen musste, derweil das klirrende Bergwasser die Füße schillernd umkreiste und umrann. Als wir an einer Felsecke, die über uns lag, ankamen, an der der Pfad aus den Bergwassern heraus ging und vor den Blicken verschwand, auf einer Höhe, auf der der Wasserfall mit mächtigem Strahl über die Felskante kippte, öffnete sich den Augen eine noch nicht gesehene, kesselartige Ebene, in deren riesiger grüner Senke Haflinger Pferde klein wie Punkte weideten. Darüber stand ein Kranz von neuen Gipfeln, die wir auf dem bisherigen Weg noch nicht gesehen hatten. Diese überragten alles, was wir seit diesem Morgen übersehen oder ergangen hatten. Das war, gleich rechts von uns und gegen den Uhrzeigersinn, der Seekogel (2.412 m), der Vordere Seekopf (2.685 m), der Mittlere (2.702 m) und Hintere Seekopf (2.585 m), die im Süden liegende Seescharterspitze (2.705 m), die Kleinbergspitze (2.756 m) sowie das Oberlahmsjoch (2.505 m) und die Rauhe Spitze. Und im Hintergrund lag, klein wie ein Würfel in einem Becherspiel auf sanft ansteigendem Hügel ein kaum auszumachendes, kleines Haus. Es saß mit seinen offenen Läden und seiner Sonnen beschienenen Terrasse

Hochgebirgskessel mit der Memminger Hütte auf Bergplateau.

davor wie auf einem schmalen Felsthron.

Das war sie, ja das musste sie sein, die Memminger Hütte, die wie ein König in dieser Hochebene residierte und die Steinriesen um sich herum in gehörig devotem Abstand hält.

Wir waren begeistert. Je höher wir stiegen, umso großzügiger, umso gigantischer wurde die Bergwelt, während wir erwartet hatten, dass alles kleiner, in Felsen eingeschlossener, in enge Täler eingekerkerter da läge. Doch hier, diese monumentale Großartigkeit aus Stein und Fels: Tief unter uns eine weitläufige Weide mit einer großen Herde Haflinger, die im saftigen Grün sich erging, darum ein Kranz aus Hügeln, auf dessen einem die Hütte lag, und darum herum noch der Gipfelkranz der Berge, der bis über 3.000 Meter hinausragte. Das war es, was der Wanderer liebt und immer geliebt hat: Wenn die Natur ihm zeigt, wie klein er selber ist und er mittels der Vorstellungen, die er sich mit seinem kleinen, erbsenzählerischen Verstand, dieser Winzlings-Alltagsvernunft über sie macht, nichts begreift, nur alles, was er sieht, überwältigt anschauen kann.

So gingen wir mit dem Blick über den Hügelkranz und die wunderschöne Weide unter uns kreisend durch die Kathedrale eines Naturgottes hinüber zur Memminger Hütte. Wir standen in großer Ergriffenheit in der sich vor und über unseren Augen entfalteten Natur-Basilika im Aufgang zur Memminger Hütte, fühlten schon im Vorgenuss des bewältigten, zehrenden Aufstiegs das erste Getränk am Genussaltar über unsere Lippen gehen. Es war 14:25 Uhr geworden, als wir ankamen, also noch immer sehr früh am Tag.

Als wir am Haus um die Ecke bogen, auf den südlichen Teil der Terrasse einschwenkten, sahen wir dort Sopherl und Xaver in der Sonne sitzen, vor sich ein erfrischendes Getränk. Wir beneideten beide in diesem Moment, denn wir spürten neben dem Schweiß vom Aufstieg an unseren Gliedern die Zunge matt und trocken am Gaumen kleben.

Aber es stand auch uns ein langer Nachmittag auf der Sonnenterrasse bevor. Wir warfen wie müde Tragtiere erst einmal alles ab, was uns über Stunden seit der »Hermine« belastet hatte; und saßen wie andere kurz darauf unter der Sonne im Hochgebirgskessel der Memminger Hütte und genossen Hitze und erstes, zweites und drittes Getränk. Das war es, spürte ich, wofür Fernwandern steht: Berge, Gipfel und ein Genuss, den es nach körperlicher Anstrengung nirgendwo sonst in dieser Art gab oder geben konnte.

In der Ruhe hier sitzend, genossen wir den Gebirgsdom der umliegenden Gipfel und Berge noch einmal ganz anders: Riesige Schuttkare, hoch aufragende, felsige Gipfel, beeindruckende Schneefelder, die manche Gletscher und klirrend kalte Ferner erahnen ließen, umgaben uns. Dazwischen saftig grüne Weiden in riesigen Ausmaßen, ein mächtiger Kessel mit einem kleinen blauen See, der zwischen dem Grau und Braun der allseits aufragenden Gebirge liegt. Nur am südöstlichen Rand dieses riesigen Kessels sahen wir einen Pfad. Wir fragten uns, ob es jener sei, den wir morgen zu gehen hätten?

Im Anblick dieses felsigen Gipfelglücks verrannen die Stunden des Nachmittags beim Sonnen und bei leichten Gesprächen. Der Himmel war blau, von wenigem schleierndem Weiß belegt. Die Luft war frisch und klar, bot von der Hütte ins Tal einen weiten, befreiten Blick, als läge alles, Hänge und Gipfel, ganz nah – und die Zufriedenheit, die Glückseligkeit, die man als Mensch empfinden kann.

Doch einmal, mitten hinein ins Schauen und Genießen, gab es eine Schrecksekunde. So viele Lemminge, geführte Gruppen rings umher in großer und größter Zahl. Dazwischen saßen wir, mitten auf dem Apfelschorle- und Weißbierkogel, über dem sich allmählich ein grauenvolles Rauschgewitter zusammen zog.

Doch das machte nichts. Die Hütte, die Schlafplätze für die kommende Nacht waren uns gewiss. Wir genossen es, hier angekommen zu sein, alles, wie es war. Auf der Terrasse der Memminger sitzend, gab es keinen Gipfel mehr, der uns an diesem Nachmittag und Abend Ehrfurcht eingeflößt hätte. Und die Bielefelderinnen, wie es schien, waren weit, wie der Ballermann, sie waren an diesem Nachmittag auf der Memminger Hütte nicht eingetroffen. Also auch die letzten zwei schienen abgereist zu sein, schienen die Wanderung abgebrochen zu haben. Offenbar waren sie über der Rechnung im »Hermine« in Zweifel geraten, ob das Steuerland Österreich ihre Sache sei, auch im touristischen Sinne. Sei's drum, dachte ich. Auf die zwei konnten wir gerne verzichten.

Auch ohne sie, auch ohne Miss Calculi war die Terrasse der Hütte ein Gedicht. Sie war zu dieser Stunde schon fest frequentiert. So machte uns das Fehlen derselben nichts.

Wir genossen es, hier zu sein und so, wie alles war: ohne Ballermann und Bielefeld, ohne Gedanken an Rechnungen oder Kleines Einmaleins; hier, mitten auf dem Sonnenplatz der Welt und des Herrn auf der Terrasse der Schöpfung.

Und hier, an diesem Ort, zu diesem Zeitpunkt beschlossen wir, dass Maxi eine Gastkolumne schreiben solle, die erste mit dem Titel:»Wer von allen Wanderern packt seinen Kulturbeutel am spießigsten und wie?«. Wobei ich mir sicher war, dass ich nicht gemeint sein konnte, und zuletzt auch recht behielt, denn die Kolumne kam nie zustande.

Aber Maxi, der sich auf eine Wette zu Beginn unserer Wanderung bezog, entdeckte das Sinnlose, das ich mit mir über die Gipfel des E5 trug, eigentlich für den Strand beim Ballermann eingepackt hatte. Er fand in meinem Rucksack das blau gelb rote Badewannen-Plastikschiff: Es war das Flagg- und Versorgungsschiff der Bayerischen Gebirgsmarine, mit der Maximilian I. von Bayern, Thronfolger nach dem Aussterben der Wittelsbacher Linie, versucht hatte, mit neuzeitlichen Reformen im Geiste der Französischen Revolution den Freiheitsgeist der Tiroler Bauern unter Andreas Hofer zu ersticken und die Region in die Zukunft zu katapultieren. Das Plastikschiff versuchte damals vergeblich den Weg vom Schwäbischen Meer zur Adria zu finden, um die Napoleonischen Kräfte zu unterstützen. Aber alles war vergeblich: Der österreichische Kaiser war zusammen mit dem Erzherzog Johann im Frieden von Schönbrunn den Tirolern schon selbst in den Rücken gefallen. Also gab es keinen Grund, der österreichischen Marine in der Adria durch ein bayerisches Flaggschiff aus blau rot gelbem Plastik die Stirn zu bieten.

So trug ich das Bayerische Überbleibsel selber zur mittelmeerischen Südsee, nun hoch droben auf meinem Rucksack installiert, aber ohne meine weiß blaue Badeente, die designierte Fregattenkapitänin auf großer Fahrt, die dazu gehört hätte.

Doch wie wir darüber ratschten und lachten, kam ein anderer am Tisch auf Bayern und Tirol zu sprechen. Wir redeten übers Fernwandern, sprachen über Vorbereitung und Durchführung und zu lesende Bergbücher. Wir redeten über interessante Fernwanderwege in Europa. Eine andere am Tisch, Trude mit Namen, sagte auf einmal, sie lese gerade eine Wanderbeschreibung, von einem, der von München nach Venedig gegangen sei. Auf die Nachfrage nach dem Autor, nannte sie meinen Namen. Als ich ihr meinen Buchflyer vor die Nase hielt, stutzte sie, erkannte es. Maxi sagte in seiner verschmitzt nonchalanten Art: „Das is' er, der Autor. Das Buch is' von ihm!". Sie schaute hin und her, glaubte, veräppelt zu werden. Aber so war es. Da saß er vor ihr. Ihr gegenüber saß leibhaftig jener Mensch, dessen Buch sie gerade las. Sie hatte ihn auf der Memminger Hütte zufällig getroffen, jenen, der vor Jahren selbst fußkrank und mit falschem Schuh, mit Liebeshoffnung und -kummer im Herzen bis Venedig gegangen war. Sie wollte ein gemeinsames Foto von Autor und ihr. Ich war hoch erfreut, beim Wandern eine Leserin meiner Bücher getroffen zu haben.

Ein andermal auf der Terrasse der Memminger Hütte erzählte Maxi von seinem Südtiroler Bergbauern im Vinschgau: Diesem hatte ein Bozener Wissenschaftler, ein bürgerliches Würschtel aus der Stadt weis zu machen versucht, dass sein seit dem 11. Jahrhundert auf 1.300 Metern Höhe am Steilhang liegender Hof wirtschaftlich nicht tragfähig sei. Nach modernen, wissenschaftlichen Maßstäben gerechnet, müsse der umgehend geschlossen werden, wolle der nicht gänzlich verarmen. Der Schlaumeier hatte vergessen, dass der Hof über Jahrhunderte bestanden hatte, dass dieser der 1814er-Niederlage gegen die Napoleonischen Spitzbuben getrotzt und auch andere historische Unbilden der nachfolgenden Zeiten überstanden hatte. Da kann einem Südtiroler Bergbauern kein Schlaumeier mit dem vermeintlich krachledernen Sachverstand der Wissenschaftlichkeit daher kommen, nicht mal aus Bozen. So gibt es den Hof noch heute, und es wird ihn bestimmt noch lange geben, so lange, wie es in Europa die Idee der Freiheit und Selbstbestimmung gibt, wie die Südtiroler selber.

Nach einem nachmittäglichen Spaziergang im weiten Felskesselrund setzten wir uns, da der Abend kam, in die Wirtsstube der Hütte. Es wurde draußen kühl. Drinnen redeten wir über dies und das, zum Beispiel übers Abendessen, bis zu dem es noch eine Weile hin war. Mit einem Mal fing Maxi an, in seinem Rucksack zu kramen. Er packte das eine oder andere aus, legte die verschiedenen Plastiktüten mit Utensilien auf den Tisch und war irgendetwas am Suchen. Mit einem Mal fragte er spitzbübisch: „Willst' gar ni't wissen, was i' Sinnloses bei mir trag'?".

Ich sah neugierig zu ihm hinüber, begutachtete seine um ihn herumliegenden Tüten und was er desweiteren so aus seinem Rucksack ans Licht der Hüttenöffentlichkeit hob. Ich rätselte, sagte nichts, war unschlüssig, was es sein könnte.

Irgendwann aber hielt er einen verpackten Kondom in seinen Fingern und grinste zu mir herüber, sagte: „Des is' es!".

Als ich den sah, musste auch ich grinsen, denn ich wusste, wie er das meinte: Einen Kondom als etwas Sinnloses im Wandergepäck hieß für ihn, dass er ohne seine Freundin keine Lust auf eine andere Frau habe. Ich aber sagte: „Ich wusste noch gar nicht, dass du impotent bist!". Und

Schmutzige Wäsche waschen auf der Memminger Hütte.

Xaver setzte spitzig hinzu:

„D'rum spielt d'r Maxi gaudimäßig so gern *Mensch Mann ärger' di' doch ni't!*".

Alle lachten, schließlich auch Maxi. Als wir uns beruhigt hatten, Maxi sich wieder ans Einpacken machte, erzählte uns Xaver, dass er nicht verstünde, wenn einer zum Leberkäs oder zur Weißwurst Löwensenf esse. Das gehöre sich für einen echten oder einen bekennenden Bayern nicht. Seine Rede war das Präludium zu seiner Einladung zu einem Weißwurst-Essen, zu dem er uns für die Zeit nach der Fernwanderung einladen wollte; denn er hatte nur eine analoge Kamera dabei, von der er nicht wusste, ob die Bilder etwas werden würden. Also wollte er meine zu einem späteren Zeitpunkt sehen.

Als habe er damit die Bedingung genannt, die an eine Einladung geknüpft sei, sagte ich provozierend:

„Gut. Dann bringe ich die Digitalbilder und den Löwensenf mit."

Xaver schaute pikiert, aber sagte nichts, denn die Digital-
bilder waren ihm schon wichtig. Maxi fügte aber an:
„Wenn's d'm Xaver so kimmst, da schmeißt di' der mit 'm
Scheißhausbürscht'n glei' wieder 'naus: samt dei'm Glaserl
Senf."
Xaver aber wechselte das Thema und fragte: „Und was
habt ihr für d' Nacht heut' reserviert?"
„Matratzenlager unterm Dach."
„Unterm Dach? Welches Lager? Hinten, vorn, rechts
oder links und welche Nummer?".
Ich sah Xaver groß an und sagte leicht verlegen:
„Keine Ahnung. Wir waren noch nicht droben."
Der staunte nicht schlecht, war entsetzt und schaute uns
zwei ungläubig an, mit einem Gesichtsausdruck, der sagte,
dass man doch frühzeitig schauen müsse, wo man zur
Nacht und mit der Hüttenruhe um 22 Uhr zu liegen kom-
me:
„Wie? Hobt's zwoa Matratzenlager, ihr hobt aber beide
no' ni't g'seh'n, wo's zur Nacht mit euch 'naus geht? Ihr
wisst no' gar ni't, wo ihr zur Ruh' kommt's?".
„Nö. Das reicht noch zur Hüttenruhe," sagten wir grin-
send.
„Aber ihr kennt's doch dann ni't erst hochgeh'n?"
„Warum net? Was spricht dãgegã?".
Xaver war fassungslos, Maxi und ich lachten. Er sagte:
„Aber wenn's eich des Lager net g'foit?".
„Macht nix. Wenn's dunkel is', seh'n w'r sowieso nix."
Xaver schüttelte sprachlos den Kopf und sagte dann:
„So 'was hoab' i' no' nie erlebt. Sitzen do bis zur Hütten-
ruh' und lossen 'n Herrgott an gut'n Moo' sei loss'n."
Als wir kurz nach 22 Uhr zur Hüttenruhe voll bepackt
mit Rucksäcken und in voller Wandermontur im Dach-
stock der Hütte erschienen und vor dem Matratzenlager

standen, war drinnen schon alles ruhig. Es war dunkel. Es war im ganzen Raum kein Ton mehr zu hören. Als ich schon die Türklinke drückte, riss mich Maxi an der Schulter ergreifend zurück. Er geiferte mich halblaut an: „Bist du verrückt! Die pennen doch scho'."

Während die Tür einen Spalt aufsprang und die fetten Neonröhren ansprangen und den Raum wie in der Arroganz-Arena für den European Song Contest rot aufleuchten ließ, drehte ich mich um und sagte: „Was ist? Ich will doch au' ins Bett!".

Aus dem Türspalt flutete uns ein tief sonor dröhnendes, bronchiales Gekratze einiger Männer entgegen, die selig schliefen. Das wollte ich jetzt auch.

Von der Gewalt Maxis flog ich mit der Tür mit hartem Ruck zurück. Die Tür klatschte zu, die Lichter waren erloschen. In der Meinung, da drinnen würde keiner etwas hören, schrie er mich erzürnt an:

„Du kannst doch nit nach'm Anfang von d'r Hüttenruhe da rein geh'n und di' umzieh'n woll'n, dei' Bett mach'n woll'n? Die mach'n di' zur Minna, do drin."

„Warum soll i' net kenna? Die Hüttenruh' hoat doch erscht g'rad' begonna?".

„Ja schon. Aber die ist heilig! Und vor allem Heiligen hat man Respekt und besonders in Bayern. Oder willst du da drin jetzt ein Bettgeflüster veranstalten?".

„Ja", stammelte ich verwirrt, ergänzte, als ich mich gefasst hatte: „Kommt drauf an, wer, außer dir, neben mir liegt."

„Quark! Was du veranstaltest, ist eher ein Zubettgehgeflüster", sagte er und fügte, indem er mich ernst anschaute, hinzu: „Egal! Wir ziehen uns hier draußen um und schleichen uns dann in aller Stille rein."

Ich sah das nicht ganz ein, fügte mich aber meinem

Schicksal und seinem Protest. Immerhin war ja auch Xaver ungehalten gewesen, dass wir nicht frühzeitig unser Matratzenlager aufgesucht und unser Bett gemacht hatten. Also zogen wir uns in der Kälte des schlecht beleuchteten Hüttentreppenhauses um, kurze Schlafhose mit T-Shirt und unten mit nacktem Fuß. Dann packten wir den Schlafsack bettfähig aus und legten ihn über die Schulter.

Als wir bettfein und schlafschnieke waren, öffnete ich betulich still die Tür, wir tippelten auf spitzen Zehen hinein und suchten mittels beschämt verhüllter Taschenlampe die Schlafplätze auf.

Aber diese zu finden, war gar nicht so schwer, denn es waren die letzten zwei, die noch frei waren, gleich neben zwei jungen Berliner Tratschtussen, die schon schliefen, sich aber, nachdem wir uns neben sie gelegt hatten, als Schlafboxlabertaschen herausstellten.

Beide blinzelten uns an, fragten, wo wir so spät herkämen. So begann nun doch, was man gemeinhin Bettgeflüster nennt.

Die eine der beiden wollte wissen, ob wir auch den E5 gingen? Soweit sie wisse, wäre die Strecke von der letzten Hütte nicht so weit bis hierher?

Maxi sagte, um diese ganze Peinlichkeit zu umschiffen: Wir seien über einen alternativen Weg hergekommen. Ich fügte für meinen Teil hinzu, dass der direkt über die Sonnenterrasse und Gaststube der Memminger Hütte ginge, mit ausgesetztem Extrempfad am Weißbierkogel entlang.

Aber wie so oft, lachte zu so später Stunde keiner mehr über meine Witze. Ich dachte nur, die Fernwanderer sind halt doch ein sehr ernstes Völkchen. Zu ernst schienen auch diese hier das Fernwandern zu nehmen. Aber vielleicht waren sie einfach nur zu müde, um nach der Hüttenruhe meine Pointen zu begreifen.

112

Etappe 5: Memminger Hütte – Zams

Kurz nach Mitternacht, zu Nacht schlafender Stunde, es war vielleicht gerade mal 6 Uhr, da begann es im Lager zu rumoren. Die ersten standen auf, packten ein und machten Anstalten, den nächsten Wandertag zu beginnen. Sie präparierten sich und ihr Gepäck für die kommende Tagesetappe. Weil es zu laut geworden war, standen auch wir notgedrungen auf. Ans Weiterschlafen war nicht zu denken. Die zwei Schlafboxenluder neben uns waren ebenso, wie es auf Schwäbisch heißt, am „'rom Neschtla ond 'nom Gruschtla ond am Packa".

Also saßen wir, weil kein Auge mehr zu zu kriegen war, um 6:30 Uhr beim Frühstück. Sopherl und Xaver waren gerade fertig, saßen vor dem letzten Schluck Kaffee und waren fast zum Aufbruch bereit. Xaver fragte uns, wie unser Zu-Bett-Gehen am gestrigen Abend gewesen sei.

Wir lachten zuerst wortlos. Er ahnte, was geschehen war, fragte nach den Mädels, die bei uns wohl gelegen hätten.

Wir aber lachten, rückten noch immer nicht mit der Sprache heraus. Schließlich sagte ich, dass wir ein Lager in einer Viererbox gehabt hätten, in der es schon zwei belegte Betten gab. Wir hätten mit den Mädels um die Schlafplätze Lotterie gespielt; Hauptgewinn: vier Betten bezahlt, drei verloren, eines bleibt frei.

8 Uhr war es, als auch wir mit den letzten Wanderern von der Memminger Hütte aufbrachen. Zu diesem Zeitpunkt waren Sopherl und Xaver längst unterwegs. Aber auch uns standen 357 Höhenmeter bis zur Seescharte auf eine Höhe von 2.599 Metern bevor, danach ein Abstieg um 1.832 Höhenmeter bis Zams, das nur noch auf 767 Metern liegt.

Damit lag vor uns eine der schwersten Touren dieser Wanderung.

Kurz nach unserem Aufbruch kamen wir an einer kleineren, als Vorratslager oder Winterlager genutzten Hütte vorbei, an der ein Schild mit der Beschriftung prangte: „Hütte vom großen grünen Steinbeisser". Dann gingen wir in eine Senke hinab, zu einem in dieser Hochebene liegenden See, um den der Wanderpfad nach links gehend herum führte. Danach stieg der Weg allmählich Richtung Seescharte auf, um zunächst in ein großes Schuttkar einzumünden. Dieses gingen wir in Serpentinen auf felsigem Weg hinan, von dem aus wir einen Steinbock im Fels stehen sahen. Von hier wurde der Blick zurück immer überwältigender.

Es zog vom tieferen westlichen Tal eine dicke weiße Wolke herauf und Richtung Hügel, auf dem die Memminger Hütte stand. Doch zuerst umkreiste sie das Haus, nahm die Hochebene ohne Hügel in Besitz, bis sie, weiter aufsteigend, kurz darauf erste Schleier von Nebel über diese hin und her fahren ließ, um zum Schluss von einer noch größeren, herbei schießenden Wolkenwoge gänzlich eingenommen zu werden.

Unter uns veranstaltete das Wetter ein beeindruckendes Wolkenspektakel um Gipfel und Gestein. Die von Westen herein ziehenden Wolkenmassen schwappten in einzelnen massiven Fetzen über den oberen Talrand und verschlangen immer mehr die unter uns liegenden Gebirgszüge, legten sich um das Plateau, auf dem die Memminger Hütte steht. Die Hochebene erschien im Rückblick als riesiger Bergkelch, eine Steinblüte, deren Blätter jene schroffen Gipfel und Gebirge ringsumher waren.

Der Aufstieg zur Seescharte wurde immer steiler und schroffer. Es ging mit schwerem Gepäck nur langsam vor-

Im Aufstieg zur Seescharte nach der Memminger Hütte.

an. Bald erreichten wir die letzten Latschen, bald letztes, verbliebenes Grasgewächs, das am scharfen Hang nur wenig Halt fand. Die Kühle und Kälte setzte uns zu, während der Wind von Westen über schroffe Felskanten kalt herüber blies, während die verschattete Sonne, riesige flächige Schneereste unter uns in nördlichen Kehlen eingeschlossen liegen ließ. Der Pfad wurde schmaler und schmaler, belegt von losem Geröll, losem Gestein und leichtem Schotter, wodurch das Gehen schwierig wurde und ein sicheres Vorankommen Zeit brauchte.

Im schroffen Aufstieg unter schwerem Gepäck kamen wir um 9:45 Uhr auf der Seescharte an. Es war gerade einmal eine eindreiviertel Stunde nach unserem Aufbruch von der Memminger Hütte.

Die Seescharte ist ein schmaler Grat mit engem Felstor. Hier hinauf muss man in den letzten Metern einige hohe Schritte über steile Felsstufen hinweg tun. Oben angekommen, wo nur eine oder zwei schlanke Personen mit einem

Mal Platz finden, hat man eine wunderbare Aussicht nach Norden und Süden. Doch heute war es neblig, der Himmel und der Horizont von Wolken verstellt. So war die Sicht stark eingeschränkt, nur auf wenige Meter frei.

Kaum hatten wir von der Seescharte die zu dieser Stunde mögliche Aussicht genossen, kam unser kleiner Engländer, David aus Wimbledon, in langsamerem Schritt aufsteigend bei uns an. Er war uns schon am Tag zuvor einmal begegnet und uns mit seinem zu großen Rucksack am schmächtigen Körper aufgefallen. Er ging, wie viele andere hier, die Wandertour nach Meran. Er war extra aus England angereist, um diesen Weg über die Alpen zu nehmen.

Aber was bemerkenswerter an ihm war, war die Tatsache, dass David aus Wimbledon zu einer ganz besonderen Spezies von Genießern gehörte. Wo die einen viel Wäsche mit sich in den Bergen herumschleppen, um stets ein gewisses Niveau an Hygiene und adrettem Aussehen zu wahren, wo andere statt vieler Wäsche und großer Hygienemittel lieber eine große Fotoausrüstung dabei haben, hatte er, dieser kleine, allseits unterschätzte Engländer, als Ausdruck eines besonderen Genussnervs seinen Rucksack voller Hofer-Weißbier gepackt: ein Six-Pack mit PET-Flaschen und Drehverschluss samt Inhalt über dem anderen, sozusagen als eiserne Reserve für Notfälle.

Vielleicht war er ein spät berufener Bewunderer des Tiroler Rebellen und Freiheitskämpfers. Aber vielleicht auch nur einer, der dem besonderen kulinarischen Vergnügen am Berg, hier im Felstor der Seescharte, allzu gerne erlag. So stand David aus Wimbledon inmitten des Felstors der Seescharte und trank Discount-Bier aus der PET-Flasche. Obgleich er unserer Wahrnehmung nach weder Biergebäck, noch Chipstüte, noch eine Aufrissdose mit Erdnüssen bei sich trug, war das Bild, das wir sahen, skurril

Blick vom Felstor der Seescharte in Richtung Süden.

bis göttlich, eben englisch. Aber immerhin war es so kalt hier oben, dass uns der Genuss von Bier sinnvoller erschien als etwa der von Rotwein. Denn hier oben auf 2.599 Höhenmetern war Zimmertemperatur eher selten zu haben.

Wie er genießerisch für sich da oben stand und den Ausblick beim Bier genoss, ganz den fernwandernden Feinschmecker gab, gingen wir schon mal los. Es war 9:59 Uhr. Wir, die ganz davon bestimmt waren, dass alles im Leben seine Zeit habe und Bier trinken in diesem Augenblick nicht dazu gehörte, widmeten uns stoisch dem Wanderleben. So gingen wir den beginnenden Südweg am schroffen Hang steil entlang, schließlich in engen Serpentinen hinab. Von Süden her brach Nebel ein. Die Luft wurde zunehmend trüber, das Licht verschattete. Es wurde dunkler. Leichtes Nieseln setzte ein.

Der Pfad kurz unter der Seescharte war schlecht, der Boden schräg und nass. In der Nacht musste es hier geregnet haben. So war bei jedem Schritt der Fuß am Hang auf nassem Grund angewinkelt aufzusetzen. Mit schwerem Rucksack kein leichtes Unterfangen. Denn wäre man auf feuchtem Boden ins Rutschen geraten, nicht auszudenken, was hätte geschehen können. So war eine recht ungemütlich anmutende Gehweise angesagt. So mussten die Stöcke sehr genau gesetzt und der Fuß bei jedem Schritt sorgsam am Hang positioniert werden, die Haftung geprüft, bevor das Gewicht des Körpers samt Rucksack darauf verlagert wird. Solche Anstrengung kostete Kraft. Große Konzentration war gefragt, aber auch Zeit, die wir nicht hatten. Denn der aufkommende Nebel verschlechterte die Sicht. Erste dickere Tropfen kündigten anhaltenden Regen an.

Bald aber ging es auf engem Pfad und in schmalen Serpentinen in schroffem Gelände steil hinab, über einen von Latschenkiefern bewachsenen Vorhügel; dann wurde der Weg wieder zunehmend eben und sicherer. Doch im Vorangehen stieg einem die Feuchtigkeit immer mehr an den Beinen hoch, sank mit der vom Himmel herab fallenden Kühle in Kragen und Nacken als Kälte im Körper ein. Knie und Knöchel schmerzten vom schnelleren bergab Gehen. Der Regenumhang brachte wenig Besserung, und an Fotografieren war gar nicht zu denken. Wir wollten voran kommen, Weg machen, so schnell als möglich diesem Wetter entfliehen, so schnell wie es ging, Zams erreichen.

Wir erreichten um 11:30 Uhr den Zamser Grund, auch Zamser Loch genannt. Hier floss ein Bach im breiten, braun und grau eingefelsten Bett. Die Weiden drum herum waren kühl und frisch, standen saftig im nassen Grün eines vernieselten Tages. Darin verlor sich der Weg im nass geregneten Grün, manchmal in seichter Feuchtigkeit des fließenden Nass', das wie wir kräfteverströmend zu Tal ging.

Nun, hier in der Ebene, gingen wir wieder langsamer als zuvor. Wir ließen uns Zeit, zogen uns mehrfach um, damit wir wärmer eingepackt seien, sich keiner eine Erkältung hole. In der Ferne, zwischen zwei Gebirgsausläufern nach Süden, sah man, dass weit hinten im Tal, fürs bloße Anschauen noch nicht sichtbar, Zams liegen müsse. Dahinter, weit hinter dem Oberinntal, sahen wir weitere beschneite Gebirgszüge des Alpenhauptkamms im reinen Licht der Sonne erstrahlen, Bergauffaltungen, die in dieser Gegend die Gebirgszüge nahe zusammenführt und tiefe Schluchten ausbildet.

Irgendwann, wie wir für uns hin gingen, kam unser kleiner, genusssüchtiger Engländer von hinten und lief geschwinden Schrittes an uns vorüber. Er zog belustigt, als könne ihm das Nieseln und Regnen, das kalte neblige Wetter nichts anhaben, an uns vorbei. Bald sah man nur noch den schlaksigen, kleinen Engländer mit Rucksack und Six-Pack-Paletten darin auf zwei dünnen Beinen durch Nebelstreifen und Landschaft laufen.

Als wir ihn wenig später noch einmal wieder sahen, saß er in aller Seelenruhe am Bach, mitten im Nieseln, trinkend im feuchten Gras auf seinem Biertransport-Rucksack. Wie wir ankamen, grinste er uns mitleidig an, genoss im Regen diesen Augenblick. Und wir fragten uns, was er wohl mit den vielen leeren PET-Flaschen mache.

Aber ich spürte, dass der ein Spion und Botschafter der Royal Navy sein müsse, der mit Hofer-PET-Flaschenpost geheime Botschaften per Gebirgsfluss an Hofer und seine freiheitlich Gesinnten schickt, zwar etwas unzeitgemäß zugegebenermaßen, aber dennoch nicht weniger bedeutsam und effektiv. Wofür stünde sonst dieser Name?

So fragten wir David aus Wimbledon, ob es ihm nicht zu feucht sei, hier am Bach im Regen zu sitzen und auszuruhen. Er aber lachte, trank vom Bier und sagte: Oben auf der Seescharte habe er beschlossen, sein Bier erst unten,

sitzend in grüner Natur und am Fluss, in großer Ruhe aus-
zutrinken. Er erzählte uns, dass er nach Landeck unterwegs sei, nicht in Zams übernachten wolle, da er dort eine
günstigere Übernachtungsmöglichkeit fände.

Wir gingen lachend und uns wundernd weiter, kamen auf
dem weiteren Weg im Zamser Grund auf lehmfestem Pfad
an der im Wiederaufbau befindlichen Oberlochalpe (1.795
m) vorbei. Sie war im April durch eine große Schneelawine zerstört worden und wurde nun an gleicher Stelle wieder aufgebaut, scharf mit der linken Hauswand an jener
riesigen Schneewächte stehend, die die vorherige Hütte
zerstört hatte. Niemand schien sich darüber ein Kopfzer-
brechen zu machen. Keiner schien zu glauben, dass dieses
Unglück an gleicher Stelle noch einmal geschehen könne.
Vielmehr wurde uns, als wir in der Unterlochalmhütte eintrafen und Sopherl und Xaver dort vorfanden, von der alten Bäuerin gesagt, dass die Hütte schon immer dort oben
gestanden hatte, dass ein solches Unglück zuletzt im 17.
Jahrhundert geschehen war. Also war klar, dass die an
gleicher Stelle erbaute neue Hütte für gute 250 Jahre Ruhe
haben würde. An diesem Beispiel österreichisch Gebirgs-
logik wurde mir eines klar: Käme man im Tal, zum Beispiel in Innsbruck, nicht umhin, ein nach langer Zeit reno-
vierungsbedürftiges Haus „heiß abzubrechen", würde man
im Tiroler Berg einfach auf die nächste Schneewächte
warten, denn man wusste, die kommt bestimmt, dauert es
auch mal etwas länger. Man hatte ja Zeit, keine Eile, auch
wenn das 250 oder mehr Jahre kostete. Das nennt sich in
Tirol nachhaltiges Leben im Takt der Natur und entspricht
einer österreichischen Logik, die uns fremd ist.

Als wir gerade kurz nach unserer Ankunft vor der Unterjochalmhütte bei einem Getränk beisammen saßen, setzte
ein starker Gewitterregen ein, zuerst als feiner Sprühregen,

schließlich goss es in Strömen. Nun hatte Xaver endgültig die Nase voll. Das Gehen im nasskalten Wetter wurde ihm zu viel. Als die alte Wirtin mal wieder aus der warmen Hütte kam und zu den frierenden Gästen trat, fragte er sie, ob ihr das Wetter nicht gegen den Strich ginge. Sie bejahte das und ließ ihrem Ärger freien Lauf, sagte aber, dass man nichts machen könne, als in der Hütte zu sitzen und zu warten. So offenbarte ihr Xaver, der lieber bei ihr in der Hütte gesessen hätte, dass er Wetterfrosch sei, dazu auch ein sehr guter. Er wolle sich bei ihr verdingen und immer für gutes Wetter sorgen, für eines, das sie gerade bräuchte, gleichgültig ob sonnig, regnerisch oder mit viel Schnee. Die alte Wirtin sah ihn groß an, ging lachend von dannen. Es hatte nichts gefruchtet. Der Wetterfrosch blieb arbeitslos, musste weiterhin draußen vor der nasskalten Hütte sitzen und frieren. So wechselten wir, da es zu arg regnete und zu kühl geworden war, vom Tisch an der Hüttenwand ins südlich an der Hütte stehende, aber wenig windgeschützte Bierzelt. Wir beratschlagten, was zu tun sei.

Als wir so redeten und nicht recht wussten, ob wir gehen oder erst einmal hier bleiben sollten, ging unser kleiner Engländer, David aus Wimbledon, an uns vorüber. Diesmal prosteten wir ihm zu. Er aber schritt grinsend davon, als fiele kein Wasser vom Himmel.

Kurz darauf erschien ein weiterer Wanderer, ging beherzt an der Hütte vorbei zu Tal. Wir lachten. Doch der, mit stierernstem Gesicht, schritt vor sich hin und reagierte auf unsere Zurufe nicht.

Er lief verbissen vorüber und davon, trotz seines weit geöffneten Rucksacks, aus dem allerlei Utensilien hervorschauten. Wir lachten, da er weder für seinen Rucksack noch für seinen Inhalt irgendeinen Gedanken verschwendete, noch für unsere Zurufe einen Blick riskierte. Er hielt uns wohl für aufschneiderisch und frech.

Kurz darauf lief, sichtlich außer Atem und anstrengend bemüht vom Laufen im Regen, ein einheimischer Marathonläufer vorüber, der es sportlich und profimäßig nahm. Er, der als Läufer ohne Behältnisse unterwegs war, trug statt Trinkflasche und Schrittzähler einen Bauchladen von unsinnigen Sachen in seinen Händen, die unmöglich zu ihm gehörten. Als wir ihn so laufen sahen, brachen wir in schallendes Gelächter aus. Das war einmalig und in jeder Weise komisch.

Das war zusammen ein Slapstick fürs Leben, ein Bild für Götter: Erst David aus Wimbledon, der halb leere, zu große Rucksack mit vollen und leeren PET-Flaschen als Hofer-Botschaft auf dürren Füßen und Beinen; dann ein stoisch und ernst voran stürmender Deutscher mit spendablem Rucksack auf dem Rücken und dahinter, den beiden anderen stur und stier hinterher laufend, ein Marathon-Man mit Wanderer-Sortiment in Händen.

Es war ein Bild für Götter. So lachten wir und froren, konnten uns aber noch immer nicht zum Aufbrechen entschließen. Meine Mitwanderer bewunderten das Schiff der bayerischen Gebirgsmarine, beschlossen, dass es auf dieser Wanderung eine Schiffstaufe geben müsse. Ich war mir nicht sicher, ob sie mich oder tatsächlich das Schiff gemeint hatten. Wir nahmen es uns für die Braunschweiger Hütte vor, also für die höchst gelegene Anlegestelle der Marine auf großer Alpenfahrt. Aber uns fiel kein passender Name ein.

Da bot Xaver noch einmal der alten Bäuerin seine Dienste an. Diesmal versuchte er es als Holzknecht. Er warb für sich mit den Worten, dass er große, kräftige Hände habe, die stark wie die Tatzen eines Bären seien, die aber, wie er grinsend gleich dazu versicherte, auch sanft wie die Pföt-

Das kranke Tier, die Kuh, die nicht weiter will.

chen eines posierlichen Katers sein könnten.

Aber auch diesmal ging die alte Bäuerin nur lachend davon. So brachen wir um 14:10 Uhr trotz Regen auf, nachdem noch ein Bauer mit seinem Knecht mehrere Kühe an der Unterjochalmhütte vorüber getrieben hatte.

Diesen Bauern trafen wir eine Stunde später wieder. Auf einem Pfad, der eng an der Felswand im steilen Absturz ins tief unten liegende Tal entlang führte, hatte sich eine der Kühe niedergelegt. Sie wollte nicht mehr aufstehen, nicht weitergehen. Sie war offenbar krank, wie der Bauer versicherte. Er saß mit seinem Knecht daneben und telefonierte nach einem Tierarzt. Er berichtete, dass sie seit zwei Tagen nichts fresse. Sie habe in dieser Zeit 200 Pfund abgenommen und sei völlig entkräftet.

Tatenlos hier sitzend wartete er auf Hilfe. Er bewies große Geduld, wie es die Almbauern in Tirol seit Jahrhunderten auszeichnet. Wir vermuteten, dass der Tierarzt ihr eine Schmerz- oder Kraftspritze geben würde, glaubten aber eher, dass es auf eine Tötung hinauslaufe. Sie könne, wie Xaver meinte, ja etwas Unverdauliches gefressen haben, so dass sie nun an Magengastritis leide, was bei Kühen kaum heilbar sei. Wahrscheinlich würde aber der Bauer die Kuh aus Ungeduld die Felsen, an der sie lag, einfach hinabstoßen, da alles andere zu große Umstände bereite.

Nachdem wir die Kuh gestreichelt und bedauert hatten, gingen wir auf engem Pfad am steilen Felshang weiter und um einen Vorberg herum. Tief unter uns im steil abstürzenden Tal rauschte und floss ein mächtiger Gebirgsbach. In der Ferne, zwischen der Bergspalte hindurch, wurde allmählich das in Nebelwolken eingehüllte Inntal bei Zams in seiner ganzen Ausdehnung sichtbar.

Schließlich erkannten wir erste Dächer von Gebäuden. Die Stadt Zams kam näher. Straßen, Plätze und Häuser konnte man erkennen. Auch die Kirche und der Gasthof »Gemse« waren auf einmal darunter, und davor der breite Inn, der hier breit als Strom in brauner, lehmiger Farbe gemächlich dahin floss.

Der Weg führte steil abfallend am bewaldeten Hang entlang und zunächst hoch über der Stadt an dieser vorüber, bald über einen Ziehweg am hohen Fels des hergekommenen Berges auf einen Spazierweg hinab. Hier gelangten wir zur Stadtgrenze von Zams, noch jenseits des Inns. Es war 17:20 Uhr.

Als wir den Inn überquert hatten, gingen wir über Außensiedlungen stramm in die Stadt hinein. Wir kamen der kleinen Innenstadt mit Kirche immer näher. Dort musste das Gasthaus »Zum Schwarzen Adler« und der Gasthof »Gemse« liegen. Letzteren erreichten wir um 17:50 Uhr.

Aber der Gasthof »Gemse«, ein wunderschönes alt-tirolerisches Haus, hatte trotz unserer Reservierung von der Unterlochalmhütte aus heute Ruhetag. Eine geschlossene Gesellschaft hatte dessen Räumlichkeiten reserviert. Aber wir konnten im Nebenhaus, in der Pension »Haueis« unter-

Im E5-Pub des Gasthofs »Schwarzer Adler« in Zams.

kommen.

Zum Abendessen gingen wir in die nahe Pizzeria im Gasthof »Schwarzer Adler« hinüber, die den Namen »E5 Pub« trägt. Hier ließen wir den Abend ausklingen. Ich erzählte jene Geschichte, die ich vor vielen Jahren erlebt hatte, zu einer Zeit, in der ich nur Tagestouren in die nahen bayerischen Alpen unternommen hatte. Damals war ich auf 1.600 Höhenmetern auf einer Hütte gesessen. Als in der überfüllten Stube ein alter Herr, der weit über 80 Jahre alt war, sich an meinen Tisch gesetzt hatte, sprach ich ihn beim Vespern an, um freundlich zu sein und nicht schweigend ihm gegenüber sitzen zu müssen.

„Sie sind bestimmt auch hier hoch gewandert?".

„Jo", antwortete der kurz und sah mich freundlich an.

„Wenn ich fragen darf: Von welcher Seite sind sie gekommen?".

Als er nicht gleich antwortete, ich befürchtete, dass er mich nicht recht verstünde, holte ich weiter aus:

„Haben Sie auch unten beim Bräustüberl, am Tegernsee, ihr Auto abgestellt? Ich bin von dort hoch gelaufen?".

Er sah mich an, lächelte und sagte:

„Noa. I' kumm von Bad Tölz. I' hob glei' unten am Wald, wo d'r Wanderweg beginnt, mai Fahrradl abg'stellt. Mit dem fahr i' au' wiader hoam."

Ich schaute ihn verdutzt an, ich, der mindestens vierzig Jahre jünger war als er und der mit dem Auto herkam, der sich etwas darauf einbildete, dass er vom Parkplatz am Tegernsee hier hoch gelaufen war. So konnte es gehen, wenn man sich auf seine jungen Jahre auf erbrachte Leistungen zu viel einbildet: Es kommt ein Älterer, der einem zeigt, wie es wirklich geht.

Xaver bestellte am Abend nach dem zweiten Bier einen Wein, erzählte uns, wie er mit einem steinreichen Freund auf Reisen gegangen war und wie er, der einfache Bayernbursche, beim Sommelier des Fünf-Sterne-Hotels einen Chablis, aber bitte einen süßen, bestellt hatte. Der aber lachte, auch der damalige Freund. Aber das versuchte er auch hier; allerdings auch hier ohne sichtlichen Erfolg. Denn in Österreich baut keiner Chablis an, schon gar nicht einen süßen. Selbst in Frankreich kennt man solch einen Weißwein nicht. Vermutlich hätte er für Xaver erst gezüchtet werden müssen. Aber er, der sich eine Abfuhr der Kellnerin geholt hatte, schaute sich trotzig um, als wolle ihn nur keiner verstehen. Nur 's Sopherl schaute ihn amüsiert und wohlwollend an, tätschelte dem Gockel beruhigend den Handrücken. So ging der Abend in Gesprächen dahin.

Etappe 6: Zams – Wenns

Es war schon reichlich spät, als wir von der Pension »Haueis« aufbrachen. Maxi und ich hofften auf einen Bus, um zum Airport Innsbruck zu kommen. Jetzt sollte es doch gelingen. Denn der Tag begann, wie wir uns fühlten: Vom Himmel brannte die Sonne. Dieser Tag, da war kein Zweifel, sollte heiß werden wie am Ballermann selbst, wo es uns mit Macht nun hinzog.

Wir hatten in der Pension »Haueis« ein reichhaltiges Frühstück-Büfett genossen. Als ich vom Zimmer in die Frühstücksstube gekommen war, hatte ich, ohne Beachtung, wer im Raum stand, an der Rezeption nach der Morgenserviererin geläutet. Doch die war an den Frühstückstischen zu Gange, drehte sich um und schaute pikiert auf mich hin, während Xaver und die anderen herzlich lachten. Denn Xaver hatte uns am Abend eingetrichtert, man müsse nach ihr läuten, wenn man zum Frühstück komme und Kaffee wolle.

Aber keine Morgenente war es, als wir Xaver und Sopherl eröffneten, dass unser gemeinsamer Weg hier und heute zu Ende ginge, dass wir auf dem Sprung seien zum Bus, um zum Ballermann zu fahren. Verblüffte, ungläubige Gesichter bei uns am Tisch, während Maxi und ich bestätigend nickten. Als wir unsere Absichten bestärkten, sagte Xaver betreten, während Sopherl traurig schwieg: „Koan's des g'wesen sei'? Ihr lasst's uns von do' alloa' weiter geh'n?".

Der Patriarch aus Partenkirchen war zum ersten Mal platt, fand nicht die rechten Worte. Sopherl schwieg noch immer. So erklärte unsere Absichten Maxi näher:

„Wir sind, müsst ihr wissen, mehr aus Verlegenheit, eher wegen unserer Frauen, mei'm Flöckle und dem Flipp-Lieserl, über die Gipfel g'gang'n, wollt'n von Anfang an den Absprung schaff'n zum Ballermann, ihr wisst schon, der Feste und des Feiern, des Sangria und der Mädels wegen ...". Und weil ich Maxi beispringen wollte, fügte ich hinzu:

„Und deshalb han' i' au' mei' bunt's Schiffle mit g'nomma." Als den beiden der Groschen gefallen war, die Verblüffung einer allgemeinen Enttäuschung wich, sagte das Sopherl:

„Aber die bayerisch' Gebirgsmarine g'hört net auf d' Balearen!", und Xaver fügte hinzu:

„Was a g'scheiter Bayer is', sauft Bier, koa Sangria! Weil immer no' gilt: Der Himmel in Bayern is' weiß-blau, und das Weiße das Bier und das Blaue der Bayer!".

So ging es eine ganze Zeit lang hin und her. Sie wollten uns nicht gehen, nicht scheiden lassen, partout mit uns die Wanderung fortsetzen. Und wie die Argumente hin und her flogen, brachte Xaver das entscheidende Argument:

„Woas, in die Lüfte wollt's ihr geh'n? Z' Innsbruck?"

„Joa", sagte Maxi und ich nickte, er fügte hinzu:

„Von dort mit 'm Flieger in 'n Süden."

„Nua", entschied Xaver für uns: „Des is' gar koa Problem net: In d' Lüft' wollt's? Doa hoab' i' a Lösung: Des könnt ihr au' mit uns hom. M'r nehm 'n za'm die Venetbahn, doa goat's weit gn'ung 'nauf und von doa ab in 'n Süden!".

Und so war die Sache entschieden. Wir gingen – innerlich zögernd zwar – doch schließlich mit ihnen mit, ließen es uns gefallen und nicht nehmen, mit den beiden weiter über Berge und Gipfel zu stiefeln.

Unser erster Weg an diesem Morgen führte uns also nicht nach Innsbruck, sondern zur Talstation der Venetbahn. Sie

Mit der Venetbahn von Zams zum Krahberg.

liegt nur einen Kilometer entfernt in Zams. Sie bringt den Wanderer von 767 Höhenmetern auf 2.208 Meter am Krahlberg. Die Venetbahn ist ein Teil des E5, ihre Nutzung anzuraten, da der verbleibende Weg bis Wenns für normale Fußkranke zu weit sein dürfte.

Xaver war heute guter Dinge, und er war schnell, nicht nur mit dem Mund. Er war vorlaut und witzig, stand so an der Kasse der Bahn, als wir dort verspätet ankamen. Als wir um die Hausecke bogen, flirtete er mit der Kassiererin. Zuerst fragte er mal wieder nach einem Job für sich. Als die Kassiererin das überging, geschäftsmäßig sein Verlangen nach einer Fahrkarte für die Seilbahn der Venetbahn mit ernster Miene bearbeitete, versuchte es Xaver anders. Er behauptete, er habe heute Geburtstag, und wenn er Geld heraus bekäme, dann könnten sie heute Nachmittag noch gemeinsam ein Eis essen. Plötzlich grinste die Kassiererin ob so viel bajuwarischen Charmes, aber sie überschwieg Xavers Angebot verlegen.

129

Nach getanem Werbegespräch in eigener Sache begaben wir uns in die Vorhalle der Bahn. Wenige Minuten später bestiegen wir die Gondel, kurz darauf fuhr sie los. Nun war gewiss, auch diesmal war aus dem Ballermann nichts geworden; wir gingen anderweitig in die Luft.

In steilem Anstieg ging es am Trageseil den Berg hinauf, den Blick nach Norden freigebend auf die Berge und Bergketten, über die wir gestern hergekommen waren. Ein Lastenhubschrauber beförderte zum soundsovielten Mal an diesem Morgen Güter ins dazwischen liegende Tal hinein. Er flog wohl Richtung Oberlochalpe, die wir gestern im Wiederaufbau gesehen hatten.

Die Seilbahn war 9:35 Uhr gestartet. Als die Gondel 15 Minuten später hielt, die Schiebetüren aufsprangen und eine große Zahl von Fahrgästen ausstiegen, blieb Xaver wie eine fest angewurzelte Nordmanntanne stehen. Indem er sich an der am Gondeldach befestigten Halteschlaufe demonstrativ festhielt, behauptete er verbissen, dass wir erst an der Mittelstation angekommen seien. Mit dem Ernst und der Bestimmtheit, mit der er sich ausdrückte, wagten auch wir nicht, der Gondel zu entsteigen, obschon wir in seinem Rücken die Wand des Seilbahnhauses aufragen sahen und wussten, dass an eine Weiterfahrt allein aus statisch-bautechnischen Gründen nicht zu denken war.

Doch der treffsichere Wetterfrosch, der einsam gebliebene Tirolerinnenflüsterer, der sichere Etappenentfernungsbestimmer, für den sich Xaver nun einmal hielt, glaubte der Venetbahn unbedingt eine Weiterfahrt abtrotzen zu müssen. Und seine Standhaftigkeit beeindruckte uns.

Xaver, der den freien Blick ins Zamser Tal genoss, behauptete laut und vernehmlich, dass wir noch weiterfahren müssten, hier keiner von uns aussteigen dürfe. Er versicherte uns zum aller hunderttausendsten Male:

„I' brauch ka' so a GPS-G'raffel wie du!'", betonte er zu mir gewandt verächtlich. Er wisse auch so, wie hoch hinaus er sei. Er könne die Höhe überm Meer anhand des Drucks und Gefühls in Darm und Blase locker bestimmen. Erst als der Gondelfahrer aufmerksam wurde, forderte dieser Xaver unmissverständlich auf, der Gondel zu entsteigen. Da drehte sich Xaver auf den Hacken erschrocken um, aber nur kurz. Wie sein Blick die kalte Wand traf, die hinter ihm grau und unansehnlich in Beton aufragte, ließ er blitzschnell alle Hoffnung auf eine Weiterfahrt fahren. Er rannte wie vom Blitz getroffen fort, nichts wie raus, trollte sich davon, wurde unmittelbar rot wie Purpur, aber grinste. Wir verlachten ihn, wohl wissend, dass seine Blase eines untrüglich wusste: Er hatte an der Talstation etwas Wichtiges verloren: sein Seilbahnkassiererinnenglück.

Das Seilbahngebäude zusammen mit dem Panoramarestaurant wurde zur Zeit aufwändig renoviert. Alles war im Bau, alles eine große Baustelle. Lkws und Baufahrzeuge fuhren umher, überall lag Baumaterial. Man kam sich als Wanderer hier fehl am Platze vor. Also brachen wir sogleich auf. Wir sahen, dass sich der kommende Wanderweg über einen bis zum Horizont sich erstreckenden Bergkamm hinzog und über mehrere hintereinander liegende Gipfel führte. In großer Ferne erschien der Krahberg, dann die Glanderspitze (2.512 m), das Wannejöchl (2.497 m) und in sehr großer Ferne das Kreuzjoch (2.464 m). Alle diese Erhebungen verband der so genannte Adlerweg miteinander. Gleich darunter, am südlichen Berghang, führt der Venet-Rundwanderweg entlang, der aber stets auf einer Höhe von 2.000 Metern bleibt.

Wir nahmen nach kurzer Diskussion den Adlerweg. Es ging von der Venet-Seilbahn zuerst am spitzen Berggrad steil hinauf bis zur Glanderspitze. Es war 10 Uhr, als wir los gingen, unsere Blicke immer wieder zurück auf die Bergstation der Seilbahn gerichtet.

Ich, der mehr schlenderte, kam nach allen anderen erst um 11:55 Uhr auf der Glanderspitze an. Die anderen hatten es sich dort schon gemütlich gemacht.

Die Glanderspitze beherrscht ein mächtiges Holzkreuz. Es trägt in riesigen Lettern auf seinem horizontalen Balken die Aufschrift „In diesem Zeichen wirst du Siegen". Es ist gezimmert aus einem 11,5 Meter hohen Lärchenbalken, der ein Alter von 140 Jahren besitzt und 1.000 Kilogramm schwer ist. Das Kreuz war am 28. Juni 2003 neu aufgerichtet worden, nachdem das alte in einer Sturmnacht im Oktober 2002 umgestürzt war.

Man pausierte unter Ziegen, die als Herde wie wir die Sonne genossen. Doch wir verliebten uns ebenso in die angenehme Temperatur, die Rundsicht nach Norden und Süden. Es war wundervoll, hier zu sitzen, beschwingt und glücklich über den gelungenen Aufstieg und die Aussicht, auch die Chance, von hier aus aufs Kommende schon zu sehen.

Erst um 13:00 Uhr gingen wir los. Es ging zuerst über einen Zwischengipfel und einen noch schrofferen Pfad. Der Weg schien nicht enden zu wollen. Um 13:39 Uhr kamen wir zu einer Pfadkreuzung, an der es auf dem Bergrücken entlang über einen weiteren Gipfel zur Venetalm gegangen wäre. Doch der Weg des E5 bog hier vom Pfad am Bergrücken ab und führte den Hang hinab nach Süden Richtung Galfunalm, um von hier über die Larcheralm nach Wenns zu gehen. Diesen nahmen wir und ließen damit das Wannejöchl und Kreuzjoch aus.

Zunächst ging es vom Kreuzpunkt der Pfade über ein mit Heidekraut überwachsenes und aus Urzeiten stammendes Geröllfeld steil hinab. Die Wiesen, die im unteren Teil ka-

Der Weg vom Krahberg über die Glanderspitze zum Kreuzjoch.

men, wurden sumpfig. Als die Landschaft in eine Ebene überging, war an deren Ende das Dach der Galfunhütte (1.960 m) schon zu sehen. Kurz vor der Galfunhütte liegt ein großes Sumpfgebiet, das man mittels eines längeren Holzstegs überqueren kann. Danach waren es nur noch wenige Meter, bis wir vor der Hütte zur Rast ankamen. Es war gut, hier, wo wir 14:54 Uhr eintrafen, von der Hitze des Tages zu ruhen. Wir rasteten ausgiebig im Schatten des Hauses, bestellten und aßen ein kleines Menü. Maxi ließ sich die Kasknödel-, ich die Speckknödelsuppe schmecken. Wir tauschten nach der gegessenen Hälfte die Teller. Dazu gab es ein, zwei Apfelsaftschorle, von denen das erste gleich auf der Zunge verdampft war.

Am Nebentisch saßen drei affektiert affige, junge Leute, zwei Blondchen und ein junger Kerl, zu denen später zwei andere hinzu stießen. Sie plauderten, turtelten und übten Flirten. Die Blondchen zeigten, was sie hatten, vielleicht auch, was fehlte, sammelten offenherzig fremder Männer Aufmerksamkeit.

Davon offenbar animiert, fragte Xaver die Wirtin, ob man hier übernachten könne. Die Wirtin bejahte zögernd.

Mit herausforderndem Gesicht fragte Xaver, ob sie eine

Hochzeitssuite bereit stellen könne. Das nun bejahte die Wirtin und bestätigte sogleich, dass sie die sofort herrichten werde.

Doch als Xaver beglückt und zufrieden vor sich hin grinste, fragte die Wirtin vorlaut, ob er auch eine Braut habe. Xaver, nicht wortkarg, antwortete mit einer Rückfrage. Er wollte wissen, ob sie nicht für ihn eine besorgen könne. Die Wirtin bejahte auch dies, fügte hinzu: „I' muas bloss a'rufa beim Zieg'nhirt'n. Der hot a g'scheit's Maderl. Wirst Auga mocha! Ond reich is se au'! Wirst scho' sehn!"

Sie sagte, dass die Braut des Ziegenhirten seit Jahren auf ein g'scheites Mannsbild sehnlichst warte, einen feschen Bräutigam. Sie werde gleich anrufen, grinste und ging davon.

Als sie zurückkam, sagte sie, dass jene Braut, deren Namen Zenzi sei, bereit sei und gleich herüber komme. Sie müsse jetzt nur noch den Dorfgeistlichen verständigen.

Doch Xaver, der ob solcher Rede ein großes Gesicht machte, zeigte, dass er als Partenkirchener zum zweiten Mal platt war. Die Wirtin, die Xavers Gesichtsausdruck als Rückzieher wertete, versuchte ihn mit folgenden Worten bei der Stange zu halten:

„Brauchst dir kein' Kopf mocha! I' woas, was d' brauchst. Glaubst mir, d' Zenzi is' a fein's Maderl."

Aber als Xavers Gesichtsausdruck zu keiner glücklicheren Miene zurück fand, ergänzte sie:

„D' Zenzi is' a fleißig's Maderl, aber a Problem hot s'e scho: Aber dees mocht dir ja nix – musst holt wiss'n, der fehlt's rechte Aug' und d'r linke Arm!"

Als Xaver von solchem Schicksal der armen Zenzi gehört hatte und bis ins Mark berührt war, verzichtete er gerne auf dieses große, neue Lebensglück, fragte aber die Wirtin, ob sie nicht eine andere Braut bieten könne. Die Wirtin

Wegweiser und Wanderwege an der Galfunalm.

überlegte, machte ein verdrießliches Gesicht und sagte nachdenklich:

„Dees is gar koi Problem: Do' gäb's no' 's Maderl vom Almbauern, die Elsa. Dees is' au' a ganz Reiche!“.

Xaver nickte wohlwollend, seine Miene zeigte, dass er einverstanden sei. Die Wirtin, dadurch bestärkt, ging gleich los und wollte sofort drüben beim Almbauern anrufen, beteuerte, dass die Elsa sicher auch gleich da sein könne.

Als die Wirtin zurückkam und Xaver wohlwollend zunickte, nach der Devise, es sei alles bestens ausgegangen, sagte die:

„D' Elsa is' glei' doo! D'r Almbauer bringt s'e selber her“, und ging davon. Xaver grinste und freute sich über seinen Coup. Wir aber lachten, da wir vermuteten, dass da zum zweiten Mal etwas schief ginge. Als die Wirtin noch einmal an unserem Tisch vorüber kam, ergänzte sie:

„Glaubst net, was d' Elsa für a Holz vor d'r Hütt'n hot. Die hot an ganz groß'n Euter!“.

Xaver schaute verdutzt. Das Lachen war aus seinem Ge-

135

sicht verschwunden. Es platzte aus ihm folgende Rückfrage heraus:

„Joa, is' d' Elsa womöglich a Kua."

„Joa scho', der Almbauer is' arm, aber d' Elsa reich. I' mein', dees is' 's reichste Madel bei ons hier im Tal", und ging lachend davon.

Wir lachten Xaver aus, der verdutzt und diebisch grinsend drein schaute. Er hatte in der Wirtin der Galfunalm seine Meisterin gefunden.

Nachdem Xaver zweimal auf ein neues Lebensglück großzügig verzichtet hatte und alles – außer der Hochzeits-Suite – bezahlt war, gingen wir doch zu viert wieder los. Der vor uns liegende Weg führte von der Hütte »Galflun „Alpe"« über einen langen Ziehweg am Berg entlang. Der Feldweg machte mehrere Kurven und Schwingungen, zog sich durch einen Wald, an saftigen Weiden mit Kuhherden sanft absteigend entlang, immer den Blick und die Augen auf die im Süden thronenden Bergzüge der Alpen gerichtet, die wir schon den ganzen Tag gesehen hatten, aber jetzt, als wir ins Tal Richtung Wenns abstiegen, ihre ganze Würde und Größe vor uns aufrichteten.

Allmählich wurden die Wiesen wieder saftiger und grüner. Sie schmiegten sich enger an den Feldweg an, so dass im Gras bald nur noch zwei erdbraune Fahrspuren zu sehen waren, während ein Wald, durch den der Weg führte, immer noch dichter heran rückte.

Über mehrere Almen und Feldwege kamen wir schließlich zur Larcher Alm. Es war ein kleines, schmuckes Natursteinhaus mit gelben und orange farbigen Blüten an den Fenstern, seitlich davor eine kleine Terrasse, auf der ältere Gäste laut lärmend Kaffee tranken.

Sie beachteten uns nicht, nahmen wenig Notiz von uns, bis Xaver einmal mehr seinen Versuch wieder aufnahm,

Die Galfunalm mit der Meisterwirtin.

sich als Holzknecht zu verdingen. Doch auch hier wies
man ihn lachend ab. So gingen wir weiter, denn wir hatten
heute genug gerastet. Es war Zeit, in Wenns einzutreffen.
Schließlich zeigte die Uhr schon 16:45 Uhr.

Über einen breiten Waldweg, den man gut und gerne
schon eine Straße nennen konnte, kamen wir dem Ort
Wenns immer näher. Bald bog unser Weg noch einmal
über einen Pfad ab, der steil bergab durch einen Wald
ging. Irgendwo da unten musste doch Wenns endlich kommen?

Doch es war noch weit. Die Zeit verging. Als sich der
Wald lichtete, eine große Fläche mit gefällten Tannen und
Fichten den Blick freigaben, war es bereits 17:20 Uhr und
die Häuser von Wenns noch immer nicht zu sehen.

Vorbei an einer Stelle mit reifen Heidelbeeren ging es
noch einmal über einen engen, steinigen Pfad durch den
Wald. Erst um 17:44 Uhr mündete dieser in eine schmale
geteerte Straße ein, die hoch über Wenns erste Häuser zu
einer kleinen Siedlung verband. Von hier konnte man quer
zu dieser Fahrstraße auf engem Wiesenpfad absteigen. Der
Hohlweg führte an von alten Holzzäunen umsäumten Weiden vorbei auf die erste Siedlungsstraße von Wenns, an

der eine Stute mit ihrem Fohlen stand und sich bereitwillig fotografieren ließ. Nun ging es auf hartem Asphalt und über wenige hundert Meter Strecke gehend in die Stadt hinein. Schwer waren die Füße von diesem Tag, der Rücken schmerzte und der Teerboden war hart. Aber das Ende lag nahe. Die Straßen wurden enger, die Häuser zahlreicher. Bald kamen wir an der Hauptstraße, am Hotel »Pitztaler Hof« an, in dem wir nach Zimmer fragten und welche bekamen, hier im schönen und bequemen Hotel von Wenns.

Den Abend verbrachten wir beim ausgiebigen Essen und Erzählen auf der Hotelterrasse, die einen wunderschönen Blick auf die Alpen im Osten und Süden erlaubte. Der Abend begann warm. Das Essen war gut. Allerdings wurde die Bestellung zu einer größeren Zeremonie. Ich sagte großspurig:

„Mich drängt's nach diesem anstrengenden Wandertag zu einem Vier-Gänge-Menü!", verkündete ich in die Runde sehend und wartete auf die Aufmerksamkeit aller, sagte dann:

„Zum Eingang nehme ich einen Salat, sozusagen als Vorspiel."

Xaver schaute mich gespannt an. Ich führte weiter aus:

„Danach nehme ich als Hauptgericht einen Kaiserschmarren, dann einen Apfelstrudel mit Vanillesoße und zum Schluss, als romantischen Abgang, eine 'Heiße Liebe'."

Xaver lachte, die anderen kicherten. Ich schaute sie an:

„Ich meine ...", zweifelte ich.

Aber Xaver unterbrach mich: „Gut ausgewählt, keine Frage", gluckste er und sagte: „Aber sollt's einem von drei Nachspeisen nicht schlecht werden? Würd' mich wundern."

„Warum schlecht?", verteidigte ich mich ratlos: „Im übrigen nehme ich dazu ein kaltes Bierra di Fhungi."

Wenns im Pitztal, Ausgangspunkt zur Braunschweiger Hütte..

Es wurde heiter am Tisch. Sie bogen sich vor Lachen. Schließlich sagte Xaver, als er sich wieder im Griff hatte: „Und erstens sind wir in Tirol, zweitens gibt's Fhungi nur zur Pizza, nicht zum Bier."

„Wieso? Haben die hier kein Pils?". Ich schaute in die Runde und sagte: „Dann nehme ich eben statt Kaiserschmarrn, weil wir in Österreich sind, wie du sagst: Pizza ohne Pilz."

„Also Margherita?".

„Margarita, das ist was auf die Ohren, von Jimmy Buffett, Country Blues. Der Titel heißt 'Margaritaville', ein echt wilder Song mit frechem, frivolem Text, fast so spitz und scharf wie 'Bobby Brown' von Frank Zappa."

„Aber auch eine Pizza ohne, eine Margharita, zum Beispiel von unserem Inselwirt, kann scharf sein", ließ sich Maxi vernehmen.

„Und der Drink – eine Margarita eben."

„Also was nun? Pizza oder Drink?", fragte Sopherl.

„Ich nehme – mein Vier-Gänge-Menü, ohne Margarita und ohne Margherita und ohne Pilz und ohne Pils."

„Und was zu trinken?", wiederholte Sopherl die Frage.

„Ja, Flasch' Bier."

„Also Pils?".

„Ja, ich will's."

„Jetzt reimt der auch noch!", stöhnte Maxi.

So begann der Abend, ging bald nach dem Essen ins gewohnte Schafkopfen über. Wir waren ausgelassen und bester Stimmung, auch wenn Maxi noch einmal nachdenklich auf unsere Essensbestellung vom Abend zurückkam:

„Und du hast tatsächlich Country Musik gehört, ich meine, früher, vor unserer Zeit?".

„Ja. Das war, als ich davon geträumt habe – es war in meiner Studentenzeit – einmal mit einem amerikanischen Schlitten, am besten einem Cabriolet, durch Kalifornien zu fahren, von San Diego bis San Francisco an der Küste entlang und rüber zum Yosemite National Park."

„Tolle Idee", sagte er, „kann ich mir gut vorstellen."

„Aber ich hab 's in den Staaten immer nur zu einem studentenverträglichen Leihwagen gebracht, zu Kleinwagen der Kategorie Fiesta oder Polo. Aber super war's trotzdem: mit Jimmy Buffett aus dem Lautsprecher durch die Staaten, durch die Wüste des Death Valley zum Grand Canyon und übers Monument Valley wieder zurück."

Ich sah verträumt in die Runde. Es war schon fast Mitternacht. Der Himmel bewölkte sich zunehmend, in der Nacht zog ein schweres Gewitter auf. Es ließ mit seinem bald einsetzenden Starkregen, seinen heftigen, hellen Blitzen und seinem tief grollenden Donner über den Gipfeln um Wenns nichts Gutes für den kommenden Tag erahnen.

Etappe 7: Wenns – Braunschweiger Hütte

Ich stand um 5:30 Uhr zum ersten Mal auf. Maxi schlief noch, das nächtliche Gewitter war abgezogen. Den Himmel bedeckten nur wenige nachfolgende Wolken. Im Osten ging die Sonne auf, färbte den Himmel orange violett und ließ die Berge davor in tiefem Grau versinken. Es war ein Farbenspiel, das die aufgehende Sonne am freien Himmel entwarf.

Nachdem wir ab 8 Uhr gefrühstückt hatten, wollte Maxi vor dem Aufbruch noch einmal in das in der Nähe liegende Sportgeschäft gehen. Er brauchte eine andere Wanderhose. Ich ging mit, um zu sehen, ob es für mich auch etwas gäbe. Allerdings war ich abgeneigt, etwas zu kaufen, da ich das Gewicht meines Rucksacks nicht noch weiter erhöhen wollte. Also ging ich mit, um nichts zu erstehen.

Als wir aus dem Geschäft kamen, hielt auch ich eine Einkaufstüte in der Hand. Es war nun doch eine schwarze Fleecejacke geworden. Ich hatte sie gekauft, obgleich es Sommer war und an allen vergangenen Tagen hohe Temperaturen geherrscht hatten. Aber ich hatte außer T-Shirt und Hemd nur meine rote Regenjacke dabei. Bei einem Wettereinbruch hätte diese spärliche Ausrüstung zu einem recht kalten Unterfangen führen müssen. Aber das war ja nicht zu erwarten, auch wenn die heute zu ersteigende Braunschweiger Hütte unmittelbar am Gletscher, dem Karles- und Rettenbach-Ferner, lag.

Um den Tag zu nutzen, standen wir schon um 9:40 Uhr an der Bushaltestelle vor dem »Pitztaler Hof«. Der Bus sollte uns bis Mittelberg bringen. Von dort sollte es noch weit genug bis zur Braunschweiger Hütte zu gehen sein.

Noch bevor der Bus eintraf, zog es zu; es begann in dicken Tropfen zu regnen, erst leicht verhalten, dann immer stärker. Als wir nach 70 Minuten in Mittelberg dem Bus entstiegen, fiel anhaltender Regen. Es war klar, dass der heutige Tag zu keinem spaßigen Wandertag werden dürfte. Mittelberg besaß nicht mehr als ein kleines Hotel, der Bus wendete, fuhr sogleich zurück. Die Gegend war ein Talende, ein verregnetes, kaltes Schlussstück der Welt. Hier schien alles vorbei, es ging nichts weiter, außer ein paar einsame Pfade, die sich mit diversen Gebirgswegen kreuzten und ins Nirgendwo der Gletscherwelt führten, nur davor eine geschotterte Fahrstraße, die am Gletscherstüberl vorbei zur Materialseilbahn der Braunschweiger Hütte führte und dort selber sich im Felsgestein verlief. Also blieb uns nichts anderes übrig als zu gehen, sich ins heutige Wanderschicksal zu schicken, wenigstens für den einen Kilometer verregneten Wegs bis zum Gletscherstüberl (1.891 m) hinauf.

Schon dort waren die Wanderstiefel nass, die Wanderjacke beregnet. Im Gehen fuhr schon jetzt eine feuchte Kälte

Auf dem Weg von Mittelberg zum Gletscherstüberl.

Der Gebirgsbach vom Karles- und Rettenbach-Ferner.

durch alle Öffnungen der Kleidung in die Glieder. Das Auge, das an den umgebenden nassen Berghängen ab glitt, sah über den Bergkanten Nebelschwaden ins Tal ziehen. Es nieselte, es regnete im Wechsel. Nasskalt die Witterung, die Natur dampfte und kochte. Wir saßen am Gletscherstüberl zunächst draußen auf der Terrasse am Biertisch. Die Luft war feucht, der Regen ließ bald nach. Es schien, als wolle der Himmel von weiterem Getröpfel absehen. Wenn auch die Temperaturen weniger angenehm waren, so gab es doch Hoffnung, dass der Regen bald zu Ende sei.

Nach einem letzten stärkenden Apfelsaftschorle und der wandertechnischen Präparierung von Mann und Gerät für den kommenden Aufstieg ging es los. Vor uns lagen 900 Höhenmeter bis zu der auf 2.758 Metern liegenden Braunschweiger Hütte. Wir marschierten zu viert unserem heutigen Wanderziel entgegen, zunächst zur Talstation der Materialseilbahn der Braunschweiger Hütte.

Nun wollten wir es wissen, wollten hinauf, die Braunschweiger Hütte erreichen, jenes Haus, das neben dem Karles- und Rettenbachferner liegt. Diese beiden sind wiederum ein Teil der Pitztaler Gletscher-Welt und gehören damit zu einem gigantischen, unterhalb mehrerer Gipfel sich erstreckenden Gletschermeer aus Eis und Schnee. Wir waren sicher, dass wir es nunmehr schaffen würden.

Die Talstation des Güterlifts zur Braunschweiger Hütte erreicht, begann es wieder zu tröpfeln. Wir übergaben nach einiger Diskussion die Rucksäcke einem Dienstmann der Hütte, der versprach, diese mit dem Lift hinauf zu transportieren. Er sagte, dass es noch etwas dauere, bis sie hinauf gingen, alleine des Wetters wegen, da ein orkanstarker Wind drohe.

Das war uns gleich, denn wir wollten los. Wir bräuchten ja selber auch einige Zeit, bis wir oben ankämen. So lachten wir über ihn, gingen scherzend los.

Der Feldweg löste sich kurz nach der Güterliftstation in einen schmalen, felsigen Weg auf, der im umher liegenden Gestein und Geröll schlecht zu erkennen war. Er ging über wasserumspülte Steine und Felsschollen an einem reißenden Bach entlang, der Orientierung gab, da er weit oben an einem Felsvorsprung übers Gestein herab stürzte.

So gingen wir anderen Wanderern nach oder einfach immerzu diesen uns entgegen strömenden und das Gestein umspielenden Wassermassen zu. Doch auch, das Regnen vom Himmel, die von dort herab stürzenden Wassermengen nahmen zu. Mit einem Mal, wenige hundert Meter später, setzte ein herber, taifunartiger Wind ein. Er ließ den nun in dicken Tropfen herabfallenden Regen fast horizontal von vorn über uns herein stürzen.

In wenigen Minuten war meine Hose vollkommen und ich bis auf die Haut nass. Die Faser der Wanderhose wur-

144

de klamm und kalt. Klatschende Nässe strömte über die Beine in die Schuhe, Kälte stieg über Oberschenkel und Hüften den Körper hinauf. Im Bruchteil von Sekunden fror ich. Es war gotteserbärmlich kalt. An ein Weitergehen war nicht zu denken. Ich überlegte, umzukehren.

Obgleich ich einer aufgezogenen, mechanischen Puppe nicht unähnlich weiterging, war mir klar, dass das kaum gut gehen könne, dass ich unbedingt und über kurz oder lang umkehren müsse. Doch sah ich auch die anderen nicht mehr, nur Schemen in der Regengischt irgendwo in der Ferne vor mir. Auch wollte ich nicht derjenige sein, der wegen dieses schlechten Wetters als erster von uns abbrach. Was bei gesundem Menschenverstand sofort einleuchtet, scheint in solchen Augenblicken, wo man glaubt, jetzt müsse es unbedingt sein, nicht nahe zu liegen. Man bewegt sich wie eine Maschine fort. Mangels Entschlusskraft schleppt man sich durchnässt und frierend fort. Das ursprüngliche Ziel scheint nicht revidierbar. Ich zweifelte an dem, was geschah, ging aber doch wie eine an Fäden gezogene Puppe weiter.

Mit einem Mal, wie aus dem Nichts, stand plötzlich Maxi vor mir. Er schrie mit erfrierendem Mund dicht vor meinem Gesicht in den orkanstarken Wind hinein. Ich verstand, dass er umkehren wolle, dass er durchnässt sei, es für ihn so unmöglich sei, weiter zu gehen. Er war drauf und dran ins Gletscherstüberl zurückzukehren. Auf dem Fuß folgten ihm kurz darauf Xaver und Sopherl, die ihn umkehren sahen und alleine nicht weitergehen wollten.

Wenige Augenblicke später saßen wir wieder in der warmen Stube des Gletscherstüberls. Der Gastraum war inzwischen von gestrandeten Wanderern überfüllt. Kaum ein Platz war frei, alles saß eng auf eng, diskutierte und besprach, ob heute noch aufgebrochen werden könnte. Man

Das tosende Wasser des Gletschers.

aß und trank, redete, um die Zeit totzuschlagen, während es draußen stürmte. Wir fragten uns, ob wir nicht umgehend in den Ort Wenns zurückkehren sollten, zögerten aber, es zu tun. Stattdessen bestellten wir immer wieder, denn die Perspektiven, die die Kellnerin in ihrer fernsichtigen Bluse bot, versöhnten uns mit sonst schlechteren Aussichten.

Xaver war pessimistisch. Er riet, diesen Wandertag ganz abzubrechen, nach Wenns zurückzukehren und dort einen Tag zu pausieren. Ich schlug vor zu bleiben, schließlich war es noch früh am Tag; und das Wetter konnte in den Bergen schnell wechseln, auch zum Besseren; und schließlich sollte der Aufstieg zur Braunschweiger Hütte gemäß Reiseführer nur drei Stunden benötigen. So war ja noch genügend Zeit, bis die Sonne unterginge. Zumal wir morgen einen Ruhetag dort einlegen wollten, nicht schon heute in Wenns. Aber ich sah bei meinem optimistischen Gerede in skeptische Gesichter. Keiner glaubte, dass das heute noch klappen könne.

Doch sollte ich recht behalten. Als ich nach einer Stunde hinter die Hütte auf die Toilette ging, brach von Wenns her der Himmel auf. Es war nicht zu fassen: Er war wolkenlos und strahlte in schönstem Blau.

146

Ich ging fröhlich und beschwingt, recht behalten zu haben, in die Hütte zurück, sagte, dass wir in einer halben Stunde aufbrechen könnten. Wieder sah ich in zweifelnde Gesichter. Auch Xaver glaubte mir nicht, da durchs Fenster, an dem wir saßen, noch alles grau war. Er vermutete, ich mache einen Witz. Ich sagte, er solle aufs Klo gehen. Da breche gerade der Himmel auf. Er fragte:

„Auf der Damen- oder Herren-Toilette?".

Eine Stunde später war die Föhnlage wieder perfekt. Die Sonne schien, der Himmel war blau, die Temperaturen sommerlich warm. So brachen wir um 13:33 Uhr eiligst auf, diesmal mit T-Shirt und kurzer Wanderhose bekleidet.

Wir gingen vom Gletscherstüberl schnurstracks an der Gütertalstation der Braunschweiger Hütte vorbei, machten mit Leichtigkeit den Weg bis zum Felsvorsprung, über den der breit tosende Bach des Gletschers herab sprang. Am Wasserfall vorbei, kamen wir bald oberhalb des zerklüfteten, bald durch schroffes Felsgewirr führenden engen Pfad auf einem Plateau an, das gut befestigt eine Winterskipiste

Der Karles- und Rettenbach-Ferner kurz vor der Hütte.

147

abgab und für Wanderer eine futuristisch fremde Ansicht bot. Dieses war breit wie eine achtspurige Autobahn, sommers unbefahren, ohne Verkehr, mitten im Hochgebirge, als zivilisatorische Zumutung heutigen Zeitgeschmacks, zumal wenn es sich nicht unter reichlich Schnee beschönigend verbarg.

Über zwei breite Kehren ging es steil den Berg hinan. Man hörte den Gletscherbach aus dem ewigen Eis immer stärker hervor tosen. Es klang wie ein tiefes Raunen des Urgrunds. Es tönte im tiefen Bass wie aus tiefsten Grüften der Erde hervor quellend, als schlüge Hephaistos im tiefsten Grund des ewigen Eises mit Hämmern des Werdens auf die Saiten der Schöpfung. Dieses Raunen der Natur, dieses Tosen und Strömen erschien mir, wie nie gehört, war mir fremd und unheimlich. Aber es ließ mich beeindruckt und beklommen zurück, wie nichts zuvor in meinem Leben. Vielleicht ist es dieses Staunen, dass uns Ehrfurcht vor der Natur und ihrem Leben eingibt und uns eine moralische Tiefe erfahren lässt, die uns für ein Leben lang die Gewichte des Selbstseins richtig einzuschätzen verhilft. Vielleicht ist es das, worauf es für ein ganzes, langes Menschenleben ankommt.

Es war nach 15 Uhr, als wir über einen von der breiten Pistenautobahn abführenden schmalen Pfad in einigen Serpentinen steil am Felshang entlang aufstiegen. Dort verlor sich mit einem Mal, es war kurz vor 16 Uhr, der Blick zurück ins Tal bis hinab zum klein gewordenen Gletscherstüberl, an dem wir vor zweieinhalb Stunden noch gesessen und über das weitere Vorankommen enttäuscht nachgedacht hatten. Zu diesem Zeitpunkt sahen wir südlich gigantische Eismassen des Pitztaler Gletschers, des Karlesund Rettenbachferners, in riesigen Schuttkaren zwischen Gipfeln liegen, sahen zur Braunschweiger Hütte hinauf,

Die Braunschweiger Hütte erscheint über uns.

die steil am Berg über uns erschien. Wir wagten es nicht, auf unserem Weg noch lange zu pausieren, da sich der Himmel von Westen her schon wieder zuzog. Nun konnte es schnell gehen, bräche die Föhnwetterlage unmittelbar zusammen.

Es war 16:18 Uhr geworden, als wir überglücklich an der Braunschweiger Hütte eintrafen. Eine hinter uns drein kommende sechsköpfige Lemminge-Gruppe hatte uns, obgleich sie entschlossen und schnell voran stürmte, deren Gruppenführer immer wild voraus, nicht mehr erreicht. Wir standen als erste an der Hütte. Der Führer, der erst zurückschaute, als er oben stand, machte den Eindruck, dass behütetes Wandern darin bestünde, dass man am Ende des Tages noch einmal zurückschaue, um zu sehen, wer noch dabei ist; denn mit denen ginge es morgen weiter; die übrigen Zurückgelassenen seien nicht seine Sache, sondern die der Bergwacht. Das ist Wandern nach der Devise: „Zehn kleine Wanderlein gingen in den Berg ...".

Als wir die inneren Räumlichkeiten betraten, war die Föhnlage eingebrochen. Der Himmel hatte seine blaue

Farbe verloren. Er sollte sie an diesem Tag und am nächsten nicht wieder zurückgewinnen.

In den Abend hinein verschlechterte sich die Wetterlage immer mehr. Der Himmel war grau in grau, am Horizont über den Gipfeln wurde es schwarz, die Temperaturen fielen von allen Höhen ins frostige Tal. Es wurde eisig kalt. Als sich die Nacht über die Hütte gesenkt hatte und draußen Dunkel und Schwärze die Sterne verschatteten, lagen schon mehrere Zentimeter Schnee. Er kam in dichten Schauern vom Himmel. Mitten im Hochsommer, mitten im Juli, kleidete sich die Alpenlandschaft ins Winterkleid.

Wir saßen in der warmen Braunschweiger Hütte und freuten uns über unseren Erfolg. Wir hatten eine Wetterlücke nutzen können, um aufzusteigen. Die Rucksäcke waren kurz nach uns eingetroffen, die von uns belegten Zimmer zwar kalt, aber gemütlich. Wir verbrachten den Abend bis spät in die Nacht in der Hüttenstube, denn über 2.500 Höhenmetern gab es keine Hüttenruhe, keine festen Ruhezeiten mehr.

Zu Abend gab es Leberkäse und Spiegelei, danach spielten wir Schafkopfen. Da es in der Hütte eng wurde, einige Lemminge-Gruppen die meisten der Tische belegt hatten, setzte sich ein Paar aus Rostock an unseren Tisch. Sie schwiegen, redeten kein Wort und schrieben ohne einen Mucks Postkarten. Da wir uns beim Schafkopfen angeregt unterhielten, sah das in schwarz gekleidete Lagerfeld-Funktionswäsche-Imitat mit einem Mal vom mühevollen Postkarten-Schreiben auf und bemerkte spitzfindig zu seiner Partnerin:

„Hörst du? Wir sitzen hier an einem Intellektuellentisch!", und nahm despektierlichen Blicks auf uns einen schmalen Schluck von seinem Skiwasser, dem er den lieben langen Abend ausgiebig zusprach. Er war einer, der

Essen, schreiben und gesellig sein - Hüttenleben eben.

sich Stunde um Stunde mit akribischem Schreiben von zwei, drei Postkarten vergnügen konnte. Offenbar war er Analphabet oder einfach nur kurzsichtig, aber bestimmt eine Spaßbremse, der sich winters zum Lachen ein Iglu mit Keller baut. Er ließ sich immer wieder mit so Worten vernehmen wie:

„Ich kann mich gar nicht konzentrieren – ich muss immerzu Englisch schreiben ...".

Das hob bei seinem Gegenüber die Bedeutung seiner übermenschlichen Schreibarbeit. Als diese geendet, erklärte ihr der große Gebirgszampano in großmäuligen Worten, was die Tour morgen so einbrächte. Er sprach vom Weg über die Gipfel, nannte die Similaun Hütte. Doch Xaver mokierte sich mit lauten Worten dazwischen:

„Oh je, Similaun Hütte."

Doch der feine Monsieur in schwarzer Livree ließ sich nicht beirren. Er setzte noch eins drauf, erklärte, was hier auf dieser Hütte seiner Meinung nach das größte Problem sei und er von einem Etablissement in 2.700 Metern Höhe, wie diesem, erwarten könne. Er beklagte, dass es hier kei-

151

ne warmen Duschen gäbe – und sagte mehrfach laut vernehmlich:

„Das ist hier das Problem". Xaver aber sagte:

„Joa, im Schneesturm am Gletscher auf der Braunschweiger a hoaße Dusch'n ham woll'n, wo käm' m'r n' denn doa hie?".

So war dieser Abend für jene zwei voller Spannung und Aufbruch, für uns voller Gelassenheit; denn wir wollten am kommenden Tag hier unseren ersten Ruhetag einlegen. Und so gingen wir den Abend in großer Ruhe und Gelassenheit an. Wir hatten es nicht eilig ins Bett. Er konnte bis in die Nacht ausgekostet werden, bis man wirklich müde sein würde, da morgen früh kein eiliges Fortkommen anberaumt war.

Nur für Lemminge gab es heute Abend kein Pardon: Sie aßen und schwiegen, lauschten artig ihren erfahrenen Bergführern, mussten früh, zu einer theoretischen Hüttenruhezeit zu Bett, da sie morgen, zu frühester Stunde, trotz schlechten Wetters und tiefen Schnees, wieder aufbrechen würden.

Lemminge-Gruppen gingen nämlich oftmals zwei Etappen an einem Tag. Das war so bestimmt. Und so hatten sie selten Zeit, eine richtige Rast zu nehmen oder nur für kurz die Ruhe, um einmal in gepflegter und sittsamer Weise in die Landschaft oder gegen einen Baum zu pinkeln. So ist – aus dieser Perspektive besehen – ein Lemminge-Leben im Gebirge durchaus nicht erstrebenswert.

Erster Ruhetag: Braunschweiger Hütte

Diese Nacht im Sommerschlafsack mit winterlichen Temperaturen um die Braunschweiger Hütte war kalt. Es war mitten im Juli ein gefühlter Wintereintritt. Aber dieser Winter im Juli war nicht nur gefühlt kalt. Er trieb während der gesamten Nacht kalte Schauer durchs gekippte Fenster herein. Der Blick hinaus am nächsten Morgen bestätigte, was zuerst nur Gefühl war: Es hatte seit dem gestrigen Abend anhaltend stark geschneit. Es waren in etwa 12 Stunden ungefähr 45 Zentimeter Schnee gefallen, in der Nacht zwischen dem 17. und 18. Juli 2009. Das war unvorstellbar, aber wahr; denn es sollte eigentlich Hochsommer sein; und ich war froh, in Wenns noch eine Fleecejacke gekauft zu haben. Die konnte ich heute und am folgenden Tag gut gebrauchen. Denn auch in der Hütte war es kühl. So sehr konnte keiner heizen, dass die Raumwärme den letzten Streifen eines im Juli hereingebrochenen Winters aus den Gliedern hätte vertreiben können.

Die Braunschweiger Hütte versinkt mitten im Juli im Schnee.

Als wir zum Frühstück gingen, war der größere Teil der Lemminge auf dem Weg, dabei die Rostocker. Ihnen wurde kein Verschnaufen gegönnt. Sie spurten seit frühester Stunde die Pfade, zertraten den gefallenen Tiefschnee und bereiteten vor, was wir am kommenden Morgen für eine angenehme Wanderung bräuchten.

Nur eine einzige Gruppe der Lemminge blieb wegen des noch immer schlechten Wetters hier. Sie übten Knoten und Klettern, lernten Bergsteiger-Theorie. Sie übten mit Seilen und Karabinern an Türstock und -rahmen das Steigen im Gletscher. Xaver lehrte uns lieber das Schafkopfen, dass wir gemütlich am Tisch sitzend ausgiebig den lieben langen Tag einübten.

An diesem Tag erfuhren wir, dass die Braunschweiger Hütte von drei jüngeren Schwestern bewirtschaftet wurde. Sie hatten einen älteren Bruder, der den gleichen Vornamen wie ich besitzt, sogar in gleicher Schreibweise. Jedes Mal, wenn sie nach ihm im Stubenraum riefen, erschrak ich, horchte auf und fragte mich, wer etwas von mir wolle.

Der Tag blieb neblig. Wolkenschwaden trieben über die Höhen, nahmen das Gebirge mit Gipfeln und Schroffen völlig ein. Es schneite unablässig über den ganzen Tag. Es kamen nochmals etliche Zentimeter Schnee hinzu; und keiner wusste, wie lange es so bliebe, angesichts dessen man der Vorhersage misstraute, dass es am kommenden Tag warm werden würde. Für den nächsten Tag waren bis zu 15 Grad Celsius angekündigt worden – was eigentlich nicht zu glauben war. Aber so war es, so wurde das Wetter: Der folgende Tag wurde tatsächlich strahlend. Also hatte es sich um einen Wettereinbruch von Nordwesten her gehandelt, der über Deutschland zu ergiebigen Regenfällen geführt hatte, in den Alpen zu reichlich Schnee. Vermutlich war dieser bis weit ins Tal gefallen und dort zunächst auch liegen geblieben, bestimmt bis zum Gletscherstüberl hinab, vielleicht auch bis in den Ort Wenns hinein.

Wir hatten es uns den lieben langen Tag in der Braunschweiger Hütte gemütlich gemacht, gleich gegenüber von gigantischen Gletschern und Bergspitzen, die weit über 3.000 Meter in den Himmel ragten. Die Stube war heimelig und durch ihre vielen Fenster hell. Sie erstrahlte mit ihren holzbraunen Bänken, ihren *Die Braunschweiger Hütte, 2.753 m.* festen Tischen und Wänden in altem Holz im Odem einer langen Geschichte. Neben dem gemütlichen Kachelofen und dem Stammtisch mit der kleinen Theke gleich gegenüber beherrschte ein übergroßes Gemälde eines Tiroler Mannsbilds mit weit gekrempetem Hut und unermesslichem Bart die Atmosphäre des Raumes.

„Das ist der Erzherzog Maximilian", ließ sich Xaver am Nachmittag auf einmal vernehmen. Er lachte verschmitzt in sich hinein, denn er konnte nicht ernst bleiben, wenn er einen Witz machte. Aber wir gingen ihm tatsächlich auf den Leim, nickten ihm bestätigend zu und beschauten das Bild, das auf der anderen Seite der Stube zwischen zwei Fenstern hing. Mir entfuhr:

„Welch edle Einfalt und stille Größe!".

Ich stand auf, trat näher heran, um zu sehen, wie sich ein

bayerischer Erzherzog in den Bergen kleidet: mit Lederhose und Janker und großem, weißem Bart im Gesicht, darüber auf dem Kopf einen Tiroler Hut mit Gamsbart wie ein Blumenkohl. Der dicke Monarch erstrahlte in solchem Outfit goldgerahmt in Öl, zeigte alpine Einfalt und Größe in höchster würdevoller Wucht. Aber wie ich die Beschriftung las, sah ich, dass der Herr, den das Gemälde zierte, der Richard Schucht ist, nicht der Erzherzog. Jener war der Erbauer der Braunschweiger Hütte. Zurückkommend an unseren Tisch, sagte ich:

„Das ist ja gar nicht der Otti Fischer. Es hätte vielleicht der Sandwirt, der Hofer, sein können, so wie der aussieht."

„Aber doch nicht hier, nicht auf der Braunschweiger Hütte. Nicht in Österreich", ließ sich Maxi vernehmen.

„Warum eigentlich nicht? Hier, so hoch droben, wo der Adler kreist und die Freiheit zu Hause ist."

Heute erreichten nur ca. 15 Personen die Hütte, darunter ein Pärchen. Wir erfuhren, dass sie die Wegstrecke von hier übers Pitztaler Jöchl (2.996 m) die schönste Strecke des E5 sei, nicht zuletzt wegen der Sicht auf die ringsum liegenden Gletscher hier im Gebirge.

Als wir im Laufe des Tages mit dem jungen Hüttenwirt ins Gespräch kamen und ihn über die morgige Wetterlage und den besten Weg befragten, erklärte er uns, dass das Pitztaler Jöchl seit langem gesperrt sei, es hier hinüber zu gehen bei Schnee zusätzlich gefahrvoll sei, man also übers Rettenbachjoch gehen müsse. Wie wir in seiner Gegenwart berieten, wollte er sich ohne unsere Nachfrage als Führer über den Berg andienen. In unsere fragenden Gesichter hinein, ob er nicht hier auf der Hütte gebraucht würde, schwieg er, dann grinste er. Anna-Josepha, die, wie wir vermuteten, seine Schwester war, sagte, als sie später an unseren Tisch trat:

Die aufgehende Sonne über dem Pitztaler Gletscher.

„Och, i' vermut', der hot a Stopferl Zwieselstoi!"

Am nächsten Tag, als wir losgehen wollten, sahen wir ihn noch einmal. Da sagte er spontan:

„Wenn ihr zur Pfandler Alm kummt, no so'gt doch bitt'-schön d'r Fini, mei'm G'spusi, 'n liaben Gruaß von mir."

Xaver wäre am kommenden Tag am liebsten über das Pitztaler Jöchl gegangen. Aber es war ja nach des jungen Wirtes Auskunft zur Zeit gesperrt, so dass auch wir besser den Weg übers Rettenbachjoch (2.993 m) nahmen. So geschah es schließlich auch.

Etappe 8: Braunschweiger Hütte - Zwieselstein

Heute war Sonntag, der 19. Juli. Die Sonne schien von einem blauen Himmel. Als wir aufbrachen, war es 10:12 Uhr, es sollte ein heißer Tag werden. Bei diesen Temperaturen, die nach dem gestrigen Wettereinbruch für heute zu erwarten waren, sollte der jung gefallene Schnee schnell dahin schmelzen.

Wir frühstückten in aller Ruhe und ließen die ersten Lemminge-Gruppe ziehen. Wir sahen ihnen in aller Ruhe zu, wie sie aufbrachen. Wir wussten, wir würden gut gespurte Wege vorfinden, brächen wir erst am späteren Vormittag auf.

Als wir gerüstet vor die Hütte traten, sahen wir den Pitztaler Gletscher im gleißenden Sonnenlicht liegen. Die vom frischen weißen Schnee glitzernd überzogenen Hügel bis hinauf zum Rettenbachjoch schmerzten in solcher Helligkeit in den Augen. Heute musste man Sonnenbrille tragen, um in der Schneelandschaft, im frischen Schnee die Spuren bis hinüber zum Gratanstieg und in den Felshang hinein zu sehen, die uns in den nächsten Stunden steil über mehr als 232 Höhenmeter zum Rettenbachjoch hinaufführen sollten.

Es war unglaublich, wie klar die Luft heute und in dieser Höhe war, wie blau und hell der Himmel sich über uns wölbte. Die Sonne strahlte brillant wie ein leuchtender Stern. Nur weit im Nordwesten hielten sich Wolken.

Zunächst führte der Weg von der Rückseite der Hütte in eine Zwischensenke zwischen Vorberg und Gletscher hinab. Man sah den im Schnee gespurten Weg schon von weitem. Er bestand nur aus einzelnen Tritten im lockeren, kal-

Die Sonne geht über dem Karles- und Rettenbach-Ferner auf.

ten Weiß. Diesem folgten wir und kamen wenig später an
den Beginn jenes Pfads, der eng am Berg und mitten durch
Fels hindurch steil zum Rettenbachjöchl aufstieg. Hier, am
schroffen Absturz, musste jeder Schritt im tiefen Schnee
genau gesetzt werden, ebenso die Stöcke, für die unterm
Schnee kaum der Grund zu erspüren war, um nicht mit
Händen oder nachgesetzten Füßen abzurutschen. Ein Sturz
in große Tiefe hätte die Folge sein können. Denn man sah
nicht, wie unter der etwa 50 Zentimeter dicken Schneede-
cke der Untergrund beschaffen war. Man erkannte einigermaßen die Neigung des Berges, den Grad der Felswand,
mehr jedoch nicht. Und dazu kam, dass in diesen Höhen
von fast 3.000 Metern der Sauerstoff in der Luft spürbar
geringer war; besonders, wenn man diesen steilen Steig
mit einem Rucksack von 16 Kilo auf dem Rücken hinauf
ging und die Atemluft nur eine geringe Temperatur besaß.
Es war kühl, sogar kalt, während die Sonne die getragene
Kleidung stark aufheizte und dem Körper bei dieser Anstrengung wenig Chancen bot, sich der Bewegungswärme

zu entledigen.

Zwei Stunden später kamen wir erschöpft oben auf dem Rettenbachjöchl an. Es war 12:14 Uhr, als wir dort eintrafen. Xaver und Sopherl hatten diesen Punkt der heutigen Wanderung schon vor uns erklommen. Mir war es schwer gefallen, mit meinem schweren Rucksack hinauf zu gelangen. Aber der Ausblick, der sich dann bot, entschädigte für alles: Ein grandioser Blick von den 3.000 Höhenmetern auf die verschneiten Bergzüge und Gipfel rundherum. Die in Weiß gekleidete Mittelstation der Seilbahn und das Schattenspiel versöhnte einen mit dem Bemühen, das nun hinter einem lag.

Die Hütte im Rückblick aus dem Aufstieg zum Rettenbachjoch.

Auf unserem Weg hinauf zum Rettenbachjöchl hatten wir am gegenüberliegenden Berg eine Seilschaft im tiefen Schnee aufsteigen sehen. Man hatte kleine schwarze Punkte, die sich ganz langsam bewegten, in einer riesigen weißen Fläche erkannt. Es war nicht zu erkennen gewesen, wohin ihr Weg sie führen würde; aber es konnte gut dem Gipfel der Wildspitze (3.772 m) entgegen sein.

160

Nach einer kurzen Rast auf 2.993 Metern Höhe nahmen wir die Schwarze Schneidbahn zum Restaurant »Rettenbach Ferner« (2.684 m) hinab. Dort war der Teufel los. Der Vorplatz des Restaurants war Ziel eines Mountainbike-Zirkus, der heute hier mit Spiel und Spaß abging und sich »Event-Arena Rettenbach Ferner« nannte. Das Event bestand darin, dass vor dem Restaurant Leute an

Am Rettenbachjoch, 2.995 Höhenmeter.

Biertischen die Sonne genossen, darunter Biker, die ihre Tour schon geschafft hatten, ausruhten und an einem Elektrolyt-Getränk schlürften, in der Sonne brieten oder lächelnd zusahen, wie andere schwer atmend und abgekämpft erst ankamen. Hier gab es alles, Bier, Pop und Punk; es gab Würschtel und die Charts hoch und runter, steil und flach, wie die Pfade des E5, aber so laut, dass anderes außer dem Lärm aus den Lautsprechern wenig bis nichts zu hören war.

Xaver, der an der Mittelstationskasse die Fahrt mit der Seilbahn gerade bezahlte, ärgerte sich über den Rummel hier, sagte, dass er gleich weiter wolle. Ihm war dieser Drahteselzirkus zu blöd, um nur eine Minute länger zu bleiben. Doch Maxi und mir war das alles ganz Ballermann. Irgendwie waren wir angekommen und spürten, dass wir nach dieser morgendlichen Anstrengung von 232 gegangenen Höhenmetern ein kaltes Weißbier in wärmender Gebirgssonne verdient hätten. Also machten wir es uns an einem der Biertische, mitten in der Lenkstangen-Gemeinde, gemütlich; wir sahen auf Xaver und Sopherl, wie sie daher kamen, waren gespannt, ob sie sich trauten, ohne uns weiter zu gehen.

Als Xaver näher kam und Biergläser vor uns auf dem Tisch erblickte, wir die Gläser anstießen und ihm zuprosteten, schlich er wie ein angeschossener Leopard, der von der Beute die Witterung aufgenommen hat, am ausgelegten Hopfenköder vorüber. In großen Windungen sowohl innerlicher, genuss-psychischer Art sowie äußerlicher, prost-planetarischer Herkunft kreiste er uns ein, kam uns Schritt um Schritt näher. Sein Tugendweg zum Bierolymp stand offen. Doch erst, als er uns zum zweiten Mal anstoßen sah, da wagte er den letzten Schritt. Er setzte sich trotz ohrenbetäubenden Lärms an unseren Tisch. Dann rief der designierte Gebirgsmacho seinem Sopherl, die noch abseits stand und nicht glaubte, was sie sah, die Worte zu:

„Hol Bier! Mir hob'm a' 'n Durscht!".

Es war geschafft. Der Rausch übertönte bald die Lautstärke im Drahtesel-Zoo. Als wir anderthalb Stunden später, es war 14:28 Uhr, vom Restaurant »Rettenbach Ferner« (2.671 m) wieder aufbrachen, waren wir nicht total im Eimer und kein bisschen Sangria. Aber wir gingen belustigt auf der geteerten Passstraße des Rettenbachtals bergab. Dieser Weg war leicht.

Danach wechselten wir auf die breite, geschotterte Skipiste, auf der schon kein Schnee mehr lag. Es ging mehrere hundert Höhenmeter hinab Richtung Sölden (1.367 m), das wir nicht erreichen sollten. Wir würden auf 2.020 Hö-

Im Lenkstangen-Zoo beim Restaurant »Rettenbach-Ferner«.

henmetern bleiben und den Weg nach Süden, Richtung Zwieselstein (1.450 m), einschlagen. Aber es waren immerhin 1.214 Höhenmeter Abstieg, die wir noch heute bis Zwieselstein hinter uns bringen mussten; also eine gewaltige Tour. Zunächst führte die Abfahrtsstrecke für Skifahrer über wenige hundert Meter in leicht geführten Schwingungen bequem begehbar bergab.

Kurz vor 16 Uhr kamen wir an der Rettenbach Alm (2.145 m) vorüber, bei der wir kurz nach der Mautstelle auf einen engeren Pfad nach Süden wechselten. So gingen wir von der unschönen Abfahrtspiste weg und kamen auf einen schmalen Panoramaweg, der am Berg mit saftigen Weiden und kleinen Wäldern entlang führte und eine herr-

Vom Rettenbachjoch: Ausblick bis ins Ötztal.

liche Sicht auf das von Norden nach Süden verlaufende Tal mit dem gegenüberliegenden Gebirgszug freigab. Vor uns im Tal lag Sölden und weiter hinter uns auf einer Hochebene erkannten wir den Ort Hochsölden. Man sah von Ferne die Hotels, die Zimmer- und Bettenburgen. Von hier, wo wir gingen, sah das nicht unbedingt einladend aus. Wir waren als Fernwandernde sowieso anderes gewohnt, spielten zur Zeit eher nicht in dieser mondänen Pauschalreiseliga.

Der kommende Weg am Osthang unter Rotem (2.670 m) und Gaislacher Kogel (3.056 m) führte uns über manche Zufahrts- und Versorgungsstraße hinweg. Auch querten wir die eine oder andere einsam daliegende Skipiste, unterquerten so manchen überdimensionierten Skilift, der zur Zeit einsam und verödet inmitten der grünen, blühenden Landschaft wie eine verlassene Skulptur der Zivilisation dastand. Es war kaum zu glauben, dass hier zur Winterzeit Trubel herrschen sollte, Menschen vergnüglich ihre beste Zeit des Jahres verlebten.

Drei Stunden nach unserem Aufbruch von der Event-Arena am Restaurant »Rettenbach Ferner« endete der Panoramaweg an der Löple-Alm (1.912 m). Seit unserem letzten Aufbruch waren nun drei Stunden vergangen. Die Knie schmerzten, die Schuhe drückten und der Rucksack hing inzwischen schwer an den Schultern. Da war es Zeit, vor der Restwanderung dieses Tages bis Zwieselstein noch einmal ordentlich zu ruhen. Glücklicherweise war die Löple Alm nicht geschlossen, wie wir von oben her an der wehenden Tiroler Fahne sahen, als wir die Alm in den Blick bekamen, wenn auch die Terrasse leer und verwaist und weder Musik noch laute Stimmen herauf tönten.

Hier drängte es Xaver und Sopherl, auch Maxi zu einer Brotzeit. Währenddessen besprachen wir den letzten Teil

Panoramaweg oberhalb von Sölden und Richtung Zwieselstein.

der heutigen Etappe, wohl wissend, dass wir eigentlich nicht weiterzugehen bräuchten, gemessen an der Gliedermüdigkeit und den Schmerzen. Es wäre durchaus der Ort gewesen, hier auf der Löble-Alm mit ihrer schönen Aussicht ins Ötztal zu bleiben.

Doch die beiden Damen, die hier alleine die Angelegenheiten der Hütte versahen, grinsten und schwiegen, als wir nach einem Zimmer in ihrer schönen Hütte fragten. Und Xaver, der sich gleich mal sehr forsch hervor tat, fragte, als uns die eine der beiden die Brotzeitteller mit Speck und Griebenschmalz brachte:

„Sie, i' hätt' da ane Frog'? Ihr braucht's doch sicher 'n Holzknecht?", und indem er seine Arme ausstreckte und die Handflächen ausgebreitet vorwies, fuhr er fort: „I' stell mi' au' gar net an: I hob' starke Händ', die anpacken können."

Er sah seine Hände selber an und, nachdem er sie mehrfach von der Ober- auf die Unterseite gedreht und geprüft hatte, sah er wieder zur Bedienung hin und sagte leutselig:

„Und die könna au' ganz sanft sei' wie 'n frisch geborenes Lamm."

Die »Gaislach Alm Löble« im Ötztal.

Die Bedienung blieb stumm, ging grinsend und lachend davon. Xaver aber sagte, ganz versonnen zum Oberstock der Hütte hinaufschauend:

„I' glaub', i' bleib hier! Mei Donna rabiata muss auf mi' verzicht'n.“

Bei diesen Worten bekam sein Gesicht einen zufriedenen Ausdruck, auch wenn er ein gewisses Grinsen nicht verhehlte. Ich aber, nicht sicher, ob sie Xaver wirklich bräuchten, sagte zu ihm:

„Du, frag doch erstmal nach, ob sie überhaupt genug Holz vor d'r Hütt'n ha'm, dass sie so einen wie dich überhaupt brauchen können mit so groß'n Händ'n!“.

„Des ho'm 's, des hob' i' glei' g'seh'n wie m'r runter kimma san'! Die hom Bluam, aber au' Holz vor d'r Hütt'n!“.

Xaver grinste versonnen vor sich hin, aß von seinem Vesper und nahm einen Schluck Bier. Er schien sich schon alles auf das Schönste auszumalen, er als Holzknecht auf der »Gaisachalm Loibl«, hier in luftiger Höhe überm Ötztal zu enden, hoch erhabenen Sinns thronend über Zwieselstein und Sölden. Mit einem Mal sagte er:

„Na ja. Vielleicht brauchen 's mich dann doch net', die

Blick nach Süden in Richtung Timmelsjoch, auf die morgige Etappe.

zwei Damen von der Gaisachalm. Aber mei' Donna rabiata, di' braucht' mi'! Und i' brauch' sie! Also wird 's nix mit 'm hier bleib'n."

Dann erzählte Xaver versonnen und verliebt von seiner bayerischen Heimat. Er glänzte mit der Tatsache, dass er immer wieder seine Zeit in Andechs verbracht habe, nicht im Kloster als frommer Bruder, sondern seit vielen Jahren in der dortigen Bierschwämme, wo er immer wieder als Stammgast verkehrte. Als er so schwärmte, sagte er: „Einmal hab' ich sogar Wein dort g'drunk'n, der war teuer; 's Glas für sieben Euro dreißig – aber guat!".

Weil mir das neu war, dass man in Andechs Wein trinkt, fragte ich nach. Xaver antwortete entrüstet:

„Wusstest du net, dass vom Restaurant in Andechs auf'm Schild am Eingang als Symbol a'n Weinglaserl stoht? Sogar d' Römer ha'm dort scho 'n Wein an'baut."

Xaver schaute, überlegen guckend, in die Runde. Er glänzte mit profundem Wissen; denn er zeigte, er kannte sich aus, konnte einen echt guten Beitrag zum Gespräch oberhalb Zwieselstein leisten. Wir waren beeindruckt, ja erstaunt. Ich aber fragte genauer nach:

„Warum trinken die Bayern dort droben dann Bier?".

Xaver, der schlaue Erzbayer, überlegte kurz und ließ sich urplötzlich so hören:

„Weil s' dammisch san'!".

Wir lachten schallend, er stimmte, erfreut über seinen gelungenen Lacher, mit ein. Er hatte es natürlich nicht ernst gemeint, aber es war ihm wohl nichts Besseres dazu eingefallen.

Wir brachen von der »Gaislach Alm Löple« (1.912 m) gegen 19:00 Uhr wieder auf. Auch hier wurde ein Holzknecht nicht gebraucht. So war es spät geworden. Der Weg bis Zwieselstein (1.450 m) war noch weit. Doch hatte die Chefin der Löple-Alm bei einer Bekannten in Zwieselstein für uns angerufen und uns dort ein Zimmer reserviert. So hatten wir unsere Anlaufstelle für die Nacht sicher und brauchten uns darum nicht mehr zu kümmern.

Als wir uns von den zwei Hüttendamen verabschiedeten, kamen wir auf den reichen Blumenschmuck der Löple Alm zu sprechen. Es zeigte sich, dass beide eine besondere Vorliebe für Blumen hegten.

Ich, der am Gespräch nicht direkt beteiligt war, flocht bei einer kurzen Sprechpause ein, dass es mir auf meinen vielen Wanderungen in den Alpen bisher nicht gelungen war, endlich einmal Edelweiß zu finden und zu fotografieren. Xaver horchte auf, sah mich an und sagte:

„Dann guck einfach mal vor d' Füß'."

Ja, genau da, vor meinen Füßen, da stand eine ganze Schale davon. Alle lachten. Er hatte recht: Da stand eine ganze Schale mit dreißig oder vierzig Edelweiß'.

Der Weg führte von hier über Weiden und Wiesen. Eine halbe Stunde später nach Aufbruch kamen wir über Wiesen und über den Berg entlang führende Pfade beim Alpengasthof »Sonneck« an. Von hier ging es einen gut be-

Das Venter Tal mit dem Murzollgletscher und den Rosener Höfen.

fahrbaren Wirtschaftsweg Richtung Westen weiter. Er führte zunächst von Zwieselstein weg, auf immer gleicher Höhe entlang, wo wir bald am allseits bekannten Alpengasthof »Gaislachalm« vorüber kamen. Das hätte unsere nächste Übernachtungsstation sein können. Wir wollten aber heute Zwieselstein erreichen, wo wir ja bereits vorgebucht hatten. Als wir kurz darauf auch den Alpengasthof »Silbertal« passiert hatten, führte bei einem Bauerngehöft ein schmaler Pfad in Serpentinen steil den Berg hinab. Über Weiden der kleinen Ansiedlung Hochgaislach ging es zusammen mit dem Wirtschaftsweg steil zur Bundesstraße hinunter, mitten ins Venter Tal hinein, das hinterm Ötztal liegt und an dessen Ende gemäß der Schriftstellerin Wilhelmine von Hillern die letzte Zuflucht der Geierwally vor den Menschen lag, die Rosener Höfe mit den Gebrüdern Benedikt und Leander. Sie gewährten ihr Asyl und Freistatt, die ihnen der Herzog Friedrich mit der leeren Tasche, diesmal kein Schwabe, verliehen hatte und dessen Schändung und Beschädigung einer Blasphemie entsprochen hätte: Ein Asyl, das die Geierwally sonst nur in der Einsamkeit am Hochjoch beim Murzollgletscher, ihrem zweiten Vater, genoss; sie, die über sich gesagt hatte: „Die Menschen taugen nit für mich und i nit für die Menschen. I pack mein Hansel auf und geh wieder auf die Berg – da g'hör i hin."[15]

Man sah von hier durchs gesamte Venter Tal bis weit in den Westen, bis dorthin, wo das Massiv der Thalleit Spitze mit ihren 3.407 Metern Höhe den Blick versperrt und mit seinem markanten, von Schnee bedeckten Gipfel hoch aufragt.

Schließlich liefen wir auf halber Höhe in die kleine Ansiedlung mit Namen Gaislach hinein, das eher nur ein Gehöft mit eigener Kapelle war. Durch dieses hindurch wurde der breiter gewordene Weg wieder schmal, führte auf steiler Wiese als Felspfad hinab. An einer Barriere, die mit „E5" beschriftet war, führte er schroff an Felswänden entlang und ging vollends zur Bundesstraße hinunter, die breit und fest asphaltiert für unsere vom heutigen Wandertag stark schmerzenden Füße zur letzten Tortur wurde.

Schon wenige hundert Meter später zweigte von dieser ein Schotterweg ab, der schließlich über eine Fußgängerbrücke auf die andere Seite der Venter Ache ging. Hier entlang erschienen endlich die ersten Häuser von Zwieselstein.

Es war kurz nach 21:00 Uhr. Wir durchquerten ganz Zwieselstein und kamen, kurz bevor unsere Pension »Mühlenroan« auftauchte, an einem schmucken Tiroler Haus vorbei. Es stand in prunkendem Schriftzug am Dachfirst geschrieben der Name »Villa Kunterbunt«, während an der Ballustrade des Treppeneingangs verschmitzt ein kleineres Schild hing, auf dem geschrieben stand: „s' Kloa-

---

[15] Hillern. Seite 175.

ne Paradies".

Ja, es war Zeit, dass nach dieser langen Wanderung des heutigen Tages in unserer Pension »Mühlenroan« auch für uns dieses kleine Paradies anbräche. Denn allmählich neigte sich der Tag zur Nacht, während wir seit unserem Aufbruch heute früh von der Braunschweiger Hütte elf Stunden auf Wanderwegen unterwegs und dabei 232 Höhenmeter auf- und 1.538 Meter abgestiegen waren. Doch obwohl uns noch der Hunger drückte, fühlten wir uns inzwischen zu müde, um noch ein geöffnetes Lokal zu suchen. So fielen wir wie erschlagen ins Bett. Ausruhen war eher gefragt als ein voller Magen. Denn diese Nacht würde kurz genug sein, um sich anderntags für den Aufstieg aufs Tim-

Eine Pension am E5 in Zwieselstein.

melsjoch zu rüsten, für einen Weg, auf dem nicht weniger als 1.059 Höhenmeter zu bewältigen sein würden.

Etappe 9: Zwieselstein – Rabenstein

Als wir in Zwieselstein (1.450 m) noch beim Frühstück saßen, gingen schon einige Wanderer vorüber. Sie zogen in einer langsam steigenden Karawane am Fenster vorüber und stur den Anstieg Richtung Timmelsjoch hinauf. Wir brachen 8:20 Uhr auf. Auf einem vor unserer Pension »Mühlroan« stehenden Schilderbaum für Wegelagerer und Wandersleut' war auf einem der Anzeiger notiert, dass der Aufstieg bis zum Timmelsjoch (2.509 m) dreieinhalb Stunden betrage. Für uns zwei, Maxi und mich, konnten das gute vier bis fünf Stunden werden.

Aber es stand dort auch, dass irgendwo auf dem Weg dorthin, nach eineinhalb Stunden Gehzeit, ein Sahnestüberl käme. Als ich es las, war ich beruhigt: Es bedeutete wohl, dass dieser Aufstieg doch entspannender werden würde als der gestrige. Jedoch war nicht sicher, ob dieses Stüberl aus Sahne wirklich auf unserem Weg läge.

Das Wetter war gut. Wir konnten um Zwieselstein (1.450 m) den Kranz der erhaben aufragenden Berge und Gipfel sehen, die nicht selten über 3.000 Meter hoch waren. Das war neben der Thalleit Spitze (3.407 m) der Innere Schwarze Schneid (3.370 m), die Wildspitze (3.772 m), der Breslauer Rofen (2.014 m), der Ramolkogl (3.551 m), der Gampleskogl (3.410 m) der Zirmkogl (3.293 m) sowie der Nörderkogl (3.166 m) in Richtung Westen, nach Süden das Timmelsjoch, auf dem der Pass auf einer Höhe von 2.478 Metern liegt, den wir heute überschreiten und bis Moos im Passeier hinter uns lassen mussten.

Nun hatte auch für uns die erste morgendliche Gehstunde geschlagen. Es ging los, weil es Zeit war. So taten wir, was

172

Im Anstieg von Zwieselstein Richtung Timmelsjoch.

nicht zu vermeiden war, obgleich von der gestrigen Tour noch alles schmerzte – und das war mehr als wenig.

Gleich oberhalb Zwieselstein ging der Weg an einem Weidegatter links weg und führte dann über einen enger werdenden Pfad durch einen Wald steil hinauf. Man hatte von hier einen wunderbaren Blick auf unsere Übernachtungsstadt und auf die gegenüberliegenden Bergzüge, über die wir am gestrigen Tag nach Zwieselstein herein gekommen waren. Bald war, an weiteren Weiden vorbei gehend, Zwieselstein unten im Tal nicht mehr zu sehen. Erst verschwanden die Straßen, dann die Wände, dann die Dächer, schließlich die ganze Stadt. Wir spürten, dass das Gebirge uns wieder in seine Obhut nahm.

Der Weg, den wir gingen, war immer wieder von riesigen Granitfelsen belegt, ohne Ordnung verstreut wie vom Wurf wilder Riesen, die in irgendeiner Vorzeit mit solchem Gestein ihr ausgelassenes Spiel getrieben hatten. Der Pfad zwischendurch war überwachsen. Es war gut und weich darauf zu gehen. Dann wurde er wieder eng, es ging über Fels, dann ausgelaufen, wenig breit. Eins ums andere Mal führte er am Hang entlang, durch einen Wald, so dass

173

man von den umstehenden Bergen und Gipfeln wenig sah. Als wir über einen mit großen Steinfelsen bedeckten Weg, dem sogenannten »Ötztaler Urweg«, am Steilhang entlang gingen und einen reißenden Bach mit nassem und lehmigem Boden überquert hatten, öffnete sich, nachdem wir noch eine Pfadserpentine hinter uns gelassen und einen kurzen Anstieg bewältigt hatten, eine in sich steil ansteigende Heidelandschaft vor uns. Hier lag zwischen den Büschen verstreut mancher Felsbrocken, von denen der eine oder andere steil und spitz aus dem Boden hervor sah. Es war eine kuriose Landschaft, über die uns ein kalter Wind, vom Timmelsjoch herkommend, ins Gesicht blies. Man spürte, dass der Tag zu fortgeschrittener Stunde zwar sonnig sein würde, aber kaum warm oder heiß werden könne.

Es war erst 10:30 Uhr, als ich mir hier auf einem abgeflachten nicht zu kantigen oder spitzen Felsen, am Wegesrand einen Sitzplatz suchte. Maxi, der zuerst mein Tun befremdlich besah, da er nicht schon jetzt pausieren wollte, beschwor mich aufgrund der Weite des heutigen Weges weiter zu gehen. Doch schließlich, von mir in ein Gespräch verstrickt, richtete auch er sich hier ein. Irgendwie fühlten wir uns beide schon jetzt abgekämpft. Der gestrige Tag steckte uns in den Knochen. So überzeugte ich ihn, dass es gut sei, uns hier eine kleine Pause zu gönnen. Wir beschlossen, etwas zu trinken und zu essen, um mit erneuerten Kräften das Gehen wieder aufzunehmen.

Als wir besinnlich beisammen saßen, tranken und von unserem Mitgebrachten aßen, dabei mit den Augen in die Sonne blinzelten, kamen urplötzlich von unterhalb des Weges und wie aus dem Nichts zwei laut miteinander diskutierende Lichtgestalten heran. Sie gingen zuerst gut erkennbar an ihrer bunten Überkleidung durchs lichte Gehölz, wurden deutlicher, verschwanden im Kiefergeäst, bis sie nah waren und aus dem Geäst heraustraten. Es war ein wanderndes Paar, er mit ihr oder sie mit ihm unterwegs. Wie sie auf unserer Höhe eintrafen, laut diskutierend an uns vorüber gehen wollten und nicht einmal für einen Gruß ihr Gespräch unterbrachen, uns nicht eines Blickes gewürdigt hatten, so als seien wir lebensgroße Pappkameraden am Wegesrand, Schaufensterfiguren einer Ausstellung oder Teil der Luftströmung vom Timmelsjoch her, sagte ich laut und vernehmlich:

„Und was macht die Bundeswehr in den österreichischen Alpen?".

Sie stutzten, blieben stehen und drehten sich um, als dränge eine übersinnliche Stimme aus einem Busch oder eine andere übermenschliche Stimmgewalt mit großem Nachdruck vom Himmel an deren Ohr. Sie sahen erstaunt und sprachlos herüber, als erwachten sie aus einem Dämmerschlaf im Gehen. Beide schwiegen, da beide nicht wussten, wie ihnen geschah.

„Nun?", fragte ich noch einmal mit grinsendem Gesicht: „Was hat die Bundeswehr in den österreichischen Alpen verloren?".

Er setzte, nachdem er seine Überraschung überwand, nüchtern, fast verlegen zu einer Erklärung an:

„Die Bundeswehr macht immer wieder mehrtägige Durchschlagübungen in den Alpen, was aber zuvor mit den österreichischen Behörden abgestimmt wird."

„Kann schon sein", sagte ich, „und welche Art Durchschlag übt ihr hier privat?".

„Weil ich bei den Gebirgsjägern war, wollte ich meiner Freundin das Wandern schmackhaft machen. Deshalb gehen wir über die Alpen nach Meran."

„So, so!", sagte ich: „Ein Gebirgsjäger a.D. auf privatem Durchschlag über die Alpen."

175

Wir redeten. Wir unterhielten uns und machten uns schließlich bekannt. Er war der Schnitthuber Kurt mit dem Hackbrett, sie eine PR&Publicity-Outdating-Spezialistin mit Namen Klarine. Wir diskutierten und gingen kurz darauf gemeinsam weiter. Klarine, seine Freundin, fragte erstaunt:

„Und du? Warum trägst du in den Bergen mit dir ein buntes Plastikschiff herum?".

„Das ist das Flaggschiff der Bayerischen Gebirgsmarine. Das wird, frei nach Fitzcarraldo, über die Alpen zur Adria überführt. Die Adria liegt zwar nicht im Amazonasgebiet. Aber das macht nichts: Schließlich liegt ja das gefühlte Bayern auch nicht in Deutschland."

Klarine und ihr Freund lachten verwundert. Maxi kannte dieses Saloppe und Burschikose schon von mir. Er grinste und keiner nahm, was ich gesagt hatte, ernst – leider. So ergänzte ich:

„Ihr braucht gar nicht verschämt zu grinsen: So verrückt wie diese Idee, ein Opernhaus im Amazonasgebiet zu bauen, ist die Idee allemal, eine Bayerische Gebirgsmarine in den Alpen zu haben. Denn von den Bayern lernen, heißt siegen lernen, auch wenn's der größte Schmarr'n is'. Davon müsste ein Gebirgsjäger a.D. ein gutes Lied singen können. Oder etwa nicht?".

So unterhielten wir uns auf dem Weg. Schnitthuber Kurt gab gleich mal ein paar Schoten der Gebirgsjäger zum Besten, die Klarine fleißig kommentierte. Er wollte, indem er mit uns redete, sichtlich imponieren, aber weniger uns, als seiner Freundin. Doch die, wenn sie das Wort ergriff, redete, während keiner recht zuhörte, da es bei ihr statt auf eine eigene Pointe auf 'fishing compliments' hinauslief. Mir schien, dass sie ihren Beruf nicht verfehlt hatte, ihn aber mehr in Bezug auf sich selbst verstand als auf den von ihr gerade ausgeübten Job.

Wir alten Haudegen kannten das schon und machten uns nichts daraus. Schnitthuber Kurt, wenn er nicht gerade vom Hackbrett schwärmte, erzählte Geschichten aus dem Leben, zum Beispiel folgende der Gebirgstruppe:

„Maxi, als guter Gebirgsjäger musst du deinen Maulesel, mit dem du über die Alpen ziehst, wie deinen besten Kameraden ansehen. Nur dann kommst du durch, nur dann hast du eine Chance, im Hochgebirge zu überleben."

Maxi, der nie bei der Bundeswehr gewesen war, geschweige denn zuvor jemals einen leibhaftigen Gebirgsjäger zu Gesicht bekommen hatte, dachte mit ernster Miene darüber nach, was Schnitthuber Kurt gemeint haben könnte. Ich aber antwortete für ihn:

„Das hat unser Ausbilder auch immer gesagt."

„Bei welcher Einheit hast du denn gedient?", fragte erstaunt Schnitthuber Kurt.

„Bei den Sanitätern", sagte ich unschuldig.

Die anderen prusteten los, blieben stehen, weil sie vor Lachen nicht mehr laufen konnten. Maxi aber fragte:

„Hattet ihr bei den Sanitätern auch Maultiere?", und Schnitthuber Kurt posaunte dazwischen: „Vermutlich eher Maulhelden."

„Nein", wehrte ich mich, „unsere Ausbilder sagten immer, wir müssten unser Gewehr als unsere Freundin ansehen und abends, wenn 's zur Nachtruhe geht, es mit in den Schlafsack nehmen."

Maxi aber, dem das wenig geheuer vorkam, fragte:

„Wie das wohl mit einem Esel geht?".

„Das kann ich dir sagen, so manche kann genau davon ein Lied singen ...", hallte es aus dem Hintergrund nach.

Kurz nach unserem Aufbruch traten wir am Rand einer weitläufigen Wiese an ein tief eingeschnittenes Tal heran,

Der Timmelsbach stürzt ins Tal.

in das der Timmelsbach als Wasserfall laut tosend hinab stürzte. Man konnte ihn zwischen den Tannen und Fichten hindurch gerade noch sehen. Für eine Sicht auf den gesamten Grund des Tales hätte man nah an den Felssturz herantreten müssen, so dass es gefährlich hätte werden können. Das aber wagten wir nicht; dennoch war es ein beeindruckendes Schauspiel, den Wasserfall zu sehen, wie die Wassermassen hinab gingen, ohne dass der Grund und Boden von hier aus einzusehen war, auf dem der mächtige Wasserstrahl tosend und donnernd auftraf.

Nachdem wir das Naturschauspiel genügend genossen hatten, gingen wir zu viert den Pfad weiter bergan. Er führte dicht am schroffen Felssprung entlang, so dass wir das Rauschen des Wassers noch lange hörten. Erst als wir weit über den Felsvorsprung hinweg in eine sich öffnende Hochebene hinein gingen, verklang das Rauschen allmählich hinter uns.

Die sich uns öffnende Hochebene verlor sich in ein breites Tal hinein, in dem der Timmelsbach von fernen Berggipfeln herbei floss. Weitab in der Ferne war der Pass des Timmelsjochs auf der linken Bergflanke schon zu sehen.

Aber man sah auch, wie über einen weiten Taleinschnitt hinweg, in dem die Passstraße wie eine Girlande die mit Felsen überstreuten Wiesen und Weiden durchzog, der Weg bis zur Bergschulter hinaufführte. Diese wollten wir noch heute erklimmen, um anschließend ins jenseits liegende Tal abzusteigen.

Es lag also noch ein gutes Stück Weg bis zur Passschulter vor uns, nur dass wir nun sehen konnten, wie weit und wie steil der Weg bis dahin noch sein würde. Es sollte 13:24 Uhr werden, bis wir dort oben auf der Spitze des Timmelsjoch-Passes ankämen.

Wie reumütige Tiere, die nun wussten, was sie sich an diesem Tag vorgenommen hatten, trotteten wir monotonen Schrittes vor uns hin. Das fließende Rauschen neben uns am Weg, das die Ohren als feine Naturmusik bespielte, konnte den immer schwereren Gang, das immer drückender werdende Rucksackgewicht aus den Sinnen nicht verdrängen. Die Beine, auf denen alles lastete, waren noch von den Vortagen schwer. Sie mussten sehenden Auges erfahren, was wir aus der Tiefe des Talausschnittes heraus, in dem wir gerade gingen, bis hinauf zum Timmelsjochsat-

Im Tal des Timmelsjoch, noch weit vor der Jochsattel.

tel zu tragen, noch zu ertragen hätten. Es war kein Zweifel: Das Gesehene konnte mich und meinen Körper wenig versöhnen. Aber da war keine andere Wahl: Dort hinauf musste ich gehen, der ganze Kerl samt Gewicht, samt Rucksack und aller Utensilien am Leib.

So trotteten wir in monotoner Reihe stoisch voran, gingen Schritt um Schritt jenen Weg, den wir uns gewählt hatten. Aber all das, dieses Fernwandern war darin zuletzt nicht mehr als ein Beispiel fürs Leben, für den Weg, auf dem man geht, auf dem man über viele Lebensjahrzehnte hinweg in eintönigen und sich stets wiederholenden, immer gleich bleibenden Abläufen gleichförmig dahin wandelt. Leben erscheint ein Wandel in verdrießlicher Gangart und Wanderschaft durch die Welt zu sein, voller aneinander gereihter Mühseligkeiten und Monotonien, die nicht vermitteln, dass alles, was man tut, einen Sinn hat; wenn man auch meint, dass die Highlights, die Freuden und Vergnügen immer am Wegesrand bereit lägen, nicht aber für einen selbst, sondern für andere, für jene, die nach einem kommen werden oder vor einem vorüber gezogen sind.

Eine halbe Stunde vor zwölf Uhr überquerten wir den Timmelsbach. Eine einfache Holzbrücke brachte uns auf seine rechte Seite. Der Weg führte als schmaler Pfad zunächst in Serpentinen den Hang hinauf, schließlich in gerader Strecke das Tal entlang, bis er fernab die Bundesstraße kreuzte. Hier trat zum Rauschen des Timmelsbachs der Lärm vorbeifahrender Autos hinzu. Das Brummen der Fahrzeuge sollte uns fast bis zum Timmelsjoch hinauf begleiten.

Von hier an führte der Weg rechtsseitig der Autostraße – in Gehrichtung gesehen – im Talgrund weiter bergauf. Nach geraumer Zeit sperrten mehrere Schneefelder den Weg. Der Schnee war nass, die Schuhe sanken ein. Auf-

Im Anstieg zum Sattel des Timmelsjoch die Passstraße.

grund der Schneedicke war ungewiss, ob man darin nicht einbrechen und tief einsinken könne. Immerhin gab es an verschiedenen Stellen tiefe Einbrüche, in denen man den Bachgrund und das strömende Wasser erkannte. So gingen wir hier besonders sorgsam voran oder versuchten, wo es ging, den Schneebrettern auszuweichen, was aber nicht immer gelang.

Kurz nach zwölf Uhr, als wir die riesigen Schneebretter ohne größere Schwierigkeiten hinter uns gebracht hatten, führte uns der Weg an die Straße zurück. Bald darauf, nur wenige hundert Meter auf dem Asphalt gehend, begann auf der linken Straßenseite ein schmaler Pfad, der sich steil aufsteigend am Hang hinauf schlängelte und sich bis zum Timmelsjoch hinüber erstreckte. Hier, am Beginn, weideten Schafe, die einzeln für sich oder als Herde, in Gruppen oder verloren allein im Weideglück ohne Blick für die andern sich ergingen. Es war erfrischend zu sehen, wie menschlich und gemütvoll sich diese Tiere benahmen, so eigennützig und gedankenverloren fraßen, um kurz darauf die Herde schreiend und rufend zu suchen.

Im halben Anstieg – es war 12:24 Uhr – auf einem Fels, der flach in wärmender Sonne lag, trafen wir Schnitthuber Kurt und Klarine wieder. Sie, die schneller gegangen waren als wir, ruhten hier aus, aßen und tranken ein wenig. Sie begrüßten uns und waren erfreut, dass wir auch schon eintrafen. Doch gingen Maxi und ich nach wenigen gewechselten Worten weiter. Wir wollten den gesamten Anstieg bis zum Timmelsjoch nun in einem Stück hinter uns bringen. Schließlich mussten Xaver und Sopherl schon oben sein.

Im steilen Anstieg zum Sattel sahen wir die Passstraße immer tiefer unter uns liegen. Sie schlängelte sich wie ein Meander in zahlreichen Kurven und Serpentinen durchs enge Tal bis hinauf zum Pass. Erst zum Schluss, auf dem letzten Kilometer, überwand sie die verbliebenen hundert Höhenmeter.

Um 13:24 Uhr trafen wir am Sattel ein. Wir standen droben am Timmelsjoch, am alten Zollhaus aus Naturstein, das bis weit in die umliegenden Täler hinein als Symbol des Timmelsjochs sichtbar ist und heute als Museum genutzt wird.

Wir waren stolz, hier auf 2.509 Höhenmetern zu stehen und seit Zwieselstein einen Anstieg von 1.059 Metern hinter uns gebracht zu haben; allerdings nicht in vermeintlich drei Stunden; wir hatten für den Aufstieg fünf gebraucht, und eine der größeren Wegstrecken mit einem Abstieg von 1.502 Höhenmetern lag noch vor uns. Wir dachten lieber nicht genauer darüber nach, sondern genossen, was wir hier sahen, den Blick und die Aussicht auf Gipfel und Berge, auf das gigantische Tal, durch das wir heraufgekommen waren.

Doch vom Blick, den uns die Alpen hier schenkten, wur-

Das alte Zollhaus auf dem Timmelsjoch: Das Symbol des Passes.

den wir für die morgendliche Anstrengung ganz und gar entschädigt. Von hier hatte man eine phantastische Sicht auf die umliegenden und noch im Juli von großen Mengen Schnee bedeckten Gipfel und Bergzüge der Alpen. Es war ein atemberaubendes Panorama, das die Natur hier bot. Aber es war kalt. Es wehte ein kühler Wind. Ohne Jacke war es selbst im Juli nicht angenehm hier zu stehen.

Xaver und Sopherl trafen wir unten im Rasthaus Timmelsjoch, direkt am Parkplatz an. Hier war viel los. Sie saßen an einer der wenigen Bierbänke, die es vor dem Restaurant gab. Hier genossen nur wenige Gäste die warme Sonne, sah man vom kalten Wind ab, der auch hier blies und einen frieren machte, wenn eine Wolke schnell fliehend vor der Sonne vorüber strich.

Als wir bei beiden saßen, fragte mich Xaver, ob ich auf einem der überdimensionierten Stühle gesessen habe, die es oben beim natursteinernen Zollhaus gibt. Man müsse sich dort fotografieren lassen, da man sonst nicht hier gewesen sei.

Ich verneinte das, hatte aber auch keine rechte Lust, mich noch einmal hinauf zu begeben. Ich sagte:

„So schnell, wie wir wegen des kalten Windes, des noch weiten Weges von hier weiter gehen, wäre man ja auch mit

Fotografie kaum hier gewesen."

Zwei dieser überdimensionierten Stühle standen sich hinterm Zollhaus direkt an der Grenze auf österreichischer und italienischer Seite gegenüber, als Symbol der Partnerschaft beider Länder, die sich nach langen Jahrzehnten des Konflikts im 19. und 20. Jahrhundert seit den Zeiten der Europäischen Gemeinschaft zur Freundschaft entwickelt.

Eine knappe Stunde später, es war 14:15 Uhr, ging es wieder los. Wir verließen diesen unwirtlichen Ort am Joch. Denn von Westen zog es schon wieder zu. Der Wind wurde noch kälter. Immerhin wollten wir heute Moos im Passeier erreichen, einen Ort, der nur auf 1.007 Höhenmetern liegt.

Auf der gegenüberliegenden Seite des Anstiegs zum Timmelsjoch ging es in ein steiles Gerölltal hinein, in dem der Weg zunächst in engen Serpentinen durch dichte Schneefelder und reichhaltiges Geröll hindurch, hinab führte. Nach ein- bis zweihundert Höhenmetern in steilem Abstieg tauchte um einen Vorberg herum weit unter uns ein stark verfallenes Gebäude auf, vermutlich ein Zollhaus, an dem wir vorüber mussten. Dieses hatten die Italiener Anfang des 20. Jahrhunderts errichtet, um den nächtlichen Schmuggel übers Timmelsjoch einzudämmen. So wurde uns an diesem Gebäude deutlich, dass der Pfad, auf dem wir hier gingen, kein originärer E5-Pfad war, sondern ein Handelsweg von Robbern und mancherlei fahrenden Gesellen, oftmals genutzt für ein zwielichtiges Geschäft.

Wir aber gingen als ungeübte Freizeitgeher eher weich wie auf Eiern am alten, halb verfallenen Zollhaus vorüber, das keiner mehr brauchte und das längst seinen Zweck verloren hatte. Nur die Aufschrift auf einer seiner Wände hatte noch seine Bewandtnis. Sie zeigte dem vorüber kommenden Wanderer an, dass hier, direkt am Gebäude ent-

Das weite Tal im Abstieg vom Timmelsjach Richtung Rabenstein.

lang, der Fernwanderweg E5 ins Tal geht. Es war zu diesem Zeitpunkt bereits 14:47 Uhr.

Das Tal, das nun vor uns lag und sich bis zum Horizont ausdehnte, war lang. Dieses allein war ein ewiger Latscher und Moos im Passeier würde für lange Zeit nicht erreicht sein. Irgendwo dort hinten, vor dem nächsten Gebirgszug, der quer zu unseren Blicken sich von Norden nach Süden ausbreitet, musste es liegen. Also gingen wir los, einfach weiter; wir würden schon sehen, wohin es mit uns heute hinausginge. Ich sagte:

„Des schaffa m'r jetzt au' no! Und wenn 's Kichabufett 'naus muss!". Maxi ergänzte zustimmend:

„Jetzt klotza m'r erst richtig ran!".

Wir sahen uns an, wussten wir doch, was uns bevorstand. Diese gewaltigen Naturdimensionen, wir so klein. Man spürte auf solchen Wegen, wie unbedeutend man als Mensch ist; aber man spürt auch, was er vermag, wenn er will: Er ist gleich dem Wasser, das in vielen Tropfen, mit Ausdauer und Stetigkeit den Stein und Fels, den Berg und ganze Gebirge aushöhlt. Denn die Zeit, die die Natur ge-

185

genüber dem Menschen hat, über die der Mensch im Gegensatz zur Eintagsfliege verfügt, lang wie die Ewigkeit währt, ganze Äonen aufwiegt und das, was einer in einer einzigen Tat niemals erreichen kann.

So hat der Mensch viele Jahrtausende lang wenig vermocht. Aber die Menschheit nahm in nur zwei- bis dreitausend Jahren eine gigantisch technisch-kulturelle Entwicklung, die die Welt niemals zuvor gesehen hat. Sie basiert auf arabisch-lateinischen Grundlagen, wurde weitergeführt durch jüdisch-christliche Traditionen, um dorthin zu gelangen, wo wir heute stehen. Und doch bleiben Zweifel, ob die Vernunft- und Verstandeskräfte der Menschheit ausreichen, um diese Entwicklung selbst sowie deren ethisch-moralischen Folgen menschlich und ökologisch zu bewältigen.

In solchem Denken ergriffen, gingen wir behenden Schrittes im riesigen Tal des Timmelsjochs hinab. Obgleich schon weit abgestiegen, lag noch eine sehr große Strecke vor uns, die von uns zu erwandern war.

Es ging im breiten Tal auf felsigem Weg behend hinab. Es kreuzten unseren Weg immer wieder Schneefelder. Nun liefen wir fast schon um die Wette, jeder für sich und gegen alle anderen. Es ergaben sich immer wieder andere Konstellationen, wer mit wem Minuten oder länger gemeinsam unterwegs war, wer voraus oder verspätet hinterher lief. Irgendwann war ich weit vor allen anderen, so dass ich rastete und wartete, bis diese aufschlossen. So ging es insgesamt flott voran.

Bald konnte man den Ausgang des Tals erkennen: Unser Wanderpfad mündete in ein anderes, von Nord nach Süden verlaufendes Tal hinein, auf dessen Gegenseite ein Gehöft lag. Aber bis dahin waren noch ca. 30 Minuten zu gehen. Zum Schluss ging es noch einmal steil und schroff hinab;

Ein langer Latscher auf dem Urweg durchs Timmelstal.

wir stießen auf eine Fahrstraße. Es war die Passstraße zum Timmelsjoch, die wir, einen Weidezaun und eine schmale Holzbrücke über einen Bach überquerend, nun wieder erreicht hatten.

Es war kurz nach 16 Uhr. Wir gingen ohne Schnitthuber Kurt und Klarine, die kurz vor diesem Quertal einen anderen Weg gesucht hatten, auf der Passstraße einige hundert Meter bergab, bis der Wanderweg des E5 von hier nach links wieder abzweigte. Auf dem eingeschlagenen Pfad kamen wir an verschiedenen Bauernanwesen vorüber, die eng angeschmiegt am Berg, im hügeligen, steil ansteigenden Weideland verstreut lagen und einen stolzen Blick übers Tal warfen. Bei einem von diesen wurde gerade von braun gebrannten Menschen mit einem bergtauglichen Fahrzeug Heu gemacht. Sie sahen den Wanderern, die vorüber kamen, interessiert und doch gelangweilt nach.

Kurz darauf trafen wir Schnitthuber Kurt und Klarine wieder. Sie ruhten gerade an einem Gedenkstein aus, der dem Freiheitskämpfer, Arzt und Wissenschaftler Dr. Joseph Ennemoser gewidmet war. Von diesem stand auf der

Bronzetafel geschrieben, dass dieser:

„... vom 17. bis 19. August 1813 mit 267 Tiroler Schützen unseren Vorfahren in „Lützows wilder, verwegener Schar" unsere Heimatstadt Lauenburg an der Elbe gegen Truppen Kaiser Napoleons verteidigte."

Dr. Joseph Ennemoser war im Jahre 1787 in Schönau im Passeier geboren worden. Er starb 1854 in Egern am Tegernsee.

Schnitthuber Kurt, unser Gebirgsjäger, hatte es sich, wie wir ankamen, hier mit seiner Lieblingsblüte gemütlich gemacht. Eher nebenbei wurde bemerkt, was es mit diesem Gedenkstein auf sich hatte. Aber dieser warf seine Schatten voraus. Schließlich war das Passeier jener Ort, an dem der Gedanke für Freiheit und Eigenständigkeit in Mitteleuropa seit dem 19. Jahrhundert eine ganz eigene Dynamik und Macht gewann. Das sollte in der Folge dieser Wanderung noch Thema sein.

Für diesmal drängte die Zeit. Es war immerhin schon kurz vor 17 Uhr und bis Moos noch weit.

Über einen breiten Feldweg ging es durch verschiedene Weiden, die hier aneinander stießen. Wir durchquerten immer wieder Viehzäune, kamen an Stallungen und verlassenen Bauernhäusern vorbei. Auch ein Gasthof war dabei, der aber wenig einladend aussah. Der Gasthof mit Namen »Schönau«, bestimmt aus einem der früheren Jahrhunderte herstammend, schien dem Verfall überantwortet zu sein. Türen und Fenster lagen offen oder waren nur angelehnt, keine Menschenseele war weit und breit zu erkennen.

Der Bach, der unseren Weg begleitete, war zu einem kleinen, reißenden Fluss angeschwollen. Er ergoss sich rauschend zu Tal, während der rechtsseitig von ihm verlaufende Feldweg breiter und befestigter wurde. Als wir über einen schmalen Waldpfad die ersten Häuser unter uns erblickten, hatten wir Rabenstein erreicht. Es war 17:39 Uhr.

Rabenstein lag noch etwa eine Stunde vor Moos im Passeier. Alle unsere Glieder, die Knochen, die Muskeln schmerzten von diesem langen Wandertag. Wir verspürten wenig Lust, bis Moos durchzugehen, obgleich gut Zeit noch gewesen wäre. Nur Schnitthuber Kurt und Klarine, die in Moos ein Zimmer vorgebucht hatten, im Gasthof »Lanthaler«, wollten hier nicht abbrechen. So trennten wir uns. Wir anderen vier versuchten in den umliegenden

Endlich in Rabenstein.

Gasthöfen Rabensteins unser Glück, gingen auf Zimmersuche.

Bei einer alten Dame, die vor ihrem Haus den Feierabend erwartete, fragten wir nach Quartier. Es ergab sich, dass die meisten E5-Wanderer das weiter unten liegende Gasthaus »Rabenstein« wählen, das auch im Wanderführer als hervorragende Einkehr für diese genannt wurde. Es schien, es gehöre zu den besseren Adressen am Ort. Es machte einen guten äußerlichen Eindruck, schien ein Haus gehobenen Niveaus zu sein.

Die junge Dame an der Rezeption wies aber die wenig adretten, die von einem langen Wandertag wenig gepflegt aussehenden Wanderer ab. Sie sagte, dass nichts frei sei, obgleich im Gasthaus und ringsherum nichts los war, in den Gasträumen keine Menschenseele zu sehen war, nirgendwo ein Auto stand. Der Parkplatz war leer, sowohl das Restaurant als auch die Zimmer. Schließlich verab-

Der Ort Rabenstein, am Fuße des Timmelsjochs.

schiedete sie uns mit dem Hinweis, dass in ganz Rabenstein heute nichts zu kriegen sei.

Das hatte uns nach einer so langen Wanderung gerade noch gefehlt: Jetzt, wo alles schon schmerzte, wo man auf hartem Asphalt die Passstraße bis Moos hätte hinab laufen müssen, käme es einer Katastrophe gleich, in Rabenstein kein Zimmer zu finden. So versuchten wir es gleich gegenüber in der Pension »Trausberg«, deren Schriftzug an der Hausfront bis zur anderen Seite des Tals herüber leuchtete.

Dort angekommen, erwies sich die Wirtin als überaus freundlich und nett. Das Zimmer kostete einschließlich Halbpension pro Person Euro 40,00. Wir waren froh und glücklich, duschten und wuschen unsere Wäsche, machten uns eine Stunde später auf zur Wirtsstube, ins dazu gehörende Restaurant, in dem wir einen schönen Abend verbrachten. Es gab zum Abendessen drei Gänge, Salat, Pilzrisotto sowie drei Arten Fleisch, dazu Tiroler Hauswein aus Meran zu einem Preis von Euro 8,00 die Flasche.

Nach genussreichem Essen wechselten wir in die daneben liegende Bar, in der wir bajuwarisch traditionell mit Schafkopfen den restlichen Abend zubrachten. Das geschah unterm Ölgemälde von Andreas Hofer, dem Tiroler Rebellen und Haudegen, der hier im Süden noch heute besonders verehrt wird, wenn auch weniger als Sandwirt und Weinhändler.

Das einzige Dilemma an diesem Abend, das eintrat, war das Folgende: So wollte Xaver von seiner fixen Idee nicht lassen. Auch hier bestellte er beim Wirt seinen geschätzten süßen Chablis. Diesen gab es hier aber auch nicht, doch einen anderen, den er sich schließlich Euro

Kirche von Rabenstein.

15,00 kosten ließ. Der war zwar nicht süß, hieß auch nicht Chablis, schmeckte aber wider Erwarten köstlich. Der Wirt bewies einmal mehr, dass er etwas von guten, aber auch preisgünstigen Weinen verstand. Ganz anders als unser glückloser Wander-Sommelier Xaver, der unterm Auge des freiheitsliebenden Weinhändlers Hofer wahre bajuwarische Preißengröße bewies.

Etappe 10: Rabenstein – Pfandler Alm

Am nächsten Morgen brachen wir kurz nach 9 Uhr von Rabenstein auf. Bevor es jedoch los ging, stand Xaver gerüstet wie ein nervös scharrendes Wanderzamperl im Türrahmen, ungeduldig, dass die anderen fertig würden. Er fuchtelte unruhig und zum Aufbruch drängend mit den Stockspitzen nach oben in der Luft herum.

Sopherl, die das gar nicht mit ansehen konnte, schimpfte wie ein Rohrspatz. Sie konnte es nicht leiden, wenn Xaver derartig mit den Stöcken vor ihrem Gesicht hantierte. Sie ließ ihrem Ärger freien Lauf:

„Xaver! Hör sofort auf! Du stehst mal wieder wie ein alter bayerischer Erz-Rebell im Türrahmen, der 's Holz mit der bloßen Hand spalt'n könnt'. Dabei bist d' vom Horoskop her Waage und zahm wie a sündig's, katholisch's Lamm."

Wir lachten, während Xaver grinsend und verstört in die Runde sah. Er sagte kleinlaut und betreten:

„Aber immerhin bin ich kein Gebirgshirsch, der mit seiner zukünftigen Ex-Freundin ins Gebirge gehen muss."

Er lachte verschmitzt in sich hinein. Sopherl aber sagte:

„Ja, ich weiß, für dich ist immer alles rosarot und toll."

„Ja, mag schon sein. Aber eine Frau braucht Berg und Tal; also gehst du am besten mit ihr ins Gebirge."

Nun, Xaver lachte, aber keiner wusste so recht, was er damit sagen wollte, was er damit über sich selbst gesagt hatte oder wo genau die Pointe liegt. Aber es war auch egal, wir mussten aufbrechen und los, denn Moos im Passeier wartete nicht auf uns. Wir mussten schon selbst unseres dazu tun, es nicht zu spät zu erreichen.

Auf dem Weg von Rabenstein nach Moos im Passeier.

Es stellte sich, nachdem wir losgegangen waren, schnell heraus, dass Xaver und Sopherl heute sehr flott unterwegs waren. Er trieb sie richtig an. So ging es nicht lange, da waren uns beide weit voraus, denn sie wollten in Moos den Morgenbus bis St. Leonhard im Passeier erreichen. Auf diese Weise schafften sie es, dass beide mit einigen Minuten Vorsprung vor uns in Moos im Passeier ankamen.

Maxi und ich genossen einmal mehr den heutigen Weg. Auch heute war der Himmel fast blau. Die Sonne schien seit früh am Morgen warm vom Firmament. Das noch weite Tal führte uns von Rabenstein her in engen Serpentinen die Fahrstraße hinab. Das Tal und seine umliegenden verhügelten Wiesen und Weiden beeindruckten uns sehr. Es war eine Augenweide zu sehen, was die Natur hier gestaltet, wie ihr der Mensch sich über Jahrhunderte angepasst hatte: Wie sich die vielen, an steile Hänge angehefteten Bauern- und Wirtschaftshöfe mit den weit verstreuten Heustadeln sich einen schmalen Standplatz im grünen Sturz der Natur abgetrotzt hatten.

Bald nach Rabenstein wurde die Straße breiter. Wir mussten auf hartem Asphalt und über einige Serpentinen, die die Straße im engen Tal vollführte, absteigen, bis wir bald darauf an einem Kieswerk vorüber kamen, hinter dem der E5-Wanderweg von der Straße abzweigte und als Feldweg weiter ging.

Dort, gleich im Beginn, standen Hinweisschilder, die auf die geologische Geschichte des Passeiertales hinwiesen. Es wurde mitgeteilt, dass es vor langer Zeit in dieser Gegend einen großen See gegeben hatte, der die Geschicke und die Geschichte Merans für lange Zeit wesentlich bestimmt hatte. Dieser See hatte sich ca. 11.000 v. Chr. durch Aufstauung mittels einer Endmoräne gebildet. Ein Teil dieser Endmoräne sei bis heute nachweisbar, bestünde fort in verstreuten Erdaufwallungen, durch die die Passer in den vergangenen Jahrhunderten an bestimmten Stellen immer wieder aufgestaut wurde.

So geschah es, dass im Jahre 1401 ein großer Teil des Gspellerberges durch Bergsturz das Passeiertal absperrte. In der Folge entstand bis ins Jahr 1404 ein so gewaltiger Bergsee, dass dieser nicht ohne Lebensgefahr befahren werden konnte. Dieser See überdeckte mit seiner Länge von 2 Kilometern und seiner Breite von 400 Metern eine Fläche von 60 Hektar mit 16 Millionen Kubikmetern Wasser. Der Bergbruch von 1401 gehört bis heute zu einem der gewaltigsten Bergstürze in den Zentralalpen. Er hatte die Höfe Ahornach und Wiselehen unter sich begraben.

Der Berghang zwischen Rabenstein und Moos ist bis heutigentags noch nicht zur Ruhe gekommen. Murengänge, Spaltenbildung und Gesteinsgeschiebe kann bis heute nachgewiesen werden. Aufgrund der Größe des Gebietes ist eine Hangbefestigung kaum möglich. Man versucht, durch Wildbachverbauung, durch die Reduktion der Fließgeschwindigkeit der Passer sowie Materialsperren den Fluss zu bändigen. Die Berghänge werden durch Ablei-

Der gezähmte Fluss Passer, kurz vor Moos.

tung des Quellwassers aus den Permafrostbereichen sowie durch eine systematische Aufforstung und Hangpflege gesichert.

Der Weg, den wir von hier aus gingen, führte eng am Fluss Passer entlang. Über zahlreiche Geröllstufen wird die Wucht und Kraft des im Frühjahr und Herbst mächtig aufschäumenden und herab tosenden Wassers gebändigt. Im unteren Bereich, nahe Moos, waren die dazu notwendigen Bauarbeiten noch in vollem Gange. Maxi erzählte, dass er von der Gewalt dieses Flusses wisse. Dieser habe erst vor kurzem bei der Schneeschmelze in den umliegenden Bergen zu einer gewaltigen Sturzflut geführt, bei der einige Häuser im darunter liegenden Tal, am Rand von Moos, wenn nicht hinweg gespült, so doch stark beschädigt worden waren. So mussten diese Bauarbeiten am Flussbett dringend gemacht werden. Sie verlängern durch Anhebung des Flussbettes die Fließentfernung des herab kommenden Wassers, halten Geröll davon ab, mitgerissen zu werden, führen aber kurzzeitig dazu, die Natur dieses

Tals in einer sehr unschönen Weise zu verbauen. So war die Erde bis weit in die Hänge hinauf durch Bagger und Bulldozer aufgewühlt und das Flussbett der Passer nicht mehr genau zu entdecken.

Anderthalb Stunden später, es war 10:38 Uhr, hatten wir die ersten Häuser von Moos im Passeiertal erreicht. Wir kamen über Vorortstraßen und schließlich einen Spazierweg, der im steilen Absturz zum Tal entlang führt, in die am Hang liegenden Stadtteile von Moos hinein. Der sehr bequem zu gehende Spazierweg, von dem aus die tief unten liegende Innenstadt fulminant zu überblicken war, endete an einem Museum, das die Geschichte der Stadt in Text, Bild und Karten darstellt.

Im Weitergehen kamen wir kurz darauf am Gasthof

Eine Milchkanne in Moos.

»Lanthaler« vorüber, in dem heute Nacht Schnitthuber Kurt und Klarine genächtigt hatten. Es war nun bereits 10:45 Uhr. Der Bus von hier nach St. Leonhard würde gleich fahren. Maxi und ich überlegten, wie es Xaver und Sopherl bereits entschieden hatten, ob wir nicht auch den Bus von hier aus nehmen wollten, um die zwischen Moos und St. Leonhard liegenden sieben Kilometer Wegstrecke auf bequemere Weise als zu Fuß hinter uns zu bringen.[16] Als wir an der Bushaltestelle ankamen, blieben uns nur 5 Minuten, um das zu entschei-

---

[16] Die Entfernung Moos – St. Leonhard beträgt 7 Kilometer, die zwischen Moos und Meran knapp 28 Kilometer.

den. Kurz darauf traf der Bus schon ein. Wir sahen Xaver und Sopherl einsteigen, debattierten aber noch immer, was wir tun wollten.

Doch das Wetter war gut, der Himmel blau, die Luft warm. Wir sahen irgendwie nicht ein, gerade heute die Wanderstrecke zu fahren. Kurz darauf, als es fast schon zu spät war, den Bus noch zu besteigen, hatte auch Maxi diese Entscheidung getroffen: Also wir beide blieben. Wir nahmen gleich gegenüber der Bushaltestelle im Café der Pension »Maria« Platz, einen schattigen Tisch unter der Pergola auf der schönen Terrasse. Hier sahen wir Xaver und Sopherl abfahren, ein letztes Winken, bis der Bus um die Kurve bog. Wir blieben im Wissen der Absprache zurück, dass uns der Abend in der Pfandler Alm jenseits St. Leonhards wieder zusammenführen sollte.

Auf der Terrasse der Pension »Maria« hielten wir es bei einem Kaffee noch eine gute dreiviertel Stunde aus. Wir genossen den schönen Tag, die Menschen von Moos und erholten uns noch einmal von den Anstrengungen der letzten Tage. Erst 11:20 Uhr, spät genug, brachen wir auf. Vor uns lag noch ein langer Wanderweg.

Wir gingen zunächst an der Hauptstraße entlang aus der

Treppenaufstieg zum Hangwald hinauf, gleich hinter Moos.

197

Im Rückblick: Das hinter uns gelassene Moos im Passeier.

Stadt hinaus, kamen an einer großen Kreuzung vorbei und schwenkten auf die Bundesstraße Richtung St. Leonhard im Passeier ein. In ihrem lauten Verkehr, ihrer von Abgasen durchwirkten Luft, ging es einige hundert Meter die viel befahrene Straße hinab, bis in der linksseitigen Stützmauer ein beginnender Weg mit vielen Treppenstufen bis weit hinauf in den Hangwald hinein führte. Dieser Weg brachte uns einmal mehr hoch übers Tal hinauf und mit guter Sicht durch Wälder und Weiden, an Gehöften und kleinen Ortschaften vorbei Richtung Stuls.

Von hier hatten wir auch einen wunderbaren Blick in jene Richtung, aus der wir heute hergekommen waren. Moos lag noch einmal zu unseren Füßen, die gegenüberliegende Bergwelt schoss im klaren Licht hoch vor uns auf. Wir waren beeindruckt, wie schön Südtirol sein konnte, wie viele Aspekte es hatte, wenn es seine ganze Natürlichkeit an einem so herrlichen Tag vor einem ausbreitet.

Als wir über den felsig bemoosten Pfad aus dem verwunschenen Hangwald einmal heraustraten, war es gerade

Mittag geworden. Die Sonne brannte aus einem blauen Himmel herab. Kein Wölkchen trübte ihn. Wir schwitzten mächtig; Kleidung und Rucksack klebten am Körper, Schweiß lief wie Wasser an Nacken und Beinen hinab, das Gewicht fühlte sich in dieser Hitze noch einmal größer an, als es tatsächlich war.

Der Pfad, der ganze Hangwald, durch den wir gingen, war wunderschön, ein Kleinod der Natur. Er gab uns und unserem Körper eine gewisse Kühle, während über den Kronen der Bäume eine schwüle Hitze braute.

An einer Stelle des Pfads im Wald entdeckten wir einen alten Wildschweinschädel. Wir machten uns ein Vergnügen daraus, wie Lausbuben damit zu spielen. Maxi drapierte ihn mit einem Tannenzapfen, ich fotografierte. Denn solch einen riesigen Tierkopf ohne Hirn und Verstand hatten wir noch nicht gesehen.

Ein Wildschweinschädel.

Bald wurde der Weg im Wald breiter, wir kamen an einem Bach vorüber, der von hoch droben über schroffe Felsen herunter sprang. Dann ging es auf breitem Weideweg aus dem Wald hinaus.

An einem Bauernhaus, das auf luxuriöse Art renoviert war, bellte uns eine Hündin an; sie meinte, dass die Ruhe durch die fremden Wanderer gestört sei; und deren Besitzerin, bekleidet mit leichtem Shirt, trat vor die Tür, um zu sehen, wer kam, sah uns verschlafen an, aber grüßte freundlich. Als wir sie fragten, wie weit der Weg bis Stuls noch sei, wiegte sie den Kopf, grinste, und wies uns die Richtung, in die zu gehen, benannte Feldwegkreuzungen, an denen abzuzweigen sei. Wir verstanden nur wenig von dem, was sie erklärte, gingen mit einem letzten freundlichen Wort schließlich weiter.

Bald darauf fuhr sie rückwärts mit hohem Tempo auf diesem engen Feldweg vom Haus herkommend an uns vorüber, die Hündin auf dem Beifahrersitz, immer nach vorne hinaus schauend. Ich dachte nur, sie hätte uns für den Weg ja auch mitnehmen können.

So gingen wir unseren Weg enttäuscht weiter. Wiesen und Weiden wechselten sich mit Wäldern ab. Der Feldweg schlängelte sich am Berg hinauf. Durch ein weiteres Gehöft hindurch, an dem wir nur das Murren der Kühe im Stahl vernahmen, kamen wir auf einen asphaltierten Zubringerweg zurück.

Hier verwöhnte uns wieder unser sehendes Auge mit freiem Blick übers Tal bis hinüber zu den Gebirgszügen jenseits von St. Leonhard. All das war prächtig und schön, wie es nur Natur in Südtirol sein kann.

Auch wenn der Schweiß nun erbarmungslos rann, die Haut von der scharfen Sonne schmerzte, gingen wir Schritt um Schritt weiter, stiegen mit schweren brennenden Füßen auf der heißen Asphaltstraße steil bergan. Weit oben erschien ein größeres Dorf, einige Häuser mit Pensionen und Gasthöfen. Es schien, dass erst von dort oben der Weg nach Osten führe. Also dort hinauf mussten wir, was uns von Schritt zu Schritt immer schwerer fiel; so, als drücke uns die Hitze immer weiter hinab, während wir nur immer weiter hinauf wollten.

Als wir oben endlich ankamen und sahen, dass alle Lokalitäten von Stuls geschlossen hatten, drängte es uns trotz der Hitze gleich weiter fort. Auf einem Wanderschild, das den E5 auswies, hieß es, dass bis St. Leonhard noch eineinhalb Stunden zu gehen sei. Also hatten wir von den sieben Kilometern noch nicht ganz die Hälfte geschafft. Uns wurde bewusst, dass wir uns seit Moos auf einen recht langen Latscher in sengender Hitze eingelassen hatten.

So gingen wir aus Stuls gleich wieder hinaus, wanderten in gleich bleibender Höhe am Berg entlang und genossen die heute hervorragende Aussicht auf St. Leonhard und die Gebirgsmassive dahinter, beeindruckend überragt von der Hirzerspitze (2.781 m) in ihrer Mitte.

Auf dem Weg von Moos nach Stuls und St. Leonhard.

Aber auch hier, auf unserem Weg hoch über dem Passeiertal, mussten wir auf gut asphaltierter Straße gehen. Der Boden war heiß, unsere Gummisohlen der Wanderstiefel heizten sich ordentlich auf. Der schwere Rucksack drückte besonders stark auf den Schultern in dieser sengenden, schwülen Hitze.

Als wir eine beträchtliche Strecke so dahin gegangen waren, ging nach drei engen Haarnadelkurven ein Pfad von der Teerstraße ins Tal ab. Unter einer Birke stand ein Wanderschild, auf dem die verbleibende Entfernung bis St. Leonhard noch einmal mit eineinhalb Stunden angegeben war. Wir hofften sehr, dass es weniger sein würde.

Aber uns blieb ja nichts, als uns unserem selbst gewählten Wanderlos zu ergeben. Also gingen wir einfach apathisch weiter, diesmal den Hang hinab. Der Weg führte durch eine hoch stehende, mit wunderschönen Blumen übersäte Wiese. Sie war mit einem alten Balkenzaun begrenzt, an dessen Ende eine kleine Kapelle stand. Hier schwirrten zahllose Schmetterlinge in vielerlei Farben durch die Luft. Ein blass weißer, mit gelben und schwarzen Punkten, der mir besonders gefiel, ließ sich geduldig im Gras fotografieren. Anschließend ging es in einem steinigen Hohlweg mitten durch den Wald zu Tal. Zwischen diesen alten Bäumen aus Kiefern und Tannen umfing uns eine verwunschene Stimmung. Als wir über einen weiteren Asphaltweg, in den der Hohlweg eingemündet war, weiter gingen, mündete dieser in den ersten Wirtschaftsweg St. Leonhards ein, von wo es nicht mehr weit bis zu den ersten Häusern der Stadt war. Als sich der Wald lichtete, sahen wir, dass die Straße an den ersten Bauernhäusern ankam, dass St. Leonhard tief unten im Tal, schon recht nahe lag und kurz darauf dicht vor uns zu sehen war. So ging es über einen weiteren Wiesenpfad, der steil abfiel, schnellen Schritts der ersten Stadtsiedlung entgegen. Über Fels und Natursteinstufen kamen wir Schritt um Schritt näher.

Bei einem der ersten Bauernhäusern der Stadt schlug ein Pfau zu unserer Begrüßung sein farbiges Gefiederrad. Es war bereits 15:33 Uhr, als wir in der Innenstadt St. Leonhards von der überstandenen Anstrengung übermüdet und abgeschlagen ankamen. Uns stand unter den gegebenen Umständen der Sinn nach einem ausgiebigen Essen in einem der Gasthöfe, die es hier am Ort bestimmt gab. Aber es sollte zu dieser Uhrzeit gar nicht einfach sein, noch ein Mittagessen zu bekommen.

Fündig wurden wir, nachdem wir den weiteren Wanderweg ausfindig gemacht hatten, im Restaurant Pizzeria »Brühwirt«. Hier war zwar nichts los, der Wirt saß selber an einem seiner Tische, aß und trank in kleiner Runde.

Doch als die verschwitzten, ermatteten Wanderer eintraten und diese fragten, ob zu dieser Stunde ein Essen bei ihm zu bekommen sei, bejahte dieser und sprang auf. Wir nahmen nass und verschwitzt, wie wir waren, auf seinen schönen Polstern im Gastraum Platz. Er servierte uns eine riesige Lasagne mit Salat, dazu zwei Apfelsaftschorle, zum Abschluss einen köstlichen Espresso. So konnte der Hunger und Durst an diesem so heißen Tag bestens gestillt werden. Hier hielten wir es eine Weile aus. Wir ließen es uns nach den überstandenen Strapazen des heutigen Tages richtig gut gehen.

Als wir gestärkt wieder aufbrachen, war eine Stunde zerronnen. Die Uhr schlug 16:46 Uhr. Wie wir vors Lokal traten, sahen wir, dass von Westen her ein schweres Gewitter aufzog. Dieser Tag war zu heiß, zu schwül gewesen. Es konnte in den kommenden Stunden nur aus Kübeln und Almwannen regnen, es sei denn, das Gewitter zöge in anderer Richtung ab. So überlegten wir, ob es sinnvoll sei, von St. Leonhard bis zur Pfandlerhütte den Hochweg wie geplant zu nehmen. Da uns diese Fernwanderung zu verwegenen Wanderern gemacht hatte, erwogen wir ernsthaft diese Möglichkeit, scherten uns wenig ums Gewittern und Regnen. Doch es gab auch die Alternative, von hier mit dem Bus bis St. Martin im Passeier zu fahren, um erst von dort zur Pfandler Alm aufzusteigen.

Letztere Alternative hatte den Nachteil, dass man vom Talgrund in St. Martin, also einer Höhe von 597 Metern, bis zur Pfandler Alm, die auf 1.345 Höhenmetern liegt, aufsteigen müsste. Im ersten Fall hingegen würde man in

St. Leonhard gleich auf einer Höhe von 693 Metern los gehen, um am Fuß zur Pfandler Alm schon auf einer Höhe von knapp 1.000 Metern sich zu bewegen. Man würde so um ca. 400 Meter höher dort ankommen und bräuchte bis zur Pfandler Alm nur um ca. 350 Höhenmeter nachsteigen. Dieser Gedanke war angesichts des Zustandes unserer Gehgarnituren verführerisch, trotz des Gewitters, das im Westen stand. Was konnte uns dieses schon anhaben?

Weil wir noch immer keine Lust verspürten, mit dem Bus zu fahren und uns inzwischen auch wieder gut gestärkt sahen, machten wir uns trotz der schon fortgeschrittenen Uhrzeit auf den Weg. Also stiegen wir wohlgemut in St. Leonhard Richtung E5-Wanderweg auf, wohl wissend, dass ein Gewitter drohte, aber im Bewusstsein, dass dieses so schnell gar nicht herbei ziehen könne. Ein Wanderschild versicherte uns, dass wir in zweieinhalb Stunden in der Pfandler Alm sein könnten. Das hätte gegen 19:30 Uhr der Fall sein müssen.

Aber im Aufstieg in St. Leonhard verloren wir bald die Orientierung. Wir gingen immer Richtung »Sonnenhof« und »Wiedersicht«, wussten aber nicht, wann wir nach Süden abbiegen sollten. So fragten wir beim Gasthof »Peter«, in dem sich die Angestellten mondän in Zurückhaltung übten und uns wenig Auskunft zuteil werden ließen. Zwar waren deren Informationen wortreich und umfassend, aber inhaltlich so schlecht, dass wir auch danach nicht recht wussten, wohin wir gehen sollten. Erst an einem anderen Hof erklärte uns ein alter Herr, dass der Weg durch seinen Hof hindurch führe und im weiteren einen Bogen nach Osten mache, bis man Richtung Süden die Stadt wirklich verlasse. Also gingen wir, wie er uns empfohlen hatte und kamen kurz darauf tatsächlich am »Wiesenhof« an.

Als wir kurz darauf das Gehöft »Kolber« erreicht hatten,

Blick auf St. Leonhard im Passeier bis zur Hirzer Spitze.

wurde es sehr schnell schwarz um uns. Der Himmel zog zu und plötzlich trat eine verhaltene Windstille ein, dann, von einer Minute zur nächsten, brauste ein Wind mit Sturmeseifer auf, mit dem zusammen schwere Tropfen herein brachen. Nun, in so kurzer Zeit, war es da, krachte über uns los. Wir spürten sofort, dass der Weg, der noch vor uns lag, unter solchen Umständen viel zu weit war, um solchem Wetter über die nächsten fünf Kilometer gebührend zu trotzen. Maxi und ich sahen uns an und während wir uns wetterfest umkleideten, beschlossen wir, dass es besser sei umzukehren, um von St. Leonhard aus doch lieber den Bus zu nehmen. In St. Martin im Passeier könne das Gewitter schon verzogen sein oder zumindest so abgeregnet haben, dass einem Aufstieg trockenen Fußes zur Pfandlerhütte wettermäßig nichts mehr im Wege stünde.

Also kehrten wir um, gingen den schon gegangenen Weg zurück und standen bald unten an der Bundesstraße in St. Leonhard, an einem kleinen Platz, auf dem die Busse hielten. Wenige Minuten später traf jener ein, den wir nach St. Martin im Passeier nehmen mussten.

Die gesamte Fahrt über tobte über uns das Gewitter, es

rollten Donner und Sturm. Regen trommelte aufs Dach, Blitze durchzuckten den Himmel. Die Berge und Gipfel verloren sich in grau schwarzen Schwaden. Die Hänge wurden blass und stumpf, die Farben weich und fahl. Die Natur dröhnte und kochte. Ich konnte mir nicht vorstellen, wie heute ein Gehen zu Fuß noch möglich sein sollte.

Die Fahrt im warmen, trockenen Bus ging schnell zu Ende. Bald standen wir an jener Haltestelle, die uns der Fahrer als den bestmöglichen Ausgangspunkt zur Pfandler Alm genannt hatte.

Als wir draußen standen, es war 17:43 Uhr, spürten wir; wie kühl die Luft geworden war. Es nieselte noch, zeitweise regnete es leicht nach. Die Wolken schienen beruhigt, die Schwüle war gewichen. Gleich gegenüber sahen wir das Schild, das auf den E5 und die Pfandler Alm verwies. Diesen Weg mussten wir nun gehen. Also brachen wir auf.

Allmählich klärte sich der Himmel. Das dunkle Wolkenpanoptikum verzog sich nach Osten, zog in Streifen um die Gipfel davon, die sich ihrerseits allmählich aus dem dräuenden Dunst hervor hoben.

Als wir bereits im Aufstieg waren, blinzelten uns vom Himmel schon wieder die ersten Sonnenstrahlen entgegen. Der Weg führte auf steilem Anstieg durch einen dichten Wald, in dem immer wieder Schautafeln zum Leben, Heldenmut und Sterben von Andreas Hofer, dem Südtiroler Freiheitskämpfer und Rebellen, unsere Wege kreuzten. Einen Teil davon lasen wir, einen größeren fotografierte ich nur, da wir nun möglichst schnell die Pfandler Almhütte (1.345 m) erreichen wollten. Wir konnten nämlich durch den dichten Wald hindurch nicht wahrnehmen, ob der Himmel hell bliebe oder der Wind dem verzogenen Gewitter eine neue Schlechtwetterfront nachschicken würde. So erreichten wir die Pfandler Alm schon anderthalb bis zwei

Stunden später. Wir trafen um 19:30 Uhr dort ein.

Auf der Terrasse saßen im Abendlicht eine ganze Zahl von Personen, die die letzten Sonnenstrahlen und die untergehende Sonne genossen. Nur unsere Mitwanderer sahen wir nicht.

Aber in der Stube der Almhütte fanden wir sie beieinander sitzen. Es waren Xaver und Sopherl, Schnitthuber Kurt und Klarine. Sie spielten Schafkopfen, mit einem Kartenspiel, das Klarine in St. Leonhard extra gekauft hatte. (Bislang hatten wir stets das Blatt der Hütte genutzt; was in Gasthöfen des öfteren nicht gelang.)

Als wir verschwitzt und übermüdet eintraten, gab es sofort ein großes Hallo. Sie waren begeistert, überaus glücklich, uns so früh ankommen zu sehen. Sie hatten nicht geglaubt, dass wir im Hellen hier heute noch einträfen. Sie selbst waren für den Abend schon fein herausgeputzt, warteten ausgeruht und ungeduldig aufs abendliche Essen.

Sie hatten unser Zimmer fest reserviert, den Koch vorgewarnt. So war alles aufs Beste organisiert. Man hatte den Wirtsleuten gesagt, das wir bestimmt kämen, obgleich sich dessen keiner vollkommen gewiss war.

So ging es für uns nach dem ersten, im Eingang zur Hütte gestillten Durst nun rasend schnell. Nur wenige Minuten später saßen auch wir bei den Vieren. Wir genossen ein reichhaltiges Abendbüfett mit Grillteller, belegt mit frisch gegrilltem Schweinefleisch, mit Huhn und anderen fleischlichen Genüssen. Dazu gab es ausgiebig Beilagen, zumeist Salate. Besonders der Kartoffelsalat hatte es mir angetan, von dem ich mir Nachschlag holte. Der Abend verging beim Schafkopfen und ausgiebigen Gesprächen. Wir besprachen, was heute so alles geschehen war und wie am besten der morgige Tag begänne.

Etappe 11: Pfandler Alm – Hirzer Hütte

Nicht jeder Morgen muss wie jeder andere sein, schon gar nicht, wenn man auf der Pfandler Hütte ist. So begann der Morgen statt mit Frühstück, mit einem ersten Weißbier. Das war um 8 Uhr, als wir auf der Terrasse vor der Hütte in der aufgehenden Sonne Platz nahmen und uns das erste Getreidegetränk schmecken ließen. Sie war gerade im Osten über die Gipfel gestiegen, beschien mit den ersten Strahlen Tisch und Bänke. Zwei Wanderer, die soeben ankamen, sahen eifersüchtig zu uns herüber. Vermutlich hatten sie von ihren Frauen zu Hause statt belegten Broten die trockene und kalorienarme Ermahnung mit auf den Weg bekommen, dass jede Form von Bier und Alkohol für sie Gift sei. Sie waren gewarnt, wir hingegen der Meinung, dass daraus erst umgekehrt eine Wahrheit würde: Wer den Genuss verschmäht, wenn es Zeit dafür ist, kann nur krank oder ein Tölpel sein.

Unser Weißbier in der ersten, wärmenden Sonne war ein

Am Morgen auf der Pfandler Alm.

208

Gedicht. Danach kam das Frühstück. Es war halb neun Uhr. Wir sahen von unserem Platz auf der Sonnenterrasse zu jener Hütte hinüber, die an der Waldgrenze oberhalb der Pfandler Almhütte lag und in der sich Andreas Hofer vor seinen bayerisch-napoleonischen Feinden versteckt

Das Versteck des Andreas Hofer, heute ein Gedenkort Südtirols.

hatte. Dort hinauf mussten wir an diesem Morgen gehen, wollten wir heute die Hirzer Hütte erreichen.

Dazu kam es nach 11 Uhr. Wir brachen von der schönen Pfandler Almhütte auf, gingen über den Naturplattenweg in wenigen Minuten hinüber zur Pfandleralmhütte Hofers, die als nationale Gedenkstätte der Südtiroler vor längerem rekonstruiert wurde.

Hier beschäftigten wir uns mit den zahlreichen Schrifttafeln und Gedenksteinen. Auf einem von diesen stand geschrieben:

In dieser Hütte wurde der vaterländische Held Andreas Hofer am 28. Jänner 1810 von den Franzosen gefangen genommen. Erneuert von den Passeirer Schützen.

Auf diesem Gedenkstein prangt das Südtiroler Staatswappen zusammen mit einer Darstellung des Andreas Hofer.

209

Zwei Flaggenmasten mit wehenden Hängefahnen, die neben der Hütte stehen, weisen diesen Platz als nationalen Erinnerungsort aus.

Eine andere Gedenktafel in weißem Marmor, angebracht an der Hütte, trägt noch einmal diese Aufschrift, stammt jedoch aus dem Jahre 1880. Auf einer dritten Erläuterungstafel stehen die näheren Umstände beschrieben, die zum Wiederaufbau der Hütte geführt haben. Dort heißt es:

70 Jahre nach der Gefangennahme Andreas Hofers bringen Schützenbataillon und Alpenverein Meran an der Pfandleralmhütte eine Gedenktafel aus Marmor an. 1919 wärmen sich Buben nach dem Vogelfangen in der Hütte an einem Feuer – und die Hütte brennt ab! Die Gedenktafel wird in der Faschistenzeit beschmiert und daraufhin versteckt. 1983 errichten die Passeirer Schützen zum Anlass des 175. Gedenkjahres eine neue originalgetreue Hütte. Ein neuer Gedenkstein aus Granit wird angefertigt und offiziell eingeweiht. Die Hütte ist im Besitz des Unterbrunnerbauern Werner Platter.

Nach gebührender Würdigung dieses Ortes gingen wir den seitlich hinauf führenden Pfad weiter, der schließlich über einen schmalen, gut gespurten Waldweg, dann über Wiesen und Weiden scharf in den Osthang hinein geht. Zuletzt führte er auf felsig knorrigem Pfad der Riffelspitze entgegen, die im Gipfel eine Höhe von 2.060 Höhenmetern misst.

Auf unserem Weg dorthin hatten wir einen zunehmend ergreifenden Blick auf die Bergzüge am Passeier, über die wir am gestrigen Tag hergekommen waren. Dabei ging mir noch einmal die Aufschrift einer Schautafel des gestrigen Abends zu Andreas Hofer durch den Sinn, auf der die wichtigsten biografischen Daten des Freiheitskämpfers und Rebellen vermerkt waren:

Steckbrief Andreas Hofer
Andreas Hofer wurde am 22. November 1767 am Sandhof in St.

Leonhard in Passeier geboren.

In den Freiheitskämpfen von 1809 führte er die Tiroler dreimal siegreich zum Kampf gegen die französischen Truppen unter Napoleon und wurde Oberkommandant von Tirol. Ein weiterer Aufstand nach dem Frieden von Schönbrunn endete jedoch mit der Niederlage der Tiroler am Bergisel bei Innsbruck. Andreas Hofer flüchtete auf die Pfandler Alm oberhalb von St. Martin in Passeier, wurde verraten, gefangen genommen und in Mantua in Oberitalien am 20. Februar 1810 erschossen.

Schließlich ging es über eine weitläufige Weide im Waldkarree, auf der eine verlassene Blockhütte stand, steil bergan. Der Weg schien auch heute nicht enden zu wollen, und die Uhrzeit lag schon weit nach Mittag.

Bald öffnete sich die Alm zu einem kahlen Bergrücken. Der Wiesengrund wurde felsiger, das Gras härter, da hier zur überwiegenden Zeit frostige Temperaturen herrschten. Auch der Ausblick wurde grandioser. Man sah bis weit ins umliegende Bergland hinein, konnte Richtung Süden am steilen Berghang entlang bis zum Prantach Kogel (2.334 m) und Kreuzjoch (2.445 m) sehen, hinter dem im Zwischental die Schießgrub-Alm liegen musste. Der Weg führte bis dorthin scharf am steilen Bergsturz entlang. Es schien, man könne von hier den gesamten weiteren Verlauf bis weit hin erkennen.

Als der Pfad am steilen Berghang aus dem Dunst der Wolken trat, meinten wir zu sehen, wie weit unser Weg noch ginge. Doch hier legten wir mitten auf der Hochebene, die wir nun erreicht hatten, eine kurze Pause ein, genossen die Sicht in die umliegenden Berge, hofften, dass wir das Schwierigste des heutigen Tages geschafft hätten.

Eine viertel Stunde später brachen wir auf. Wir gingen in einem Halbbogen auf engem Pfad an den nach Westen offenen Weiden entlang. Die Riffelspitze (2.060 m), die über uns aufragte und über einen Seitenweg in einem 10-minütigen Aufstieg zu erreichen war, ließen wir aus. Wir gingen Richtung Hirzer Hütte auf gleicher Höhe weiter, wollten am heutigen Tag unser Ziel lieber früher erreichen.

Gemäß Wanderwegweiser lag die Hirzer Hütte gerade einmal zwei Stunden von hier entfernt. Doch gemäß Karte mussten zuvor Mahdalm und die Hintereggalm passiert werden. So war uns nicht geheuer, was uns die Karte zeigte; denn gegangener Weg und vergangene Zeit schienen nicht aufeinander zu passen. Aber einerlei, wie es war, im Weitergehen würde man sehen, was gefühlt und was Realität sei.

Der lange Pfad am westlichen Abhang des kahlen Bergsprungs entlang verwöhnte Augen und Sinne. Man konnte im weiten Halbrund schon früh erkennen, wohin der kommende Pfad führe. Erst geraume Zeit später kamen wir an jenem Vorberg an, an dem der lange Pfad am Hang in unserem Rücken vor unseren Blicken verschwand. Als wir dort nach langem Gehen eintrafen, war auf der Uhr eine weitere Stunde vorüber. Wir gingen noch immer am fels-

Am Berghang entlang Richtung Mahdalm und Hirzer Hütte.

212

Das Wurzelwerk so hoch wie die Baumkrone - am steilen Hang.

zerklüfteten Berghang der Riffelspitze (2.060 m). Ein folgendes Zwischental, das kam, war nicht einzusehen. Das lag an tief hängenden Wolken, die als Nebel den weiteren Verlauf des Pfads im Unbestimmten verbargen.

Als die Riffelspitze schon fast hinter uns lag, öffnete sich der Einschnitt im dahinter liegenden Berg und unterhalb seines Gipfels zu einem riesigen Schuttkar, das sich auf Höhe des Wanderpfades zu einer kleinen Ebene ausstreckte. Von da ging der Weg unterhalb des Prantach Kogel (2.334 m) weiter, schließlich kam das Kreuzjoch (2.445 m), bis sich der Blick zur Schießgrub-Alm mit den Hütten der Mahdalm und der Hintereggalm öffneten. Beide liegen auf 1.990 Metern.

In der Annäherung an Mahd- und Hintereggalm hatten wir beide zuerst als die ersehnte Hirzer Hütte gesehen. Doch im Näherkommen erkannten wir an den Aufschriften der Gebäude, dass die Hirzer noch weiter entfernt lag. Vor der Mahdalm gegen 15:24 Uhr angekommen, überlegten wir kurz, ob wir eine zweite Rast für diesen Tag einlegen sollten. Aber obgleich uns schon hier die Füße und Beine ausreichend stark schmerzten, drängte Maxi weiter. Bis zur Hirzer Hütte konnte es von hier doch nicht mehr weit sein? Wir müssten die Hirzer Hütte in Kürze erreichen. Gemäß eines bei der Mahdalm angebrachten Wanderschildes lag sie nur eine halbe Gehstunde entfernt.

Später erzählten uns Xaver und Sopherl, dass sie an der Mahdalm eine Pause eingelegt und drinnen eine Brotzeit mit Wurstsalat und Bier genossen hatten. Das Personal sei sehr freundlich gewesen; sie hätten sogar Postkarten der Hütte geschenkt bekommen.

Um 15:32 Uhr erreichten wir die nur wenige Gehminuten von der Mahdalm entfernt liegende Schutz- und Almhütte Hinteregg, deren großer Biergarten zu dieser Tageszeit völlig verwaist war. Von hier ging es einen steinigen Feldweg aus der Zwischenebene der zwei Hütten wieder hinaus und steil bergan. Der breite, sehr steinige Feldweg zog sich um den Berghang der Hinteregg-Alpe herum. Im weiteren Verlauf dieses Weges kamen uns zunehmend gut gekleidete, kaum angestrengt oder verschwitzt wirkende Spaziergänger entgegen, die flanierten und vermehrt die am Weg nun zahlreicher auftretenden Ruhebänke zum Verweilen nutzten. Man erkannte daran, dass wir in eine Region kamen, in der normaler Tourismus herrschte. Es musste in der Nähe eine Seilbahn geben.

Als um den Vorberg herum aus der gewonnenen Anhöhe des umgangenen Gipfels mit seinen felsigen Gebirgsdriften die Hirzer Hütte tief drunten erschien, kam uns ein in die Jahre gekommenes, wohl betuchtes Ehepaar entgegen. Sie sprachen einen norddeutschen Dialekt. Es war auffällig, dass sie auf diesem Weg, von der Hirzer Hütte herkommend, sich die Beine vertraten. Er war sehr korpulent und trug Sandalen. Er ging langsam vor sich hin, sie in frischer, modischer Wandermontour und Bergschuhen, mit neuer Wanderjacke um die Hüften, auf dem Rücken ein kleiner Rucksack, der zu schmächtig war und zu tief hing, um zum Tragen einer Bergausrüstung zu dienen. Sie lief und stürmte ihrem Liebsten weit voraus, als müsse sie bei nächster Gelegenheit den Notarzt alarmieren. Er aber ließ sie ziehen, ging in genießerischer Art und Weise seinen Weg. Als sie auf schnellem Fuß unsere Höhe erreichte, brammelte sie in pikiert launischem Ton verächtlich vor sich hin, für uns aber deutlich vernehmbar:

„Sag' ich es nicht? Das war doch wieder ein Holunderschorle zu viel!".

Von weit oben am Berg kommt sie in Sicht, die Hirzer Hütte.

Sie sprach das Wort „Schorle" aus, als schien ihr das damit Gemeinte eine südliche Bosheit zu sein, die damit gemeinte Sache selbst ein Teufelszeug. Dabei stolperte sie im Sprechen über das Wort, hanseatisch über jeden Stein, der spitz und lose wie die Laute dieses 'Schorle' auf ihrem Weg lag, als sei sie vor allem, was es im Süden gab, auf der Flucht, nicht nur vorm eigenen Ehemann.

So kam sie als erste, vor uns allen an der Hirzer Hütte an, ich aber zu der Überlegung, dass es so zwischen mei'm Flöckle und mir hoffentlich niemals komme. Maxi, der wohl in seinem Fall hinsichtlich dem Flipp-Lieserl dasselbe dachte, sagte:

„Wer eine solche Frau sein Eigen nennt, braucht für richtige Feinde nicht mehr zu sorgen."

Der Pfad, der mit der ersten Sicht auf die Hütte vom Feldweg abbog, ging in weitem Schwung zur Hochebene hinab. Wie wir aus dem lichten Wald heraustraten, drang uns von dort in erheblicher Lautstärke eine Schritt um Schritt lauter werdende Blasmusik entgegen. Dort ging offenbar ein Fest ab. Es wurde musiziert und es herrschte dort eine ausgelassene Stimmung. Alle auf der überfüllten Terrasse hatten Spaß und machten auf gute Laune.

Als wir um 16:15 Uhr auf der »Hirzerhütte Gasthaus Tallneralm« eintrafen, wurde unser Eindruck schon von Ferne bestätigt; wir sahen, dass inmitten der belustigten Hirzer-Gästegesellschaft unsere Wanderfreunde saßen und den Nachmittag ausgiebig genossen. Auch diesmal trafen wir als Letzte ein. Xaver und Sopherl sowie Schnitthuber Kurt und Klarine waren in ausgelassener Stimmung.

Nur drei Stufen zur Terrasse hinauf, dann warfen wir Stöcke und Rucksäcke beiseite und gesellten uns zu ihnen. Die Band oder Kapelle, die hier spielte, bestand aus einem Gitarristen, einem Bassisten mit Tuba und einem Ziehharmonikaspieler. Die drei sangen und hauten ordentlich in die Tasten.

Wir warfen mit unserem Abtauchen in die Hüttenromantik an der Hirzer alle Anstrengungen des Tages von uns. Wir konnten endlich unseren Durst und unsere Muskel- und Knochenschmerzen pflegen. Es waren auf der heutigen Etappe von der Pfandler Alm zur Hirzer Hütte fünf Stunden vergangen, im Gegensatz zu den auf den Wegweisern ausgezeichneten zweieinhalb Stunden. Man sieht daran, dass die individuellen Bedürfnisse gegenüber den Zeitangaben auf den Wanderwegweisern sehr schwer einzuschätzen sind. Diese sagen nichts oder fast gar nichts darüber aus, was man selbst an Zeit brauchen wird. So waren wir froh, kurz nach 16 Uhr eingetroffen zu sein, obgleich wir sehr viel lieber früher hier gewesen wären, schon allein der guten Stimmung wegen, die auf der Hirzer Hütte heute herrschte.

Der Abend war lang und schön. Wir saßen bis tief in den Abend hinein draußen im Biergarten der Hütte. Als es kühler wurde, zogen wir uns in die Stube zurück. Dort aßen wir zu Abend, spielten einmal mehr Schafkopfen, das nun alle sicher beherrschten und ihren eigenen Stil zu spielen gewohnt waren. Der Abend war lustig und ausgelassen. Die Wirtsleute kümmerten sich mit größter Hingabe um die verbliebenen Gäste. Erst spät, kurz vor 23 Uhr, gingen wir zu Bett. Maxi und ich hatten ein kleines Zweibett-Zimmer, das zur hinteren Seite der Hütte ausgerichtet war. Es ging über eine schmale und steile Treppe in den 1. Stock hinauf, die gleich neben der Theke in der Stube beginnt. Um zwei Ecken im schmalen Flur des ersten Obergeschosses musste man herum gehen, schon stand man mitten darin.

Am Abend ergab sich, dass Xaver und Sopherl am nächsten Tag unbedingt weiter gehen wollten. Nur Maxi und ich sowie Schnitthuber Kurt und Klarine wollten hier auf der Hirzer Hütte einen zweiten Ruhetag einlegen. So stand am nächsten Morgen eine letzte, endgültige Verabschiedung an. Xaver und Sopherl sollten wir erst beim Nachtreffen wieder sehen.

Zweiter Ruhetag: Auf der Hirzer Hütte

Die folgende Nacht verlief unruhig. Der Wind, der durchs geöffnete Fenster blies, war kalt. Es fröstelte mich, trotz des warmen Bettes. Die Träume der Nacht waren schwer. Ich schlief unruhig, musste mehrfach aufstehen, ging auf die Toilette, fand den Lichtschalter nicht, suchte nach meiner Taschenlampe, die ich eigentlich nicht brauchte. Ich war unausgeglichen, lag nachdenklich im Bett, Mühlsteine von Gedanken im Kopf, als ginge eine Episode zu Ende, die irgendwie auf ihre ganze eigene Art mir wichtig gewesen war.

Ich wusste nicht, was los ist, wusste nur, dass am nächsten Morgen eine Trennung bevor stand. Xaver und Sopherl würden ohne uns weiter gehen, wir erst einen Tag später. Wir könnten sie auf dieser Wanderung nicht wieder einholen. Dieser Gedanke steckte voller Ende, machte deutlich, dass ein Weg, der vor einigen Tagen im Süden Bayerns, in Oberstdorf begonnen hatte, allmählich zu Ende ging, wenn überhaupt, anders, unter ganz anderen Umständen nur fortgesetzt werden könnte. So war diese Wanderung, das Leben selbst immer zugleich voller Ende und Anfang, eine Mischung, die alles, was das Leben zur Enttäuschung und zugleich auch kostbar macht, in seltsamer Mischung in eins vermengt – in Klumpen von Freude und Verdruss, wie diese Wanderung selbst. Aber all das half nichts, verhalf zu keiner Beruhigung oder Genugtuung. Die Nacht blieb unruhig und der Wind, der durchs Fenster sanft, aber beständig blies, fröstelte noch das Gemüt, wie das Leben auch, das seine eigene, ganz individuelle Art hatte, unablässig und uneinholbar für immer zu vergehen.

Als die ersten Lichtstrahlen über den Ostkamm der Berge herüber schwappten, war trotz angespannter Schlaflosigkeit eine gewisse Ruhe eingekehrt. Im Morgengrauen war mir ein gewisser Schlaf möglich geworden. Die erregten, aufgewühlten Nerven waren beruhigt, gaben dem Gemüt Ruhe, die die Nacht nicht geschenkt hatte. Wie Bewusstlosigkeit stieg dieser nun über das Gemüt hinweg. Aber ans Aufstehen durfte ich heute zu späterer Stunde denken. Zwar waren Xaver und Sopherl zu verabschieden, für uns jedoch stand ein zweiter Ruhetag bevor. So sollte es wenig ausmachen, wann wir genau aus dem Bettlager aufstünden.

Dennoch, kurz nach 8 Uhr, stand das Frühstück an. Wir

Die Hirzer Hütte auf dem Hochplateau vor der Hirzer Spitze.

saßen in der Stube, am Tisch, den wir schon gestern Abend eingenommen hatten. Er stand von der Eingangstüre gesehen hinten links neben der Theke. Noch waren wir zu sechst, noch auch Xaver und Sopherl mit dabei.

Nach einem ausgiebigen Morgenmahl wurden beide verabschiedet. Sie brachen nur ungern auf, hätten uns auf den kommenden Wegen gern dabei gehabt. So wurde diese Stunde zu einer eher schmerzlichen Trennung. Aber wir waren alle frohgemut, dass wir uns demnächst wieder sä-

219

hen und treffen würden, um Geschichten und Bilder, Erlebnisse und Eindrücke auszutauschen – den Löwensenf nicht zu vergessen!

Kurz nach neun Uhr sahen wir beide Richtung Hirzer Spitze davon ziehen, immer kleiner werdend, bis sie im Geröllfeld und an den Hängen unterhalb des Gipfels verschwanden.

In diesem Augenblick saßen wir wieder im ansteigenden Sonnenschein auf der Terrasse vor der Hütte. Der Himmel war blau, die gestrige Bewölkung vertrieben. Wir nahmen in den ersten wärmenden Strahlen dieses Morgens unser zweiten Frühstück ein.

So begann der Vormittag in jeglicher Hinsicht heiter. Wir genossen unbekümmert und belustigt die Terrasse der Hütte. Wir redeten, sprachen über den kommenden Tag, den nächsten, der die vorletzte Etappe brächte, schrieben längst überfällige Postkarten, telefonierten und schrieben Tagebuch, um irgendwie auf den aktuellen Stand, wenigstens ganz am Schluss der Fernwanderung von Oberstdorf nach Meran und Bozen, zu kommen. Aber dazu fehlte auch heute die Zeit, denn dazu würde ein einziger Tag nicht mehr genügen. Aber wir taten, als könne alles, was wir uns dazu vorgenommen hatten, noch gelingen, wenn man heute nur ernst und angestrengt dabei bliebe.

So ging der Tag an unserem zweiten Ruhetag auf der Hirzer Hütte Stunde um Stunde in behaglicher Gleichförmigkeit vorüber. Beisammen zu sein, Wärme zu tanken, sich ein ums andere Weißbier ins Gesicht zu schütten, übten wir uns an diesem lieben, langen Tag in Geselligkeit und sonnigem Genuss. Wir vertrödelten den Nachmittag, bis in den Abend, bis die Sonne unterging.

Doch wie wir in der genügsamsten Weise unseres besonnten, skurrilen Daseins auf der Terrasse der Hirzer

Hirzer Hütte, vor der Hirzer Spitze mit Hirzer Scharte.

Hütte den Nachmittag vertrödelten, trafen zwei burschikos männliche Fräuleinwunder ein. Sie besaßen wenig, das Mann zu einem Liebesabenteuer animiert hätte, besaßen aber so viel männlichen Muskel und so wenig fraulichen Sex-Appeal, dass sie uns als ein leer gebliebener Herrenkleiderbügel im überfüllten Damenschrank erschienen.

Dennoch besaßen sie etwas sportlich Draufgängerisches. Unsere Blicke fielen immer wieder auf ihre feschen bayerischen Wadeln, denen man das ohne Frage ansah.

Sie, die aus Miesbach stammten, machten sich an einem unserer Nachbartische breit. Sie grüßten, lächelten herüber; aber die Stutenbissigkeit von Klarine verhinderte, dass ein richtiges Gespräch aufkam. Dennoch beschäftigten wir uns für die verbliebene Zeit über die Tische hinweg mit ihnen. Es kam bald zu einem lockeren Gespräch.

Wir erfuhren, dass die beiden Schwestern Fußballspielerinnen waren, denn sie hatten recht muskulöse Beine. Die zwei waren fit und durchtrainiert, keine Frage. Sie waren hier im Gebirge mit Stirnband, leichtem Fußballtrikot und

221

weißer Fußballer-Sporthose zusammen mit Wanderstiefeln und weißen Strümpfen in der Art von Stutzen gekleidet unterwegs, bestellten und tranken ein ums andere Mal ein Weißbier. Wir stießen immer wieder an, und sie tranken mit großem Durst. Sie genossen ihre Ankunft und die Tatsache, diese Etappe von der Pfandler Alm geschafft zu haben. Dennoch glaubten wir, dass es schon deren zweite am heutigen Tag gewesen sein musste.

Sie erzählten, dass sie leidenschaftlich und engagiert Fußball spielten, dass sie Leistungsträgerinnen in einer Damen-Elf seien, in der man kaum Männer kennen lernen könne. So würden sie alleine leben und müssten gemeinsam Urlaub machen; da sie, die zwei Schwestern, immer Probleme gehabt hätten, richtige Männer kennen zu lernen. Maxi und ich schauten uns ob dieser Rede groß an.

Sie belegten zur Nacht ein Doppelzimmer, gingen recht früh und gemeinsam zu Bett. Wir waren uns sicher, wir würden sie keinesfalls wieder sehen, denn sie machten den Eindruck, dass sie sehr früh aufstünden und täglich eher zwei Etappen als eine hinter sich brächten. Da war uns bald gewiss, dass sie für Warmduscher, wie wir es in deren Augen wohl waren, nur eine rote Karte hätten.

Aber, geläutert vom Etappenfraß der zwei Speedy-Wonder-Girls, kam Schnitthuber Kurt auf die Idee, den morgigen Wandertag schon um Mitternacht zu beginnen: Ihm stand eine Nachtwanderung wie in Mittenwalder Zeiten vor Augen, ein Gedanke, der bei allen anderen sofort großen Anklang fand und Begeisterung auslöste – außer mal wieder bei mir. So nahm bei uns einen Gutteil des Tages die Diskussion zu der Frage ein, wann am kommenden Tag von der Hirzer Hütte aufzubrechen sei. Alle außer mir fanden den Gedanken faszinierend, schon vor Sonnenaufgang auf der Scharte der Hirzer Spitze zu stehen. Aber die-

Auf zur Hirzer Scharte und zur Hirzer Spitze.

se lag nicht weniger als 2.761 Höhenmeter hoch und damit um 772 Meter höher als die Hirzer Hütte. Und es war Sommer, die Sonne ging sehr früh auf, wovor dieser Höhenunterschied bewältigt sein wollte.

Der Sonnenaufgang, fast genau einen Monat nach der sommerlichen Sonnenwende, war für 5:35 Uhr angekündigt, und er musste meiner Schätzung nach droben auf der Hirzer Spitze noch viel früher sein. Also musste entsprechend früh aufgebrochen werden, um vor diesem Ereignis die 772 Höhenmeter von der Hütte bis zum Grat hinter sich gebracht zu haben.

So gingen die Diskussionen zwischen uns hin und her, ob das gewinnbringend und sinnvoll sei, wann man am besten aufbräche und ob für ein solches Ansinnen unsere Ausrüstung genüge.

Aber wo Meinungen und Wünsche auf Einwände treffen, ist mit vernünftigen Argumenten wenig auszurichten. Alle appellierten dafür, nur ich stellte mich dagegen. Der Gewinn erschien mir wenig erstrebenswert, die Risiken und Gefahren, die eine solche Unternehmung barg, dagegen erheblich. Zumal sich bei genauerer Planung herausstellte, dass in der kommenden Nacht Neumond herrschen würde, also finsterste Dunkelheit und Nacht, wobei wir zu viert nur zwei Stirnlampen in unserer gemeinsamen Ausrüstung hatten.

Aber die Diskussionen gingen lange hin und her. Außer mir wollten alle um 3 Uhr in der kommenden Nacht aufbrechen. Als der Wirt noch versprach, das Frühstück für die Nacht in der Stube zu richten, einschließlich heißem Kaffee in einer Thermoskanne, war kein Halten mehr. Der letzte Bann war gebrochen. Kein Einwand wurde ab diesem Zeitpunkt akzeptiert. So sollte der Aufbruch in der kommenden Nacht um 3 Uhr geschehen.

Wir saßen auch an diesem Abend bis spät beieinander. Zu guter Letzt trat die Wirtin an den Tisch und bot uns, als die sonstigen Gäste bereits zu Bett gegangen waren, einen Schnaps zum Abschied an. Wir durften uns einen aussuchen, auswählen, was wir wollten. Wir genossen es, so zuvorkommend behandelt zu werden, freuten uns über solche große Gastfreundlichkeit.

Die Nacht, als wir zu Bett gegangen waren, war kurz. Schon eine halbe Stunde vor 3 Uhr hieß es aufstehen, den Rucksack packen, die Wanderschuhe aus dem rückwärtigen Keller von der Schuhbank holen, frühstücken und die letzten Dinge präparieren. Der Tag begann, wie keiner zuvor begonnen hatte. Denn als der Schlüssel zur Hüttentür in den Schlitzkasten fiel, gab es kein Zurück mehr. Wir standen in der dunklen Neumondnacht, und die Richtung hieß: Hinauf auf den Hirzer!

So gingen wir in einer klaren Sternennacht, die finster war wie keine zuvor, schweigsam und ernst los, zwei von uns bestückt mit kleinen Stirnlampen, die schütter und schwach leuchtend wie einsame Glühwürmchen den Berg hinauf schwirrend sich allmählich in der Ferne verflogen.

Etappe 12: Hirzer Hütte – Meraner Hütte

Die Nacht war schwarz, stockfinster die Bergwelt. Neumond herrschte, kein Licht vom Himmel, nur das schwache Licht der Hütte, das aus kleinen Fenstern fiel und mit zu geringer Leuchtkraft schwach die unmittelbare Umgebung erhellte. Die Stufen von der Terrasse der Hirzer Hütte hinab, ein, zwei Schritte von ihr hinweg bewegt; schon riss eine stockfinstere Dunkelheit alles Gegenständliche, alles Begehbare in ein unerkennbares Nichts. Ohne jegliche Lampe, ohne künstliches Licht wäre nichts zu machen gewesen. Es war schon so kaum ein Schritt sicher vor den anderen zu setzen. Irgendwo im rückwärtigen Schimmer lag die hinter uns gelassene Hütte wie ein dunkler Schemen. Und die Erde schwieg. Der Berg ruhte, das Tierreich schlief und kein Mensch weit und breit. Auch das Wetter, das sonst zum Tosen und Stürmen aufgelegt war, schien, wie alles sonstige, abwesend. Nur ein lauer, kühler Wind säuselte um die Glieder, damit man spüre, dass die Natur lebe und in den Adern überfrühtes, rotes Leben pulsiere.

Auf Nachtwanderung zur Hirzer Scharte und Hirzer Spitze.

225

Wir gingen in die Dunkelheit hinein, der Hirzer Spitze entgegen, verloren den letzten Kontakt zum verlöschenden Licht der Hütte. Nur die besorgt gesetzten Schritte auf harschem Felspfad und das kalte Knirschen, das unter den Sohlen hervor kroch: Es ging am kaum wahrgenommenen Hang immerzu schwach spürbar bergauf, ohne Orientierung und Sicht, ohne Silhouette oder Horizont, beides nur als schwarze Wand um einen, von der uns schien, dass Geister, Teufel und Hexen herbei flögen. Es schien, sie begleiten uns, als schnitten sie halb im Flug Grimassen, äfften unser Gehen nach oder als schritten sie halb belustigt und hohlen Gelächters voll, immerzu nebenher, mal links und mal rechts, oder drunter und drüber. So wechselten sie die Seiten, das Oben und Unten. Sie machten Gesichte und tratzten die Suchenden, täuschten Augen und Ohr und waren zu guter Letzt nichts als da und zugleich auch weg. Sie bewegten sich mit uns hinauf, als flöge ein irrlichternder Wind, ein Geräuschhauch wie ein Luftzug neben uns her. Aber sie warteten auch immerzu, dass wir uns beim gemächlichen Dahinschreiten auf schwerem Schuh, einen Fehler erlaubten, eine Unachtsamkeit, eine Unbedächtigkeit, die sie, die schabernackig aufgelegten Geister, zu ihrem Spaß oder Nutzen, ihrer ganzen Schadenfreude zu gebrauchen wüssten.

Als wir auf höher liegendem Podest die Hütte im Rückblick erschauten, sie halb wahrnehmbar im Schauder tief drunten erkannten, riss mit einem Mal ein Gedankensprengsel schwarze Gefühle aus Gemütstiefen ins beginnende Bewusstsein hinein. Wir zögerten und trauten uns nicht, einfach weiter zu gehen. Wir hielten inne, blickten uns um, blickten uns an und hinauf und hinab. Es schien, etwas begann, hier und jetzt, das alles wendet und mit einem Mal eintritt und unumkehrbar macht.

Ganz plötzlich, ganz von oben, überm Bergfries am Gipfel, zerbarst eine ruhende Welt. Überm Hirzer Grat dort droben, von dort, über uns, stürzte mit einem Mal ein erster Dämmerstrahl samten ins Bewusstsein hinein und versetzte der Neumondnacht, wie ein Lichtschmerz, der ins Gemüt sticht, mit gewaltigem Feuerstoß des Sonnensterns einen roten, tödlichen Riss. Mit einem Schlag lag sie, die ganze Quelle des Lichts, in der Luft. Eine erste Ahnung der aufgehenden Sonne strahlte ins Bewusstsein, um die Bande der nächtlichen Grüfte mit einem Schlag zu zerbrechen. Und mit diesem einen Mal stand in uns die Ahnung, dass Neumond am Anfang allen Lichts zerspringe, dieser im erneuerten Strömen das ganze nekromantische Geisterreich mit sich ins Verderben nimmt, zerbersten lässt, wenn nicht für immer, so doch für den kommenden Tag, als wenn die Lichtgestalt mit ihrem Lichtknall Luzifer zerspellt und für immer symbolisch zertrümmert.

So im Gemüt berührt standen wir zu viert fassungslos unterm Gipfel, staunten dem Spektakel von Lichtern und Schatten zu. Doch hatten wir den Gipfel des Hirzer noch längstens nicht erreicht und standen auf einmal selber im Feuer, zu weit entfernt, erstaunten von weitem in aufge-

Die Sonne erscheint über der Hirzer Scharte.

wühltem, eigenem erhellten Denken.

Nun mussten wir uns aufs Dringlichste beeilen. Die Hoffnung allein, dass auch diesmal die Sonne aus dunkelster Nacht wieder aufginge, erfüllte uns mit Ansporn und Auftrieb. So ging es geschwinder fort, bis wir über einen leichten Klettersteig kurz unterhalb des Grats mit einem Mal oben standen, in der Nebelschleierpracht des Sattels, wo uns die Sonnenglut von Osten her begrüßte, bevor der Feuerball der Sonne wie die göttliche Urgewalt daselbst ganz herauf steigen würde. Doch sie ließ noch hier noch immer auf sich warten.

Aber dann, im Brennen am Bergrücken, im Verglühen des Horizontrands, das dichter, lichter, immer intensiver und brennender wurde, da kam es zu einem zweiten Lichtschlag: Da ist sie! Da fährt sie herauf! Die Gottheit aus Feuer erscheint. Sie erscheint als Rand, dann ganz als Rund und beginnt im Glutwagen ihre Fahrt über den erdigen Himmel! Sie steigt als gelber Feuerball überm Himmelhorizont des Felsenmeeres auf: Du Licht! Du Leben! Oh du Sonnenbrand, Symbol Apolls! Du Zeichen Zeus'! Und Mythos auch und Geist der Offenbarung, du, unsere Aufklärung, der du es stets geblieben bist und bleiben wirst. Erleuchte uns und unsere Herzen! Und die Welt! Die unsere!

So wurde, im Aufgang der Sonne, hier oben, am Hirzer Sattel, auf einmal sie und er und es zugleich erlebte Göttertat.

Berührt vom Schauspiel der Natur, der Sonne, waren wir übern Gebirgsjägersteig herauf gestiegen, standen etwa eine halbe Stunde vor 6 Uhr auf dem Hirzer Grat, am Übergang ins nächste südöstliche Tal der Anteranalpe, in der sich der Anteran-Bach mit dem Sagbach tief unterhalb von uns verbindet, einem Joch, das sich einige Höhenme-

Auf der Hirzer Scharte.

ter unterhalb der Hirzer Spitze befindet.

Die anderen Drei wollten aber weiter hinauf, die Hirzer Spitze ganz besteigen. Also gingen sie ohne mich los, während ich hier auf dem Grat blieb und sie hier in einer halben Stunde zurück erwartete.

Ich wollte das Spiel der Lichter und Schatten, wie es die im aufstrebenden Sonnenlicht erwachende Natur inszeniert, noch länger erfahren. Ich machte es mir im frostigen Ostwind mitten auf dem Grat gemütlich, im erwachenden Schauderlicht, das Fetzen von Wolken und Nebel, Streifen von Lichterreflexen und glitzernden Glanzpunkten im luftigen Feuchtigkeitskondens hin und her trieb, im frischen Morgenwind über den Steingrat lupfte und den Hirzer Grat mit einem Lichter- und Schattendrama bespielte.

Ich packte mein zweites Frühstück aus, nutzte die Zeit, das Spiel der Lichter zu fotografieren. Ich sprang wie eine Gämse auf dem Berggrat umher, suchte Positionen und Perspektiven, schaute vor und zurück in die Tiefe, die sich im Halbdunkel vor und hinter mir auftat.

Als ich einmal Richtung Anteranalpe zur Tiefe hinab blickte, da sah ich am steil abfallenden, schroffen Bergfels eine Bewegung, vor der ich sofort erschrak. Gleich darauf, beim zweiten hinab Sehen, das ich wagte, sah ich zwei dunkle Augen blitzend herauf schauend, mich direkt ansehen. Was, fragte ich mich zurück sinkend, war das?

Ich spitzte noch einmal über die Kante. Ja, da glotzten, kaum zehn Meter unter mir, Tieraugen herauf, mir mitten ins Gesicht, ins tierisch Offene. Ich strauchelte zurück. Mich ergriff Angst. Ein wildes Tier? Und ich allein hier am Grat!

Ich schreckte zurück, setzte mich bergend zwischen Rucksack und meine ausgebreiteten Sachen. Plötzlich, wie aus dem Nichts, sah ich ein schwarzes, lebendes Etwas über die schroffe Felskante kommen, zuerst den Kopf, dann den Leib, dann das ganze Tier. Es war ein Hund, eine Hündin in ganzer Gestalt, die, als sie mich zwischen Felsen sitzen sah, langsam näher kam, sich dann von der ihr entgegen gestreckten Hand animieren ließ, herbei zu laufen. Sie ließ sich sogleich Schwanz wedelnd streicheln.

Sie setzte sich zu mir, war begeistert und erfreut, zu so früher Stunde hier oben jemanden zu treffen, wollte gestreichelt, ja liebkost werden. Sie war schön, hatte ein langhaariges, schwarzes Fell, das ungleich verteilte weiße Flecken trug. Sie sah mich aus dunklen Augen an, war verliebt und lieb. Und ich fragte mich, was sie zu so früher Stunde allein hier mache.

Aber kurz darauf erschien über dieselbe schroffe Felskante herauf kommend ein Tiroler Hut, dann ein ernst drein blickender, lächelnder Kopf, schließlich, Stück um Stück der ganze, an einem Haselnuss-Wanderstock gehende, alte Hirte. Auch er, als er mich am Grat sitzen sah, seine Hündin bei mir, kam sogleich herüber, reichte mir die Hand zum Gruß, denn auch er war wohl erfreut, zu so früher Stunde hier einen Wanderer anzutreffen. Wir begrüßten uns und unterhielten uns eine Weile miteinander. Seine Begleiterin war eine Border Collie-Hündin, ihr Name Sheila. Sie war mit ihrem Herrchen jeden Morgen um diese Stunde unterwegs, um die am gegenüber liegenden Grat des Nachts weidenden Ziegen zu holen oder nur nach ihnen zu sehen. Er war trotz seines höheren Alters, wie mir schien, gämsenhaft leichtfüßig unterwegs, einer, der vom rauen Wetter der Alpen eine gesunde, wie gegerbt erscheinende, feste Haut besaß. Beide wollten die übernächtigten Ziegen fürs morgendliche Melken ins Tal hinab treiben. Oftmals, wie er erzählte, ging es auch nur darum, nach deren Verbleib in den Hängen des Hirzers zu sehen. Dann musste die Hündin Sheila diese zusammen treiben oder vereinzelte Ziegen, die sich im Berg verlaufen hatten, zur Herde zurückbringen.

Im Abstieg von der Hirzer Scharte.

Kurz darauf zog der alte Hirte wieder los. Sie, die fürs Streicheln bei mir einfach blieb, spitzte, als schon aus zwanzig, dreißig Metern Entfernung des Schäfers scharfer Pfiff erklang, die Ohren, horchte, was da war, überlegte kurz, ob er es wohl gewesen sei, und rannte schnurstracks los, gleichgültig, was zuvor gewesen war.

Ein so aufmerksames, dienstfertig tierisches Berufsethos hatte ich bis dahin noch nie gesehen. Mit dem Pfiff des Herrchens waren alle hündischen Annehmlichkeiten vergessen. Sheila sprang wie vom Blitz gerührt auf, am Schäfer vorbei und stracks den Ziegen am Berghang entgegen, die dort gelangweilt kauend im schroffen Fels standen. Sie holte sie vom schärfsten Abhang herunter, vom spitzesten Steig herab und trieb sie auf einer Weideinsel zusammen, bei der der Schäfer stand und von der aus er sie mit Pfiffen dirigierte.

Auch ich packte, beeindruckt vom Erlebnis mit Hirte und Hund, meine Sachen. Es war kurz nach 8 Uhr, als ich die Scharte unterhalb der Hirzer Spitze in die andere Richtung verließ. Gleich unterhalb des Grats, nach dem Gang über einen bröselnden Klettersteig, kam ich an einem schwarz lackierten Metallwegweiser vorüber, auf dem verzeichnet stand, dass der Wanderweg mit der Nummer 4 in jene Richtung, aus der ich kam, zur Hirzer Hütte führe, in der entgegengesetzten nach Meran 2000 und der Meraner Hütte. Die Gehentfernung bis dorthin würde dreieinhalb Stunden betragen.

Als ich das las, kamen von oben links Stimmen her. Es waren Maxi, Schnitthuber Kurt und Klarine, die von der Hirzer Spitze herkommend eintrafen. So traten wir den Abstieg ins weitläufige Schuttkar der Anteranalpe nun gemeinsam an.

Das Schuttkar, durch das wir abstiegen, war kahl und leer. Im losen Felsgeröll hatten es harte Gräser und Kräuter schwer zu überleben. Vereinzelt verwehrten Schneefelder uns den Weg, die vom Strahl der Sonne zu dieser Jahreszeit wenig betroffen waren.

Der alte Hirte mit seiner Hündin Sheila am Bergsprung.

Der steinige Weg führte in engen Serpentinen hinab, während durch den von Sonnenstrahlen wenig gestreiften Felsschlot ein fröstelnd kalter Wind von feuchten Nebelschwaden und zerrissenen Wolken durchmischt herauf zog. Trotz der warmen Kleidung, die wir trugen, fröstelte es uns. Diese nasse und feuchte Kälte im Juli war ungewöhnlich hart. Es war kein besonderes Vergnügen, in ihr zu gehen. So froren wir, während die Knie schon jetzt vom Abstieg im grobschotterigen, steilen Hang schmerzten.

Erst als sich die vom Wind herauf getriebenen Wolkenfetzen endlich über den Grat und die Hirzer Spitze hinweg hoben, wurde der Blick frei: Wir sahen vor uns das tief im breiten Schuttkar liegende Tal, rechts von uns den Kratz-Berg (2.348 m) und über diesem die noch hinausragende Kanzel Plattinger Spitze (2.673 m), die zusammen im weiteren Bergpanorama der südöstlichen Alpenspitzen lagen.

An ein, zwei oder drei Seen, die unterhalb vor uns an der Bergkante des kommenden Tales lagen, schien unser Weg Richtung Meraner Hütte rechts vorüber zu führen, um sich schließlich an steilen Berghängen entlang am Horizont zu verlieren. Da konnten noch gut ein bis zwei Stunden vergehen, bis wir dort sein würden. Aber wir freuten uns an diesem sagenhaften Ausblick und waren froh, am Morgen so früh aufgebrochen zu sein.

Jetzt gingen wir zufrieden mit uns und der Welt weiter. Als wir den Felsschlot fast hinter uns gebracht hatten, sahen wir den Ziegenhirten mit seiner Hündin Sheila vom vor uns liegenden gewaltigen Hang des Mairnieder (2.440 m) herab kommen. Sie mussten über einen anderen Grat auf diese Seite der Gebirgszugs herüber gekommen sein. Beide gingen wie wir der Hochebene, die vor uns im Tal lag, entgegen.

Als wir deren Bergkante erreicht hatten, brach der Himmel vollends auf. Er öffnete den Blick auf weitere, sich vor uns ausbreitende Weiden und Wiesen und gab die Sicht auf die umliegenden Gipfel preis. Und gleich vor uns kreuzten wir den Weg des Ziegenhirten mit seiner Hündin, der auf seinem Weg bei seiner diesseitigen Herde angelangt war. Als Sheila mich auf sich zukommen sah, wohl gerade nichts zu tun hatte, rannte sie mit einem Mal mir entgegen. Sie setzte sich am Fuß rechts bei mir nieder und schaute mit treuherzigen Augen zu mir auf, wollte wie am Morgen geschehen, noch einmal ausgiebig gestreichelt und liebkost werden.

Der alte Herr und Hirte kam wie sie zu uns herüber. Wir unterhielten uns zu fünft, leutselig beieinander stehend. Auch ihm gefiel es, hier einen netten Plausch mit freundlichen Wanderern zu führen. Nach einem kurzen Gespräch gingen wir wie er, wie wir alle wieder eigener Wege. Wir brachen eilig auf, denn, unserer Einschätzung nach, waren es noch gut zwei Stunden, bis wir an der Meraner Hütte einträfen.

Der Weg führte noch weit über den Bergvorsprung hinab.

234

Die drei vor uns liegenden, kleinen Seen kamen immer näher. Wir gingen an diesen rechts vorbei, um südlich am Berghang weiter zu wandern. Hier sahen wir im Rückblick, wie hoch droben die Hirzerscharte lag, wie weit wir schon abgestiegen waren.

Eine weite Ebene mit zerklüfteten kleinen Hügeln führte uns jenem schmalen Pfad an der nördlichen Gebirgskette zu, die kurz darauf bis ans tief unten liegende Tal herantrat. Es ging auf engem Pfad zwischen Kratz-Berg (2.348 m) und Verdinser Platten Spitze (2.675 m) schroff am steil ins Tal abfallenden Berghang entlang. Man sah diesen bis weithin zum Horizont sich erstrecken. Es war kurz vor 11 Uhr, noch genug Zeit, um zu früher Stunde noch die Meraner Hütte zu erreichen. So gingen wir geschwinden Schrittes voran, in unseren schönsten Gedanken auf der Meraner Hütte schon angekommen.

Doch auf einmal, wie wir unseren Weg am Berghang auf weithin sichtbarem Pfad entlang gingen, sahen wir hinter uns zwei markante Personen aufschließen. Es waren die

Die Hirzer Spitze im Blick zurück.

rasenden Schwestern, die uns von Minute zu Minute näher kamen und uns einzuholen drohten. Schon von fern, als sie uns erkannten, flog uns ihr Lächeln verbissen zu, während ihnen die Zöpfe flotten Schrittes hinter drein flogen und der Busen lustig voran wippte. Maxi meinte entmutigt:

„Au weia! Da kommen sie ja schon, die Wanderkampflesben! Was treibt d i e bloß an?".

„Die haben 's aber eilig."

„Wir sind im Gegensatz zu denen unterwegs wie flanierende Fußkranke, die einmal im Jahr mit Krücken und Rollator Ausgang bekommen."

„Da hast du recht. Das passt perfekt auf uns", und ich ergänzte, indem ich Maxi tiefgründig anschaute: „aber, ehrlich gesagt, die Selbstkritik, die du an uns übst, ist Kennzeichen einer besonders hohen Intelligenz."

„Danke. Das meinst du? – Das läuft jetzt aber runter wie Bier."

„Entschuldige, war nicht so gemeint."

„Hätte mich auch gewundert; denn meine Frau hätte das bestimmt ganz anders gesehen."

Wir grinsten uns an. Aber es war doch peinlich, dass uns die rasenden Schwestern hier antrafen und uns von hinten auf die Pelle gerückt waren, uns, die wir so früh mitten in der Nacht auf der Hirzer Hütte aufbrachen, als die Schwestern noch schliefen. Unser Vorsprung schmolz in diesen Minuten sichtlich wie Schnee im Julei.

Aber sie schenkten uns, als sie bei uns eintrafen, einen zusammengelächelten, bewundernden Satz, bevor sie schnellen Schrittes schon wieder vorüber gestürmt waren:

„Ach! Ihr auch schon hier? Ihr seid heute aber schnell!"

„Ja, wir wollten schon zum Morgengrauen auf dem Hirzer sein."

„Wir zwei sind um 9 Uhr, gleich nach dem Frühstück,

aufgebrochen. Wir sehen uns dann auf der Meraner? Wann seid ihr dort?"

„Wohl kaum vor euch, wie mir scheint."

Das waren sie, die beiden Fußball spielenden Renngurken, die erst gestern Nachmittag auf der Hirzer Hütte eingetroffen waren und neben uns auf der Terrasse saßen. Sie waren anders als wir, sie waren sportlich am Berg unterwegs, auch wenn Maxi zu Beginn unseres Urlaubs noch geglaubt hatte, total fit zu sein. So sagte ich zu ihm, der mich irritiert ansah:

„Sag lieber nichts. Du schaust schon so blöd genug."

Aber was half es? Auch wir waren in Oberstdorf aufgebrochen und bis hierher gekommen. Es konnte uns gleich sein, ob wir solchen schwesterlich zusammen geschweißten Laufenten das Wasser reichen konnten oder nicht. Vielleicht kam es denen auf die Natur und die Ausblicke im Hochgebirge gar nicht an, nicht so sehr jedenfalls, wie uns; oder sie hatten davon schon so viel gesehen, dass sie vor solchen Ausblicken davon liefen. In Anbetracht dessen

Und der weite Weg am Berghang entlang bis Meran 2000.

hätten wir ja tatsächlich zum Ballermann fliegen können. Denn unnütz am Strand oder unnütz im Hochgebirge, beides war gleicherweise im Eimer und in jeder Weise total Sangria. Hochfliegende Träume und unerfüllte Wünsche gab es überall. So war es egal, ob die Ausblicke beim Wandern wie im Gebirge wenig bis nichts los machten, weil Gaststätten und Hotels in den alpinen Skiorten zur Zeit geschlossen und dunkel waren; denn die Gastwirte brauchten die Zeit des Sommers, um im Keller die Einnahmen des Winters zu zählen.

Es dauerte nicht lange, da waren die beiden rasenden Kampfwanderschnecken außer Sichtweite. Da sie uns so beschämt hatten, fragte ich Maxi:

„Meinst du, die beiden sehen uns als eingefleischte Langweiler am Berg an?".

„Vielleicht nicht als Langweiler. Aber die zwei, mit ihren feschen Wadeln, die muskulös und fest sind wie die von g'stand'nen Männern, die würden, scheint mir, mit so zwei Schwachmaten, wie wir es sind, nicht mal freiwillig duschen wollen, geschweige denn, d'ran denken."

Also blieb es für uns bei der Aussicht, die wir hier hatten: das Panorama und die Gipfel der Alpen, die Berge, die ohne das Wasser aus einer Duschbrause vor uns lagen, allenfalls jene vom Himmel herab. Und die waren für uns schön genug. So sah man drüben auf den Ebnen Berg (2.123 m), den Essen-Berg (2.315 m) und in der südlichen Ferne die Gipfel des Großen Mittager (2.422 m); dazwischen das mit einem weitläufigen Wald überdeckte Tal, durch den der Sagbach in langer Linie fließt. Er wird zum Teil aus dem Kratzberger See gespeist, der auf 2.119 Metern Höhe liegt und zu seiner einen Seite ein klares Gebirgsgold in breitem Wassersturz rauschend zu Tal gießt. Dieser See zählt nach Aussage der Reiseführer mit seinem

Vor uns der Kratzberger See mit dem Weg nach Meran 2000.

gebirgsklaren Wasser zu den tiefsten Seen in der Alpenregion. Denn stille Wasser, wie es heißt, sind tief; das wussten wir zwei am besten. Denn aufgrund der geringen Größe – der des Sees, wie die unsrige – ein beeindruckendes Faktum.

Am Kratzberger See, den wir schon aus weiter Ferne sahen, kamen wir um 12:32 Uhr an. Hier, wo zahllose Kühe weideten, waren die rasenden Laufenten längst durch. Jenen schien das kurze und harte Gras zwischen den Felsen genügend nahrhaft zu sein. Das Wasser, das am Ufer felsig begrenzt war, bot ihnen eine ausreichende Tränke. So war es für sie gut, hier zu sein und ein anderer Platz fürs viehische Weiden nicht nötig.

Wir steckten am sonnigen See kurzzeitig unsere müden Füße ins kühle Nass. Das Wasser war kalt, aber es war gut, den Gehschmerz in dieser Weise zu verlieren. Doch dann, einen Müsliriegel in den Mund geschoben, ging es weiter. Wir gingen an den lethargisch und ruhig vor sich hin käuenden und aus müden Augen uns anglotzenden Kühen vorüber. Sie waren neugierige Tiere, die ihrer Sehbegierde immer wieder und noch für ein weiteres Mal nachgaben, es taten, so oft Wanderer mit ihrer sonderbaren Outdoor-Kleidung vorüber kamen.

Nach dem Kratzberger See (2.119 m) ging es in einem viertel Bogen steil auf einen scharfen Grat hinauf. Der Pfad stieg extrem an, der höchste Punkt lag weit über uns.

Im Rückblick von dort, sah man hoch erhoben zum See zurück, der in einer Bergnische zwischen gebirgig aufragenden Zinnen mit seiner tief blauen Oberfläche ausgebreitet lag, davor ein Streifen Fels- und Geröllmoräne, auf dem die Kühe Gräser käuend standen. Der Streifen Ufermoräne war nicht breit, aber genügend mächtig, um das flüchtige Nass im engen Schlund am Berghang zu halten. Es mutete aus der Ferne wie das Waschbecken eines Riesen an, der vergessen hatte, den Stöpsel aus der Gebirgswanne zu ziehen, ums tiefe, klare Wasser auszulassen. So konnte es nur über die tiefste Stelle des Steingrats in breitem Schwall abfließen.

Als der Übergang an der Eckkante der Verdinser Platten Spitze (2.675 m) erklommen war, bog der Pfad scharf nach Süden ab. Doch von hier war zu erkennen, dass der Weg noch lange nicht zu Ende sein würde. Er zog sich noch mindestens einen weiteren Kilometer, wenn nicht zwei, am schroffen Bergmassiv entlang. Bis weithin war er, außer sein Verlauf in den Bergbuchten, sichtbar. Erst irgendwo in der Ferne schien dieser Pfad in eine neue Hochebene zu münden. Es war die Grüblalm mit der darunter liegenden Kirchsteiger Alm (1.965 m), an der die Region mit Namen Meran 2000 beginnt.

Enttäuscht und voraus grübelnd, dass die müden Glieder nicht so schnell heute ihre Ruhe fänden, ging es weiter. Der Kratzberger See war längst hinter dem gerade überschrittenen Bergvorsprung verschwunden. Erst nach einstündigem, forschen Gehen erreichten wir die Grüblalm, die durch einen aus frischem Holz erbauten Weidezaun von der Kirchsteiger Alm geschieden ist. An dieser Stelle, an der der Wanderweg Nr. 4 von der Hirzer Spitze herkommend endet, stößt dieser auf andere Wege, zum Beispiel den Panoramaweg um den Großen und Kleinen Mittager, den Weg Nr. 13 zur Kaserwies Alm und zum Aberstückl. Wir nahmen jenen dritten, der innerhalb einer halben Stunde zur Meraner Hütte führen sollte. Es war 13:26 Uhr, als wir von hier wieder aufbrachen.

Das weite Rund der Berge und Anhöhen, in das wir von hier aus hinein kamen, war leer und kahl. Es konnten allenfalls Weiden sein, die im Winter als Skiabfahrten genutzt wurden. An manchem nackten und kahlen Hang zog sich ein einsamer Lift hinauf, an anderen führte einer durch ausgelichtete Wälder hinab. Dazwischen geworfen standen ein paar Hütten und Almen, zwischen denen einsam ein paar Passanten flanierten. Man sah diesen schon von Ferne an, dass sie gemäß Kleidung und Outfit keine richtigen Wanderer waren. Sie trugen Wanderkluft als Verkleidung, gingen langsamer noch als wir – was tatsächlich ein Kunststück war. Sie waren in freier Natur auf dem Laufsteg der Haut Couture Parisienne unterwegs, aber nicht als Models, sondern als Natürlichkeitsattrappen. Denn nirgends am Outfit fand sich ein Flusen oder Fleck, nirgends etwas, das den wohl geordneten Gesamteindruck an Farben und Kleidungsstücken störte, nichts, was das perfekte äußere Erscheinungsbild trübt. Sie wandelten mit ihrer klinisch astrein hergerichteten Botox-Mimik grußlos vorüber, als sei Meran 2000 eine Casting-Show.

Solche Leute erkennt man zuerst daran, dass ihnen niemals ein unnötiges „Hallo", ein überflüssiges „Servus" oder ein demütiges „Grüß Gott" über die Lippen kuscht. Denn sie kuschen selbst und zeigen mit maskenhaftem Geschau, dass ihnen etwas Offenes an ihrer Persönlichkeit fehlt. Sie, denen sich nur andere andienern, halten einen Gruß an jedermann nur als unnötig kostspieliges Geschäft und für reine Verschwendung. So geht man in solchen Regionen als Wandernder an Entgegenkommenden selbstbewusst und schweigsam vorüber, im sicheren Bewusstsein, selber eine Botox-freie Stilblüte zu sein.

Es war 13:34 Uhr, als wir unseren ersten Blick auf die Meraner Hütte erhaschten. Hier am Kamm, auf dem wir standen, begann eine Hochalm, die den Blick auf die Hütte freigab. Von dieser Bergkante führte ein Natursteinweg zu einem Wirtschaftsweg hinab, an dem im weiteren Verlauf die Hütte liegt. Doch da die Steinplatten dieses Weges nicht mit ihrer flachen Seite aneinander verlegt worden waren, sondern senkrecht aufgekantet den Bodenbelag des Weges bildeten, war es nicht möglich, darauf zu gehen. Dieser gekantete Untergrund war so uneben, dass man Gefahr lief, auf den Plattenkanten auszurutschen und augenblicklich fallen zu müssen. Es war ein wahres Kunststück, darüber zu gehen und ohne Knochenbrüche, ohne Knie- oder Knöchelverstauchungen am Ende dieses Weges herauszukommen. Das war vermutlich nur für besonders darauf trainierte Zeitgenossen möglich oder für solche mit genügend Sohlen erweichenden Silikon-Pölsterchen in den Füßen. So wählten wir mit den Otto-Normalverbraucher-Füßen lieber die Grasnarbe seitlich, um heil zum Wirtschaftsweg der Fuhrleute und Dienstboten zu kommen.

Dort ging es über eine schmale Brücke und den Hang nach Süden wieder hinauf, bis wir wenige Minuten später vor der Meraner Hütte (1.930 m) standen. Gleich dabei auf der Wiese ruhte im Gras, neben einer Haflingerstute, ein

Fohlen. Dieses schaute die Neuankömmlinge aus neugierig blickenden Augen an, während die Stute da stand und sich nicht an den Wanderern störte.

Wir sahen, bevor wir in die Hütte eintraten, nach Kuhleiten und zum Ifinger (2.581 m) hinüber, wo auch jetzt im Juli viel los war. Denn es hieß, wer dort oben nicht gestanden hat, war nicht in Meran 2000 oder ist überhaupt nicht

Von hoch droben kommt die Meraner Hütte in Sicht.

in den Alpen gewesen. Dort droben gewesen zu sein, gehört hier in Meran 2000 zum touristischen Muss, dem die meisten mit Seilbahn, Kaffee und Kuchen Herr zu werden versuchen. Aber mir schien, dass auch in Meran 2000 mit Highheels an den Füßen oder Smoking und Lackschuhen am Leib auch ein noch so normaler Weg dort hinauf kaum zu machen war, außer man könne fußseitig und gehtechnisch auf jene Pölsterchen zurückgreifen – oder eben auf die Bequemtour mit der Seilbahn.

Es war 14:10 Uhr, als wir mit unseren schweren Bergstiefeln in die gefliese Meraner Hütte eintraten. Gleich am Windfang lag die Rezeption, auf deren Tresen eine große Zahl bunter Prospekte lag, die die Gäste zu Schönheitskuren, Wellness und Golf, zu Hüttenzauber und Disco-Abenden einluden. Uns hätte ein Bett gereicht, um den Körper flach und die Füße in die Horizontale zu legen.

Als der Wirt kam, wies er uns ganz oben im Haus ein Fünf-Betten-Schlaflager zu, in dem die Schlafsäcke nicht gebraucht wurden. Es gab Bettdecken und Kissen für die Nacht. Wir nahmen die beiden Betten am Fenster. Zuerst waren wir in diesem Zimmer allein, hofften, dass es so bliebe. Doch später quartierte sich auch ein Paar darin ein.

Wenig später trafen wir uns mit Schnitthuber Kurt und Klarine auf der großen Sonnenterrasse zu einem ersten erfrischenden Getränk. Doch die Sonne stand schon zu tief, damit sie den kühlen Wind, der kalt um die Hausecke blies, genügend erwärmte. Dieser pfiff an der Hauswand entlang, lies kalte, frostige Schauer durch den Körper ziehen. Es fröstelte einen zunehmend. Doch konnte ich mich nicht recht entschließen, hinein und hinauf zu gehen, um mich wärmer anzukleiden. Ich sah die Witterung als eine nach einer langen Wanderung erwünschte Abkühlung an. So holte ich spät meine Fleecejacke vom Zimmer, zu spät, um einer beginnenden Erkältung, einem auflebenden Husten mich noch zu erwehren.

Erst als Maxi vom Duschen kam, setzten wir uns nach drinnen. Wir nahmen den Tisch mit Eckbank gegenüber der Theke. Dort machten wir uns breit. Hier verbrachten wir den Abend, hier aßen wir und pflegten, wie so oft schon auf dieser Wanderung zuvor, das Schafkopfen.

Wie wir so saßen und ratschten, traten mit einem Mal die zwei fliehenden Schwestern in den Raum. Sie machten sich am Tisch links der Theke breit und läuteten ihren geselligen Abend ein.

Als sie uns erblickten, lächelten sie herüber. Wir schauten eher nur verschämt zurück. Als die eine beim erneuten Verlassen des Raumes an unseren Tisch trat, sagte sie: „Und? Wann seid ihr eingetroffen?".

„Irgendwann nach 14 Uhr. Ihr ward ja wirklich schnell", sagte Maxi kleinlaut.

„Na ja, geht so", sagte sie, „eigentlich wollten wir pro Tag zwei Etappen machen; weil wir nicht die Zeit haben." Kaum gesagt, ging sie lachend von dannen. Maxi schaute mich an, ich musterte ihn. Dann sagte er:

„Die zwei haben unmittelbar vor mir geduscht – gemeinsam, versteht sich!", er schaute mich tiefsinnig an und führte sein Empfinden weiter aus: „Ich hab' gewartet, bis sie fertig waren, hätte aber verdammt gern mal deren fesche Wadeln gesehen."

„Vielleicht gleich mit denen geduscht? Das kriegst du leichter auf 'ner Erotik-Messe oder im Fickness Studio. Da hast du alles, was du brauchst – gleich die komplette Palette."

„Du Arsch! Im einen gibt's nur die ganz dünnen Fadenscheinigen und im anderen die viel zu dicken Drallen."

„Ja und?", fragte ich zurück.

„Und dazwischen verkehrt immer nur die S-Bahn, und die kommt sowieso immer zu spät oder fällt gleich ganz aus – eben so wie wir."

„Ja, natürlich, ich weiß, mitgeduscht hättest du trotzdem gerne. Aber genau das haben die zwei bei uns ohnehin geschafft, zwar ohne Wasser und Duschbrause", ließ ich mich schmunzelnd hören, weil die beiden Kampfschwestern uns, die wir so früh auf der Hirzer aufgebrochen waren, lockig flockig auf halbem Wege überholt hatten. Weil Mann, so wie wir zwei, bei solchen Sport-Schwestern wenig ausrichtet, widmeten wir uns lieber wieder dem, was wir noch am Besten verstanden: wir stießen an und spielten unser Schafkopfen.

Etappe 13: Meraner Hütte – Jenesien bei Bozen

Heute, die 13. Etappe; es war Samstag. An diesem Tag, es war der 25. Juli, brachen wir zur letzten Episode auf unserem Weg über die Zentralalpen von Oberstdorf nach Meran und Bozen auf. Doch der Tag begann im gleißenden Licht der Meraner Sonne und einem Neun-Uhr-Weißbier-Frühstück auf der Terrasse: Meran 2000 – für uns der Beginn eines deprimierenden Abschlusses einer langen Zu-Fuß-Geh-Orgie, ohne Ballermann, ohne Strand und ohne Mädels – und so stand nach dieser Fernwanderung zum nächst gelegenen Airport der Spruch im Raum:
„Halt wieder a Mãle wie em richtiga Läba! Älles schief ganga!".
Die letzte Etappe von der Meraner Hütte ging nicht nach Chinesien, noch nicht mal nach Tunesien, sondern nur bis Jenesien oberhalb von Bozen, das leider nicht am Ballermann liegt, aber einen Flughafen hat. Denn Bozen würden wir noch erreichen. Darin waren wir uns gewiss, als wir uns nach dem Packen der Rucksäcke und dem Räumen der Nächtigungszimmer auf der Terrasse der Meraner Hütte einfanden, um ein verfrühtes Hopfen-Süppchen zu schlür-

Schnitthuber Kurt und Klarine beim Sport-Frühstück.

Meraner Hütte vor der Ifinger Spitze und Scharte.

fen. So konnte der Tag beginnen, konnte von uns die letzte Etappe auf dem E5 von Oberstdorf her kommend angegangen werden.

Um 10:32 Uhr brachen wir von der Meraner Hütte auf. Nur Schnitthuber Kurt und Klarine nahmen zuvor noch ein kurzes Schaukelabenteuer auf dem Spielplatz vor dem Haus. Es ging direkt von der Schaukel auf die letzte Etappe und immer Jenesien entgegen. Die Entfernung bis dorthin wurde mit sechs Stunden angegeben, von denen die zwei rasenden Sportkampfschwestern zum Zeitpunkt, zu dem wir gerade mal aufbrachen, bestimmt schon die Hälfte hinter sich gebracht hatten.

Es ging von der Meraner Hütte zuerst über einen breiten Feldweg einen kahlen Hang hinauf. Der führte über Vorhügel, in denen es auf und ab ging, zum Schartboden (1.964 m) hinüber. Die Meraner Hütte lag im Hügelensemble vor der Ifinger Spitze. Sie wurde schnell klein, war bald zu einem fernab stehenden Spielzeughaus geworden.

Wir umrundeten die Spitze des Schartbodens auf östlicher Seite. Als wir ihn hinter uns hatten, öffnete sich der Blick auf eine leicht unter uns liegende, weite Ebene, in der der Wanderweg auf engem Pfad an einem Weidezaun entlang lief. Diese Hochebene zog sich bis fast zum weitab liegenden Horizont hin; nur dahinter im blauen Dunst eine schmale Linie von Gebirgszügen. Bis dahin übersah man den Weg. Er schien sich erst im fernen Dunst der auslaufenden Landschaft zu verlieren.

Doch diese Hochebene, durch die wir bis zum fernen Horizont gingen, war zugleich eine Sakralbühne der Natur für ein grandioses Bergpanorama, das von Nordosten über den Süden bis in den Westen ging, von den Gipfeln der Dolomiten mit Sella, Marmolada und Rosengarten bis in die tiefer liegenden Hochwälder um Hafling und Vöraner Joch in der Region der südlichen Sarntaler Alpen.

Je weiter wir kamen, tauchten im Osten, im bläulichen Dunst des sonnigen Tages die Geislerspitze (3.025 m) und weiter im Südosten die Sella Gruppe (3.152 m) mit dem Massiv des Bindelweges und dem davor liegenden mächtigen Gletscher der Marmolada (3.342 m) auf, in dem mit dem I. Weltkrieg ein österreichisch-italienischer Krieg im Eis geführt worden war, wie ihn die Welt bislang nicht erlebt hatte. Aber inzwischen hatte der Marmolada-Gletscher durch Erderwärmung große Teile seiner Eismassen verloren. Der Krieg, der in den letzten Jahrzehnten seit diesem ersten europäischen tobte, nennt man Klimawandel. Er ändert unser Ökosystem und die natürlichen Lebensgrundlagen nachhaltiger als es eine Spezies jemals zuvor in der Erdgeschichte vermocht hatte. Vielleicht eine Katastrophe ganz anderen, für uns völlig unbekannten Ausmaßes.

In dieses im klaren Licht und unter blauem Himmel liegende Alpenambiente wanderten wir über Stunden hinein. Es zeichnete sich mit der heutigen Etappe ein beeindruckender Abschluss unserer gesamten Wandertage in den

Ausblick in die Dolomiten mit Marmolada und Rosengarten.

Zentralalpen ab. Es war kurz nach 11 Uhr, als wir in diese atemberaubende Gebirgswelt hinein gingen.

Kurz vor halb zwölf Uhr trafen wir auf der breiten Hochebene am Kreuzjöchl (1.980 m) ein. Hier, am Tor im Weidezaun, auf dessen linker Seite der Weg nach Süden verläuft, kreuzte unseren Weg der westöstlich führende Pfad von der Maiser-Alm nach Obermarchen ins östliche Tal.

Wir gingen jedoch nach Süden weiter. Unser Weg nahm ab hier wieder allmählich Höhe auf. In einem halben Kilometer Entfernung hatten wir die Anhöhe der Maiser Rast erklommen, die auf 2.026 Höhenmetern liegt. Von hier ergab sich ein weiterer gewaltiger Umblick auf die Bergzüge

Wegzeichen auf Granitfels mit Blick in die Sarntaler Alpen.

und Gipfel von den östlichen Dolomiten über den Süden bis in den Westen, wo weitläufige Waldgebiete von geringerer Höhe den Blick begrenzen. Es war Mittagszeit, als wir hier eintrafen.

Hier am Wegesrand lag ein bunt bemalter Granitfels, der in den Farben und Zeichen des E5-Wanderweges farbig verziert war. Seine Buntheit und Zeichenfreude war kurios. Jemand hatte sich die Mühe gemacht, eine größere Aufmerksamkeit für den E5 von den Vorübergehenden zu erhaschen.

Nach einem weiteren Kilometer, es war 12:25 Uhr, kamen wir zu einem zweiten Kreuzjoch, das auf 2.084 Metern liegt. Der Ausblick von dieser kahlen Anhöhe, auf der ein überdimensioniert großes Kreuz mit drei gedrechselten Querbalken steht, mit einer Sitzbank davor, war noch einmal mehr bemerkenswert. Von hier hatte man eine gute Sicht ins Ultental, daneben ins Vinschgau mit Schloss Juval des Reinhold Messner, das direkt am Eingang des Schnalstals liegt. An dessen Ende, mit den dahinter liegenden Ötztaler Alpen, befindet sich die Fundstelle des Uralpenüberquerers Ötzi, dessen Mumie am 19. September 1991 beim Tisenjoch, nahe dem Haus Labjoch in den Ötztaler Alpen oberhalb des Niederjochferners in 3.210 Metern Höhe gefunden wurde. Er verunglückte dort in der Zeit um 3.400 v.Chr., in der Kupfersteinzeit und konnte bis in die neunziger Jahre des letzten Jahrhunderts von der Bergwacht nicht gefunden werden.

Als wir kurz pausierten und die Aussicht genossen, kam ein Paar in embryonal fixierter Wandersturzhaltung vorüber. Die zwei Automatenmenschen rammten wie mechanische Blechspielfiguren die Wanderstöcke im Gleichtakt in den Boden, stapften vom aufgezogenen Federwerk angetrieben starren Blicks an uns vorbei. Sie kamen bestimmt

Auf dem Kreuzjoch. Im Rückblick zum Ifinger und zur Hirzer Spitze.

von der letzten Seilbahnstation, an der jemand ihren Ein-
schalthebel betätigte hatte und nun hoffte, sie in Bozen,
bevor die Federspannung erlahme, wieder in Empfang
nehmen zu können. Die beiden, die aufs Beste mit Wanderhemd und -hose, mit blassem Safarihut und schwind-
süchtigem Rucksack ausstaffiert waren, liefen im Gänse-
marsch hintereinander her, dabei so dicht beieinander, dass
es schien, als seien sie aneinander genietet; was bei Blech-
spielzeug keine Überraschung gewesen wäre.

Im weiteren Verlauf senkte sich der Pfad allmählich entlang dem Hochrücken über Möltener Kaser (1.763 m) bis
zum Möltener Joch (1.734 m) ab. Der stärkste Abstieg lag
direkt hier, von wo wir aufbrachen. In weiten Serpentinen,
dann stark geschlängelt, ging es in ein Zwischental hinein,
um über weitere Hügel, die folgten, immerzu leicht auf-
und abzusteigen. In dieser leichten Wanderbewegung kamen uns die Gipfel der Dolomiten noch näher. Das lag
vielleicht an der klaren Luft und dem herrschenden Licht,
da es, je weiter es in den Tag ging, immer mehr aufklarte.

Bald standen wir, es war 13 Uhr, am Auener Joch, das als scharfer Einschnitt in einer Tiefe von 1.924 Höhenmetern liegt. Hier kreuzte der Westostweg von Waldbichl zur Sarner Skihütte auf 1.618 Metern. Doch wir gingen nach Süden weiter, um nach 20 Minuten an der östlichen Erhebung mit Namen Stoanerne Mandlen (2.003 m) vorüber und durch einen dichten Wald bis zum Möltener Kaser zu gelangen.

Doch bevor wir am Möltener Kaser ankamen, erschien mitten im Wald eine Zwei-Personen-Bank, in deren Lehnenholz ein rotes Liebesherz mit Pfeil geschnitzt war. Darüber stand auf einem zum Freundschaftsschild gearbeiteten Brett die wohlwollend und herzlich gemeinte Bezeichnung „Verliebung's Baum". Doch stand nicht dabei, ob es sich um eine verspätete Sitzgelegenheit für die Geierwally und ihren Bären-Joseph handelte, also für Leute, die sich erst noch ineinander verlieben mussten, oder für andere, die es schon waren. Aber für uns vier war das kein Problem: Zwei gehörten sowieso zusammen, die anderen beiden wussten es nur noch nicht. Aber darauf zu sitzen, probierten wir alle. Ob miteinander oder im Wechsel oder einzeln ... der Rest, der blieb, war unser Geheimnis.

Der Verliebungs-Baum.

Schließlich gingen wir beherzt weiter. Der Weg führte auf weichem Boden immerzu durch den Wald.

Bald, von einer Anhöhe im Wald absteigend, sahen wir vor uns, als sich der Blick in eine Weide hinein öffnete, einen frischen Holzzaun mit schönem Biergarten, dahinter eine neu erbaute Hütte, wie es schien. Das war der Möltener Kaser.

Als wir dort standen, zögerten wir zunächst hinein zu gehen, da wir wussten, dass es bis Jenesien noch ein weiter Weg war. Doch signalisierte unser Gefühl in den Beinen, dass unsere Gehapparatur eine Ruhe- und Erholungszeit wünschte, ganz zu schweigen von einem gepflegten Durst, der als Herzenswunsch wie dürre Worte auf unseren Lippen lag. So traten wir ins Innere des Möltener Kaser ein, suchten uns im geschäftigen Getriebe der Terrasse einen sonnigen Platz und bestellten.

Hier hielten wir es im heißen Sonnenschein und bei lockerem Plausch eine gute Stunde aus. Es war schon 14:50 Uhr, als wir uns erneut aufmachten. Die Gläser waren leer, die Teller abgegessen. Es war Zeit aufzubrechen vom „Möltner Kaser 1806 m – Mölten – Südtirol"[17], wie es auf der Speisekarte heißt.

Vom Möltener Kaser, der in einer Lichtung am Weidenhang liegt, führt der Feldweg, auf dem wir unsere Wanderung fortsetzten, durch einen Wald, der bald lichter wurde und schließlich als Pfad über eine große Weide ging. Auf dieser stand eine Herde zahlloser Kühe und Kälber, die das Weh und Wollen von Wanderern nur schwer einzuschätzen wussten. Sie kamen aus Neugierde heran, glotzten uns an, begleiteten uns ein Stück des Wegs, ohne dass wir wussten, was ihr Glotzglück an uns war. Aber ihre Weide war so groß und weitläufig, dass es für sie eine besondere

---

[17] Die Schreibung für „Mölten" scheint nicht einheitlich zu sein: Während die Wanderwegweiser und Speisekarte „Möltner Kaser" verzeichnen, spricht die Wanderkarte von „Möltener Kaser".

Freude zu sein schien, sich mit uns ein wenig wandernd die Beine zu vertreten.

Allmählich ging der lichte Weidewald in eine Hochebene über, in der nur einzelne, sehr alte Bäume standen. Hier hindurch führte der Weg, an den die im Horizont stehenden Gipfel der Dolomiten in der klaren und von Sonne durchfluteten Luft noch näher herantraten. Ein erhebendes Schauspiel von Nähe und Ferne zeichnete sich vor unseren Sinnen ab. Man wusste nicht, ob die Natur oder man selbst seine Wahrnehmung befeuerte oder betrog.

Es war 15:30 Uhr, als sich der Weg stark absenkte und ein geteerter Fahrweg begann. Wir verließen das Möltener Joch mit seiner Höhe von 1.734 Metern. Der Weg führte in einem westlichen Bogen an einer weiteren Viehweide vorüber und an Bauernhöfen vorbei ins Tal, aus dem es nach Überquerung einer Landesstraße, durch die Mölten mit Flaas verbunden wird, wieder steil hinauf ging. Auf einem engen Waldpfad konnte es vermieden werden, die Asphaltstraße als Wanderweg nehmen zu müssen.

Als dieser aus dem Hangwald herauskam, ging es über eine Weide mit Baumallee Richtung Lafenn (1.527 m), eine Ansiedlung mit landwirtschaftlichem Betrieb und gastwirtschaftlichem Hof, herkömmlich bezeichnet als Gasthof oder Hotel, bei dem an diesem Tag auf Terrasse und im weitläufigen Garten Blasmusik gespielt und ein Fest gegeben wurde. Hier ging eine volkreiche Party mit Grillwurst und Pommes ab.

Zuerst überlegten wir, ob eine weitere kulinarisch unterlegte Unterbrechung der Wanderung angesagt sei. Aber die letzte Pause lag zu kurz zurück. Zudem war der Weg bis Jenesien noch immer weit und die Uhrzeit schon reichlich weit voran geschritten. So ließen wir Lafenn mit seinem sirenenhaften Blechbläsern links liegen, mitsamt Weiß-

Die Dolomiten und die Sella Gruppe im Sonnenschein.

bier, Grillwurst und sonstigen Tirolerischen Leckerbissen.

Es war 16:40 Uhr, und bis Jenesien blieben noch gut und gerne acht Kilometer. Aber das wussten wir nicht so genau. Denn die Wanderwegweiser nannten den Europäischen Fernwanderweg E5 nur noch verschämt abgekürzt „EFW 5". Ich wusste nicht, was das hieß, aber es war eine Abkürzung, um den normalen Touristen nicht zu erschrecken oder gar zu irritieren.

Aber nun ging es geschwinder als zuvor voran. Wir betäubten uns mit einem beschleunigteren Schritt. Nach einer langen Geraden, in der man noch lange Lafenn im Rückblick sah, aber immer weniger davon hörte, führte der Feldweg zwischen Weiden mit hohen Holzzäunen hindurch. Vereinzelte Fichten und Tannen säumten den Weg, spendeten an diesem heißen Sommertag wenig Schatten vor der brütenden Sonne. Ich beschleunigte meinen Schritt in einer Weise, dass ich bald die anderen weit abgehängt hatte. Ich war weit voraus und genoss es, die letzten Kilometer bis Jenesien alleine zu gehen, mit mir wandernd zu reden und den Blick auf jene Berge im Osten zu heften, in denen ich vor Jahren von München nach Venedig gewandert war. Nun sah ich, was ich damals unmittelbar erlebt hatte und nicht wie jetzt aus großer Ferne im Überblick eines überschauenden Auges genießen musste.

Erst um 17 Uhr trat ich an ein Wanderschild heran, das die Richtung nach Jenesien wies und die Nummer des Weges mit einer Eins bezeichnete. Noch einmal ging es ein ganzes Stück durch einen Wald, einen Hügel im Forst hinauf und schließlich wieder über einen vergatterten Weg mit Weiden hinab, auf denen eine große Zahl von Haflingern stand. Eine Stute, die am Zaun ging, hatte ihr Fohlen dabei und zeigte es stolz den Vorübergehenden vor.

Kurz darauf erschien ein weiteres Wanderschild, auf dem die Gehzeit bis Jenesien bezeichnet war, dabei ein Hinweis auf das Gasthaus »Edelweiß« kurz vor Jenesien, hier, wo der Weg zum Gschoferstall wegging. Nun war es 17:11 Uhr und es sollte bis zur Ankunft an unserem Wanderziel noch eine Stunde und zehn Minuten zu gehen sein. Ich spürte, der Weg heute, auch dieser, zieht sich, und es wäre längst genug gewesen, wenn ich nicht gewusst hätte, dass es die letzte Etappe dieser Fernwanderung sein würde. Also ging ich für mich wie ein geduldiges Gehtier Schritt um Schritt voran, apathisch und gelassen, das kommende Wandererreichnis immer vor Augen.

Im weiteren Fortgang auf der Hochebene mit Gattern und Weiden kam ich an wundervoll herausgeputzten Hütten und Stadeln vorüber, um die herum Kobolde, Hexen und Teufel tanzten und ihren Schabernack mit der Schaulust Vorübergehender trieben. Es waren ausgestopfte Figuren, geschnitzte Holzgestalten, bemalt oder mit Kleidern an, die einer aus Freude am Werken und Werkeln angefertigt und wie Wegweiser zur Unterwelt am Wegesrand aufgestellt hatte. Aber sie waren auch in den Ästen hoher Bäume drapiert, als gäbe es von hier einen Weg ins Himmelreich.

Bald darauf, als viele urige Gestalten den Wegesrand ge-
säumt hatten, kam eine eingezäunte Weide, durch die der
E5 hindurch ging. Es war 17:39 Uhr, als ich den Zaun einfach überstieg, da es keinen normal begehbaren Durchgang
für Wanderer gab. Ich wollte ihn nehmen, da hier das E5-
Schild prangte, obgleich es mir schien, dass man den Feldweg auch hätte weitergehen können.

In dieser abgezäunten Weide ging es über eine seidene
Grasweide hinab. Das war eine zum Picknick einladende
Wiese, in leichter Ordnung mit alten Bäumen bestückt.
Als nach wenigen hundert Metern auf weicher Grasnarbe
hinab, die Weide endete, stand ich wieder vor dem Latten-
zaun. Hier war ein normales Überwinden des Weidezauns
möglich. Man kam auf den Feldweg zurück. Gleich danach, es war 17:50 Uhr, traf ich am Gasthof »Edelweiß«
ein. Er lag im Licht der schon
tief stehenden Sonne. Sein
weißes Mauerwerk schim-
merte zwischen den dunklen
Tannenästen der Zufahrt hindurch. Das Schild am Ein-
gang mit grünem Titel
„Porst" und der Schriftzug
»Gasthof Edelweiß« über den
Lokalfenstern gab Gewiss-
heit: Es war geschafft! Das
Ziel des E5 erreicht! Dieser
E5 hinter mich gebracht,
dieses 'Reif für die Gipfel!'.

Hier wartete ich sitzend auf
einem großen, alten Baum-

Wenige Kilometer vor Jenesien.

stumpf. Die anderen trafen nur zehn Minuten später ein.
Es war 18 Uhr, als wir am Gasthof »Edelweiß« vorbei und

in Richtung Jenesien gingen. Wir liefen im Wald einen Schotterweg hinab, dann in die Teerstraße einmündend Jenesien entgegen. Um 18:23 Uhr gingen wir am Ortsschild vorüber und betraten die Stadt. Jenesien war da, das Ziel unserer Fernwanderung erreicht! Wir hatten von Oberstdorf über Meran nach Bozen das gesteckte Ziel geschafft. Wenn nun der Ballermann gleich hinter Bozen noch gelegen hätte, umso besser für uns.

Als wir die Straße den steilen Berg durch die Stadt hinab gingen, standen am Horizont die vom tief stehenden, orange roten Licht der Sonne beleuchteten Granitwände und Gipfel der Dolomiten. In der Abendsonne lag der Blick frei auf die Massive von Schlern, Rosengarten und Sella. Sie schienen so nah, wie wir nun unserem Ziel dieser Wanderung waren.

Um 18:31 Uhr, es war der 25. Juli 2009, standen wir an der Pizzeria »Saltenhof«. Dort, dem traditionellen Endpunkt dieser E5-Wanderung, wollten wir zum letzten Mal übernachten, wollten wir das Abendessen einnehmen, nicht zuletzt, da es hier aller Gerüchte nach die beste Pizza weit und breit gäbe.

Doch leider, zu unserem größten Missfallen, waren hier

Pizzeria »Saltenhof« in Jenesien, Treffpunkt der E5-Wanderer.

Der »Tschögglberger Hof« in Jenesien mit präsidialer E5-Suite.

keine Zimmer mehr frei. Wir mussten uns für diese Nacht eine andere Bleibe suchen, hofften, dass uns Jenesien an unserem großen Tag des Erfolgs nicht fort schicke.

So gingen wir die gekommene Straße weiter, schließlich eine der Wohnstraßen nach der Pizzeria »Saltenhof« hinauf. Der Wirt vom »Saltenhof« hatte uns einen Rat und eine Empfehlung gegeben. Doch stand Maxi und mir nicht der Sinn nach einem Privatquartier.

Wenige Schritte später kamen wir zum Haus der Pension »Tschögglberger Hof«. In dieses, rein äußerlich auf eine bessere Gästeklientel, als es wir E5-Wanderer waren, eingestellte Haus gingen wir, wir, diese abgerissenen, wenig schmeichelhaft riechenden Zeitgenossen in voller Montur samt verschwitzten Rucksäcken, hinein.

Doch dann, erst nach einem, einen ganzen Wandertag ergänzenden Irrweg durch Gänge und Fluren, über Treppen und dunkle Seitenpassagen kamen wir an der Theke der Goträume heraus. Dort stand der Chef des Hauses selbst, schenkte bei unserem Eintreten am Zapfhahn Bier und Getränke ein. Als er uns sah, kam er eilends hinter der Theke vor, aus einem anderen Raum seine Schwester. Sie konsultierten ihre Bücher, prüften und befürchteten, dass sie für uns vier nichts tun könnten.

Eine ganze Zeit lang wurde gesucht und gecheckt, ging es mit Worten hin und her. Wir warteten, vermuteten schon, dass es auch hier heute schief ginge. Wir erzählten nebenbei, woher wir kamen, was unser Weg gewesen war, warum wir erfolgreich und zufrieden hier standen. Schließlich stellten die zwei als die Möglichkeiten des Hauses das Folgende fest: Ein Doppelzimmer für Euro 59,00 sowie die Junior-Suite, die es für stolze Euro 140,00 gab.

Wir berieten, entschieden uns, dass Schnitthuber Kurt und Klarine das kleinere, kostengünstigere Doppelzimmer nehmen. Wir zwei, Maxi und ich, nahmen die präsidiale E5-Bezwinger-Suite: Darin residierten „'s Schätzle" und ich, die wir an diesem Abend mit solchem Erfolg unsere Verbindung auf immer besiegelten: weil auf eine echte Männerfreundschaft keine Kuhhaut geht – „e basta!", wie der sprachversierte Südländer sagen würde.

Die Promi-Suite der E5-Wanderpräsidenten hatte um die 40 Quadratmeter, ein großes, schönes und breites Doppelbett mit Himmel, dazu einen großen Balkon nach Süden, von dem aus man das Bergpanorama mit Schlern und den Spitzen des Rosengarten im Abendlicht orange rot leuchten sah. Nur die Gipfel der Berge jenseits Bozens lagen wie eine Galerie gespenstischen Granitgesteins schwarz und zum Greifen nahe.

Derweil, von der Aussicht wie betäubt, verwandelten wir, durch die Räume der Suite flanierend, alles in ein riesengroßes Fernwander-Überreste-Schlachtfeld, breiteten alles, was wir im Rucksack dabei hatten oder an uns trugen, auf Boden und Möbeln aus. Auch wenn heute nicht mehr ans

Sicht auf die Dolomiten von der E5-Präsidenten-Suite.

Bürsten und Waschen von Wäsche, ans Aufhängen von Wanderklamotten an Fenstern, Türen und sonst wo zu denken war: So wollten wir doch alles ordentlich durchlüften, uns eingeschlossen.

Wir duschten und machten uns abendfein, legten die im Bad ausgelegten parfümierten Seifen und das fein riechende Shampoo unseren Körpern an und versuchten, nach fast vierzehn Tagen wieder zu braven und ordentlich zivilisierten Menschen zu werden, zumindest dem Anschein nach.

Halb in Adams Gewand klopfte es plötzlich an die Tür. Es schneiten wie von einem verfrühten Wettersturz herbei geweht Schnitthuber Kurt und Klarine herein. Sie waren neugierig. Sie wollten wissen, wie wir wohnen. Sie wollten darüber hinaus klar machen, dass am heutigen Abend die Pizzeria anstünde, sprich der »Saltenhof«. Sie wollten zum Abschluss unserer Wanderung sich einmal so wohl fühlen, wie wir uns sonst beim indischen Inselwirt: am gemütlichen Stammtisch und mitten im schönsten Verkehr, bei Pizza und Pausenbier, eben Dolce Vita im Süden.

Denn dort sollte es südlich der Alpen die beste Pizza geben, vergleichbar vielleicht mit unserem indischen Inselwirt nördlicherseits.

„Tja", sagte ich nachdenklich, „Jenesische Pizza weit und breit, hier, mitten in Südtirol, die Beste, die es überhaupt gibt? Wie geht das? Wie ist das eigentlich möglich?".

Maxi, der wie ich nachdenklich drein sah, machte mir Mut, weiter zu sprechen; und das tat ich:

„Wir müssen uns schon überlegen, ob wir zum Abschluss unserer Fernwanderung hier im Restaurant der Pension »Tschögglberger« mit einem Drei- bis Vier-Gänge-Menü und entsprechend gutem Wein speisen wollen oder all das tatsächlich mit einer dämlichen Mafiatorte mit Käse und Tomate eintauschen wollen?".

So tendierten die Präsidenten stur und bockig dazu, hier zu bleiben. Pizza gab's ja auch in Bayern, gleich gegenüber beim Inselwirt. Und als Maxi noch bekannt gab, dass er einen Champus zum Abschluss und als Aperitif springen lassen wolle, war für mich, als praktizierenden Schwaben, der Fall glasklar:

„Wir bleiben hier, speisen unten im feinen Saal, wenn der Bayer schon mal Spendierhosen anhat", ergänzte ich frech mit Blick auf Schnitthuber Kurt und Klarine: „Wir dinieren! Heute braucht's zum guten Schluss weder Italienergesöff noch -gemampfe."

Alle lachten, nur eine schaute betreten: Klarine war sauer, sah ernst zur Decke. Fast flossen Tränen. Ich sagte, um sie zu besänftigen:

„So wichtig kann es doch nicht sein, heute am 25. Juli 2009, nach der Wanderung auf dem E5 Pizza essen zu müssen?".

Aber sie war unsicher, wusste nicht, ob sie sich fügen sollte. Aber schließlich wollte sie die Wanderung nicht ohne die Weihe präsidialer E5-Honoratioren ausklingen lassen. Also stimmte sie in dieser für Leben und Tod entscheidenden Frage schweren Herzens zu. Wir versprachen im Gegenzug, zum Nachtisch noch hinüber zu gehen. Dann könne man, je nachdem, wie der Hungerpegel stünde, noch eine heiße Pizza mit ihr wegdrücken.

Aber das war, kaum ausgesprochen, gleich schon gelogen, ich sah es Maxi an der Nasenspitze an, der mir wohlwollend, vermutlich meiner geröteten wegen, zunickte.

Natürlich war das Ansinnen, mit vollen Mägen in die Pizzeria »Saltenhof« zu wechseln, um pro Nase eine komplette Pizza als Nachtisch zu verdrücken, eine offenbare Idiotie. Aber was sollte man auch sagen, um Frau zu bezähmen und umzustimmen? Nachdem, was Frau sich alles so verbrieft und versiegelt in den schönen Kopf setzt?

So war die gesamte Causa gegessen. Die Präsidenten tendierten als Wandergenussabschluss lieber zu einem teureren Essens-Getue samt gepflegtem Champus-Geschlürfe in der Dinier- und Trinkhalle unserer Pension. Denn solche Absicht war ein großes Wort eines ansonsten geziemend brav Bier trinkenden Bayern, aber auch eines mit sich und anderen in aller kunstfertigen Großzügigkeit sparsamen Schwaben, der für diesen Abend einmal auf den gewohnten Trollinger mit Lemberger gern verzichtete; da wir beide, als herausragende, regional orientierte Stilikonen, zur rechten Zeit immer wissen, was sich gehört. Und so geschah, was nicht anders geschehen konnte – natürlich nur zu viert und für diesen ganzen, den lieben langen Abend.

Wenig später saßen wir am fein gedeckten Tisch unter den anderen manierlich herausgeputzten Gästen im schönen Tschögglberger Speisesaal, tranken französischen Champus und bestellten großzügig jeden einzelnen Essensgang. Es gab als erstes Schinken auf Feigen und Erdbeeren, danach als zweiten Kartoffelsuppe und als Hauptgang Fleischspieß oder Rahmschnitzel mit Reis, danach – statt Pizza im Spalterhof, wie ich nach vermiedener Spaltung der Wandergesellschaft die Pizzeria angeheitert nannte – Früchte-Sorbet. Dazu tranken wir einen Südtiroler Wein der Marke »Passion Vernage« aus Eppan, wie es uns der Sommelier empfahl, kein süßer, wie es Xaver gewollt hätte, sonder ein fein abgestimmter, mit dem Geruch von Beeren, mit Vanille und feiner Note aus sanft geraspelten Holzschnitzeln von Birke und Buche.

Und dazu, sozusagen als Krönung des ganzen Abends waren Jegliche und Jeglicher drapiert in galanter Robe, alle Anwesenden aufs Allerwerteste herausgeputzt und geflissentlichst beschönigt: Wir traten auf in T-Shirt oder Fleece, dazu passende, fast saubere Wanderhose, die, je nach Geschmack, lang oder kurz war. Ich trug an diesem Abend meine seit Beginn der Wanderung ungewaschene azur-blaue 70er-Jahre Libuda-Sporthose und das geliebte weiße, im Hüttenlook fein gesprenkelte Dreier-Pack-T-Shirt, dazu meine elegant orange kotbraunen Wandersandalen mit weißen bis gräulichen Tennissocken, die man, wäre die Raumbeleuchtung nicht gedimmt gewesen, auch grauslich hätte nennen können. Maxi saß im feinen Tschögglberger Honoratioren-Speisesaal in schwarzer Ski-Unterwäsche mit langärmeligem, eng anliegenden Herren-Blouson. Dass die nach fast 14 Tagen körperlicher Anstrengung nicht zu streng roch, lag einfach an der Tatsache, dass es eine selbstbelüftende von Odol war, oder wie die Marke auch immer hieß.

So saßen wir nach gelungenem Styling in unserer präsidialen E5-Bezwinger-Suite am fein gedeckten Tisch und genossen einen wundervollen Abend. Wir ließen die gesamte Wanderung noch einmal vor unserem Auge Revue passieren, wechselten hin und wieder zum Salatbüfett und ergötzten uns für den gesamten Abend ohne Schafkopfen, was schon für sich ein präsidiales Wunder war. Aber für die anderen Gäste waren wir sicherlich wundersame Exoten, nicht nur unserer Kleidung wegen, sondern auch aufgrund unseres honorablen Auftritts; doch für uns waren jene gastierenden Anwesenden, die hier in der Pension als normale Erholungssuchende logierten, ebenso von höchstem Interesse. So fiel auch für uns einiges Beredenswertes, ja manches Abfälliges und Beulkbares ab.

Danach, nach gelungenem Abend, fielen wir tot müde und heillos beschwipst in unsere post-präsidialen Après-E5-Wanderhimmelbetten. Wir waren himmlisch fertig und perfekt begnadet abgebrezelt, und dazu noch voll gefressen wie fette, schwangere Aale, die sich nicht einmal mehr wanden, sich kein Deut mehr wunderten, dass sie den langen Weg auf dem E5 von Oberstdorf nach Jenesien bei Bozen fast unlädiert überstanden und hinter sich gebracht hatten, bis hierher und dorthin, von wo aus der Ballermann einfach nicht mehr weit sein konnte.

Aber was ging uns jetzt noch der Ballermann an? Und eine Pizza im Spalterhof? Es war von der Uhrzeit her dafür einfach viel zu spät geworden. Die Zeit gab das einfach nicht mehr her und auch der Urlaub nicht. Das ging uns nun alles einfach am ... bzw. mit uns direkt am Flughafen von Bozen vorüber und direkt zum Bahnhof und zum Zug, das heißt nicht gleich, aber bestimmt morgen.

Nachtrag und Schluss

Als der nächste Morgen kam, stieg die Sonne – allein und ganz und gar ohne uns – von Osten her auf, derweil wir noch unbehelligt und in aller Seelenruhe tief schlummernd im Himmelbett unserer Besinnungslosigkeit lagen und uns gehen ließen, ohne dass an Wandern noch irgendwie zu denken war: Ab heute sollte und durfte kein unnötiger Schritt mehr getan werden. Alles wollte genau bedacht werden, für den jeweils nächsten Schritt, wie sich versteht. In solch präsidialer Bequemlichkeit zivilisiert und weich gebettet, ergingen wir uns nicht mehr, geschweige denn auch nur einen Meter, sondern ließen uns nach eingenommenem Frühstück vom Pensionsbus des »Tschögglberger Hofes« nach Bozen zum Bahnhof hinunter fahren. Ja, die zivilisiert unzivilisierte Welt der Gehverweigerer, die in ihrer mondänen Mobilität ohne Schnürsenkel und Sohlen, ohne Lederhosen und Haferlschuhe auskommt, hatte uns wieder. Wir stiegen, da das Zugeständnis unserer Frauen auf einen gemeinsamen Männerurlaub nun leider verstrichen war, nicht am Bozener Flughafen in den Flieger zum

Die Stadt Bozen, Hauptstadt Südtirols - mit Flughafen!

Mit Leonardo da Vinci zurück in die bayerische Hauptstadt.

Ballermann, sondern schweren Herzens um 10:30 Uhr in den Zug mit Namen Leonardo da Vinci, der uns nach München zurückbringen sollte, in die Arme unserer heiß geliebten Frauen, die, des allein Aufpassens auf Wohnung und Möbel längst überdrüssig, sehnlichst auf uns warteten – wie auch wir auf sie.

Als wir nach Hause kamen, empfingen sie uns vor dem Haus mit Girlanden und Sekt. Wir hatten natürlich nie und nimmer gewusst, noch je geglaubt, dass wir von unseren Mädels einen solchen Empfang bereitet bekommen würden; und wir sollten uns noch über beide wundern. Denn eine ganze Meute von Bekannten und Freunden war versammelt, der ornitologisch geschulte Orts- und Bezirks-Psychologe mit dabei, der sich akribisch an einem Sekt-glas festhielt und aus einem auf dem Elektrokasten vor dem Haus platzierten Pizza-Pappkarton viertelweise indische Mafiatorte in den Mund steckte. Er, dem wir die ganze Schinderei zu verdanken hatten, stand wie Carlos Santana psychedelisch abgedreht schauend und ironisch grin-

267

send da. Ich hätte gerne gewusst, warum.

Als ich meine Frau nach gut vierzehn Tagen Quälerei am Berg in meine Arme schloss, wunderte ich mich, dass sie nicht weniger braun war als ich. Nachdem ich sie gefragt hatte und sie nicht gleich mit der Rede herausgerückt war, ich sie nachdrücklicher bekniet hatte, endlich auf meine Frage zu antworten, sagte sie, die Verächterin von Sonnenstudios, in einer bisher mir unbekannten Art verlegen:

„Liebster sei bitte nicht böse ... auch ich, wir zwei, Flipp-Lieserl und ich, waren weg", und sah mir süß und lieblich, wie am ersten Tag, als wir uns kennen gelernt hatten, in die Augen, schien mich vor Süßigkeit hypnotisieren zu wollen. Ich aber, fassungslos, ahnend, was in meiner Abwesenheit geschehen war, fragte perplex:

„Was habt ihr gemacht? Ihr ward weg? Ihr zwei?".

Ich schluckte, und mir entfuhr der Satz: „Ich meine, du scherzt. Du willst mich bestimmt veräppeln ...?", und indem ich nach Luft rang, brach es aus mir heraus:

„Wo, sag mir bitte, ward ihr? Wo, zum Teufel, seid ihr gewesen? Wer hat euch das in den Kopf gesetzt?".

Sie jedoch schaute mich noch immer aus süß lächelnden, treuherzigen Kleine-Mädchen-Augen an:

„Wir zwei, mein Liebster, also Maxis Hascherl, Flipp-Lieserl und ich: w i r w a r e n auf Mallorca", und ergänzte dann: „Wir dachten, wenn ihr euch im Berg vergnügt und euren Wanderspaß habt, können wir einfach mal am Ballermann chillen und abhängen. Es sei die beste Gelegenheit dafür, einfach so für uns."

Sie schaute bei diesen Worten zu unserem Orts- und Bezirks-Psychedeliker hinüber, der drüben am Elektrokasten in aller Gemütsruhe aß und trank und ihr wohlwollend lächelnd zunickte.

Sie hatte, ich konnte es nicht fassen, tatsächlich das Wort

'Ballermann' ausgesprochen. Sie hatte den Ort genannt, der uns im Sinn gestanden hatte. Sie hatte ihn betont, als sei er reinste Medizin, eine Therapie, eine Art Rehabilitation, so als gäbe es dort nichts als ortskassenfähige Kuraufenthalte. Sie hatte also in unserer Abwesenheit mit Flipp-Lieserl diesen Ort aufgesucht, von dem wir immer in den schönsten Stunden, zum Beispiel beim Inselwirt, geträumt hatten, zu dem ich einmal gerne geflogen wäre, hätten es die Gesamtumstände aus Stress, Alltag und Beziehung erlaubt. Ich war fassungslos. Aber sie setzte, vermeintlich zu meiner Beruhigung, ihre Rede einfach fort:

„Wir haben gedacht, als ihr weg ward: Auch wir könnten ein bisschen Urlaub brauchen. Einfach mal weg? Warum auch nicht? Und da haben wir uns gefragt: Nur wohin?".

„Und dann habt ihr einfach, ohne Rücksprache …?".

„Ja, dann haben wir einfach mal Urlaubskataloge gewälzt, was Pauschales gesucht. Und dann ist uns der Ballermann in die Finger gefallen. Und nur wenig später – das ging ganz flott – standen wir dort, am Strand, in der Luft aus Sand und Meer, mitten in südlicher Wärme. Das ging alles, glaube mir, ziemlich fix?", und schaute mich treuherzig an wie nach dem ersten Mal.

Ich schüttelte den Kopf, konnte es nicht fassen und fühlte mich wie erschlagen. Ich war einfach fertig. Aber sie, meine Frau, fügte noch in warm fühlender Dreistigkeit hinzu:

„Ich bin mit Flipp-Lieserl dorthin gefahren, wo du mit mir nie hin wolltest, immer gekniffen hast."

So waren sie statt uns dort gewesen. Sie gingen hin, nicht wir? Sie waren ohne uns dorthin geflogen. Wir aber waren wie Deppen und Berglakaien zu Fuß gegangen, über alle Berge, um einen Flughafen zu finden, den es nicht gab; und während es diesen für uns nicht gab, lagen sie am Strand. Sie, nicht wir, chillten und tranken mit Strohhal-

men Sangria aus Eimern. Dann fragte ich erregt:
„Ihr zwei, du und Flipp-Lieserl, fliegt also – mir nichts –
dir nichts – einfach so …?".

„Das macht doch nichts!", versuchte sie es auf versöhn-
lich: „Ihr wolltet wandern, über alle Gipfel. Ihr ward weg
und da flogen wir in die Wärme. Was ist schlimm daran?",
sah mich an und machte ganz auf Zustimmung: „Und wir
haben dort – das wird dir total gefallen – nur ganz wenig
Geld ausgegeben. Wir sind nämlich dort als Schwestern
aufgetreten; und ließen uns immer einladen, quasi von jedermann!", und strahlte mich freudig und befriedigt an.

Ja, das fehlte noch. Es war noch das Allerbeste! Sie wurden die ganze Zeit über für alles und jedes eingeladen. Da
war sogar für einen Schwaben glasklar eine Grenze überschritten. Aber sie, sie redete einfach unbeirrt und unbe-
eindruckt weiter:

„Wir waren, um Geld zu sparen, immer im Doppelpack
unterwegs, egal ob Strand, Flaniermeile oder Disco: zwei
attraktive, bildhübsche deutsche Mädels in Zweierausfüh-
rung. Das kam total gut an!".

Ich stand da, verdattert und verdutzt wie ein geduschter
Hund. Ich glaubte, mich tritt ein spanischer Esel – oder
mehr noch: Ich musste bestimmt selber einer sein. Denn
mir stand mit einem Mal der Gedanke im Kopf, was geschehen wäre, wenn wir, Maxi und ich, den Absprung geschafft hätten, wenn auch wir zum Ballermann geflogen
wären und wir den hübschen, deutschen Schwestern bei
Eimer und Sangria rein zufällig begegnet wären?

Aber egal: Urlaub alleine oder zu zweit – hin oder her.
Eine Unverschämtheit war es doch weil es für sie einmal
mehr und diesmal ganz besonders anders geheißen hatte,
nicht: „Reif für die Gipfel!", sondern tatsächlich: Ohne
Männer „Reif für die Insel!" zu sein, während wir, wie

Ein wahres Gedicht - ein erstes Frühstück zu zweit allein.

treulich verehelichte Volldeppen uns mühselig über die Berge schleppten und vergeblich den Absprung gesucht und diesen bis Bozen nirgendwo gefunden hatten, während uns unablässig die Sorge um unsere zu Hause allein gelassenen, verwaisten Frauen umtrieb.

Und so wussten wir nun, was Sache ist: mit uns und mit unseren Mädels und zum guten Schluss – worum es geht, wenn's um Urlaub oder ums Wandern oder gleich ums Leben selber zu tun ist, dann gilt: Das Eigentliche im Wesentlichen ist das Ureigenste am Besonderen, besonders wenn's um uns geht, die Männer – und darum geht es ja eigentlich immer, wenn's ums Ureigenste im Wesentlichen, also um das Leben selber oder unsere Mädels geht. Und deshalb: So viel Freiheit im ernsthaften Vergnügen muss schon sein: Als Mann und Frau – oder, als Frau und Mann. Oder etwa nicht?

Keiner, der widerspricht, weder wir noch du noch ich.

Also stimmt's wieder, mit einer Weisheit, die keine ist; wenn es dann wieder mal heißt, zum guten Schluss, drüben, am Stammtisch, mitten im Verkehr beim indischen InselPizzawirt:

„Jetzt isch 's halt doch wieder a moal arg spät g'worda!".

Nachtrag und Schluss

Dann – glücklich wieder daheim!

Trotz dieser Wahnsinns Mühsal ...

... in den

Bergen

des E5 !

... und statt

des Ballermann!

und statt der Mädels und des Sangria.

Etappe 13: Meraner Hütte - Jenesien

Eine Brotzeit am Möltener Kaser ...

... und

vorbei

an

Lafenn:

Die Dolomite

Etappe 12: Hirzer Hütte - Meraner Hütte

Oben auf der

Hirzer Scharte ...

und dann

Abstieg zur

Meraner Hütte.

Zweiter Ruhetag: Hirzer Hütte

Hirzerhütte 2000 m

Auf der Hirzer

ist was los!

Aber 6 Uhr trotzdem

droben sein! Bitt' schön!

Etappe 11: Pfandler Alm - Hirzer Hütte

ie Pfandler Alm.

Der Unterschlupf
des Andreas Hofer.

Dann weiter

bis zur

Hirzer Hütte.

Vorbei

unter der

Riffelspitze.

Etappe 10: Rabenstein - Pfandler Alm

Von Rabenstein ...

... über Stuls

und St. Leonhard

zur Pfandler Alm.

Etappe 9: Zwieselstein - Rabenstein

Im Aufstieg zum ...

... Timmelsjoch.

RASTHAUS TIMMELSJOCH 2509m

Der Abstieg

vom Timmelsjoch

und ...

... ins schöne

Rabenstein.

Etappe 8: Braunschweiger Hütte - Zwieselstein

Im Abstieg vom

Rettenbachjoch

bietet sich eine

herausragende Sicht ins

Ötztal und nach Sölden.

Ein

Ausblick ins

Rettenbachtal.

Durchs

Rettenbachtal.

Erster Ruhetag auf der Braunschweiger Hütte

Die

Braunschweiger

Hütte

in Schnee.

Der

Aufstieg zum

Rettenbachjoch.

Etappe 7: Wenns - Braunschweiger Hütte

Ansicht der

Stadt Wenns.

Föhnwetterlage

am Gletscherstüberl.

Im Aufstieg zur Braunschweiger Hütte.

Etappe 6: Zams - Wenns

ost Gasthof »Gemse« in Zams.

it der
enetbahn
m Weg über
landerspitze,
annejöchl
nd Kreuzjoch.

Eine Ziegenherde
an der Glanderspitze.

Etappe 5: Memminger Hütte - Zams

Auf dem Weg
nach Zams.

<u>Bild ganz oben:</u>
Aufstieg zur Seescharte.

<u>Bild in Seitenmitte:</u>
Blick zurück zur
Memminger Hütte.

Etappe 4: Madautal - Memminger Hütte

Von der Materialseilbahn zur Memminger Hütte

um

ochtal

er

emminger

ütte.

Ein Abend im Madautal - Das Bergheim »Hermine«

Die Saxenwand der
Anna Stainer-Knittel alias

Geierwally.

Das Bergheim »Hermine«

Abzweiger zur
Saxenwand Alm ...

... am Weg zum
Güterlift der
Memminger Hütte.

Etappe 3: Kemptner Hütte - Madautal

Von der
Kemptner Hütte
zum Mädelejoch.

Und im
Abstieg vom
Mädelejoch ...

... das
Höhenbachtal.

Etappe 2: Spielmannsau - Kemptner Hütte

Die Spielmannsau

Eine

Schneewächte ...

... im Sperrbachtobel.

Und dann die

Kemptner Hütte

Etappe 1: Oberstdorf - Spielmannsau

Ankunft in Oberstdorf

Auf dem Weg
in die
Spielmannsau.

Vorbei am
Christelesee.

Eine Weide
mit Bauernhaus
im Trettbachtal.

Reif für die Gipfel !

Zu Fuß auf dem E5:
Von Oberstdorf nach Meran und Bozen

Ein bajuwarisch, frech schwäbisches
Scherzando per pedes über die Alpen

Der designierte
Wandersmann.

Mein allzeit treuer
Wanderhund Linus.

Es hätte alles sooo schön werden können!

... und am Strand die Mädels.

Das leichte Leben ...

Aber es kam mal wieder alles völlig anders:

Glossare

Glossare

Glossar 1: Fakten der Wanderung Oberstdorf – Meran und Bozen

Das Glossar enthält die Fakten der Fernwanderung von Oberstdorf nach Meran und Bozen aus dem Jahre 2009. Die Zeiten entsprechen meinem persönlichen Bedarf und dem Umstand, dass nicht unbedingt Schnelligkeit bestimmender Faktor der Wanderung war. So können diese Zeiten von versierten Wanderern leicht unterboten werden.

Zahlen in Klammern stellen Gesamtsummen der bis dahin gegangenen Etappen dar. Verwendete Abkürzungen: m = Meter, km = Kilometer, Std. = Stunde.

Etappen 1 bis 3: Vom Allgäu ins Lechtal (Seite 28 ff)

Etappe 1: Oberstdorf – Spielmannsau, Sa., 11.07.2009 (S. 28 ff)

Zeiten:		
	06:58 Uhr	Abfahrt Pasing (per Zug, Alex-Linie)
	07:23 Uhr	Geltendorf (im Zug)
	07:31 Uhr	Kaufering (im Zug)
	07:56 Uhr	Kaufbeuren (im Zug)
	08:23 Uhr	Kempten (Allgäu) (im Zug)
	08:39 Uhr	Immenstadt (Allgäu); Abfahrt: 8:53 Uhr
	09:03 Uhr	Sonthofen (im Zug)
	09:12 Uhr	Fischen (im Zug)
	09:16 Uhr	Langenwang (Schwab) (im Zug)
	09:22 Uhr	Oberstdorf (Bahnhof)
	09:55 Uhr	Aufbruch vom Bahnhof Oberstdorf
	12:20 Uhr	Ankunft Spielmannsau

Entfernung: 7,5 km (7,5 km)   Gehzeit: 3:02 Std. (3:02 Std.)
Anstieg: 186 Meter (186 m)   Abstieg: 0 Meter (0 m)
Schwierigkeitsgrad: leicht Art des Wegs: leicht, wenige Aufstiege
Stationen auf dem Weg: Oberstdorf – Christelesee – Spielmannsau
Unterkunft: Gasthof in der Spielmannsau

Etappe 2: Spielmannsau – Kemptner H., So., 12.07.09 (S. 50 ff)

Zeiten:		
	09:18 Uhr	Aufbruch Spielmannsau
	09:27 Uhr	Oberaualpe
	09:50 Uhr	Seillift der Kemptner Hütte

13:00 Uhr Ankunft: Kemptner Hütte
Entfernung: 5,5 km (13 km) Gehzeit: 3:42 Std. (6:44 Std.)
Anstieg: 864 Meter (1.050 m) Abstieg: 20 Meter (20 m)
Schwierigkeitsgrad: mittel Art des Wegs: anhaltende Aufstiege
Stationen auf dem Weg: Spielmannsau – Oberaualpe – Güterlift
Kemptner Hütte – Kemptner Hütte Unterkunft: Kemptner Hütte

Etappe 3: Kemptner H. – Madautal, Mo., 13.07.2009 (S. 65ff)

Zeiten: 08:50 Uhr Aufbruch: Kemptner Hütte
09:35 Uhr Mädelejoch (Oberes); Aufbruch: 9:45 Uhr
12:10 Uhr Roßgumpenalm(1.329m);Aufbr.: 13:20 Uhr
14:50 Uhr Holzgau, Hotel Bären
15:50 Uhr Fahrt ins Madautal (Taxi Feuerstein)
16:30 Uhr Ankunft: Berggasthof Hermine
Entfernung: 6+10 km (19+10 km) Gehzeit: 7:40 Std. (14:24 Std.)
Anstieg: 871 Meter (1.921 m) Abstieg: 130 Meter (150 m)
Schwierigkeitsgrad: mittelschwer
Art des Wegs: zunächst Anstieg, dann nur Abstiege; von Holzgau ins
Madautal Taxi nehmen, sonst langer Latscher
Stationen auf dem Weg: Kemptner Hütte – Mädelejoch – Roßgum-
penalm – Holzgau – Madautal Unterkunft: Gasthof Hermine

Etappen 4 und 5: Vom Lechtal ins Inntal (Seite 96 ff)

Etappe 4: Madautal – Memminger H., Di., 14.07.2009 (S. 66 ff)
Zeiten: 10:30 Uhr Aufbruch Berggasthof Hermine
11:50 Uhr Materialseilbahn Memminger Hütte
14:25 Uhr Ankunft Memminger Hütte
Entfernung: 5,5 km (24,5+10 km) Gehzeit: 3:55 Std. (18:19 Std.)
Anstieg: 932 Meter (2.853 m) Abstieg: 0 Meter (150 m)
Schwierigkeitsgrad: mittelschwer
Art des Wegs: mittelschwerer, kräftezehrender Aufstieg
Stationen auf dem Weg: Berggasthof Hermine – Güterlift Memmin-
ger Hütte – Memminger Hütte Unterkunft: Memminger Hütte

Etappe 5: Memminger Hütte – Zams, Mit., 15.07.2009 (S. 113 ff)
Zeiten: 06:15 Uhr Aufstehen; 06:30 Uhr: Frühstück
08:00 Uhr Aufbruch: Memminger Hütte
09:50 Uhr Übergang Seescharte
11:30 Uhr Zamser Joch
12:50 Uhr Unterlochalm

15:07 Uhr	Gefallene Kuh am Wegesrand
17:20 Uhr	Ende des Wegs im Talgrund von Zams
17:50 Uhr	Zams, Hotel Gemse

Entfernung: 12,5 km (37+10 km)   Gehzeit: 11:35 Std. (29:54 Std.)
Anstieg: 357+20 Meter (3.230 m)   Abstieg: 1.824 Meter (1.974 m)
Schwierigkeitsgrad: mittelschwer bis schwer
Art des Wegs: mittelschwer, kräftezehrender Auf- u. längerer Abstieg
Stationen auf dem Weg: Memminger Hütte – Seescharte – Zamser
Joch – Unterlochalm – Zams   Unterkunft: Hotel Gemse

Etappen 6: Vom Inntal ins Pitztal   (Seite 127 ff)

Etappe 6: Zams – Wenns, Do., 16.07.2009 (S. 127 ff)

Zeiten:	08:45 Uhr	Aufbruch: Hotel Gemse
	09:00 Uhr	Ankunft Talstation Venetbahn
	09:45 Uhr	Bergstation Venetbahn (2.208 m)
	10:00 Uhr	Ankunft, erster Vorberg nach Venetbahn
	11:45 Uhr	Glanderspitze
	14:54 Uhr	Galfun Alm (1.960 m)
	16:45 Uhr	Larcher Alm
	18:11 Uhr	Stadtgrenze Wenns
	19:00 Uhr	Wenns, Pitztaler Hof (982 m)

Entfernung: 12+3 km (49+13 km)   Gehzeit: 8:15 Std. (38:09 Std.)
Anstieg: 354 Meter (+ 1.433 m per Venetbahn) (3.584 m)
Abstieg: 1.565 Meter (3.539 m)
Schwierigkeitsgrad: leicht Art des Wegs: langer Latscher
Stationen auf dem Weg: Zams – Venetberg (per Venetbahn) – Glanderspitze – Galfun H. – Larcher Alm – Wenns   Unterkft: Pitztaler Hof

Etappen 7 bis 8: Vom Pitztal ins Ötztal   (Seite 141 ff)

Etappe 7: Wenns – Braunschweiger H.. Fr., 17.07.2009 (S. 141ff)

Zeiten:	05:30 Uhr	Erste Fotos von der aufgehenden Sonne, vom Zimmerbalkon des Hotels aus
	08:00 Uhr	Frühstück
	09:00 Uhr	Einkauf im Sportgeschäft: Fleecejacke
	09:40 Uhr	Bus-Abfahrt am Pitztaler Hof
	10:50 Uhr	Ankunft Mittelberg
	11:20 Uhr	Ankunft Gletscherstüberl: Umpacken zum Rucksacktransport per Güterlift

	der Braunschweiger Hütte
11:59 Uhr	Rucksack-Abgabe an Talstation des
	Transportlifts zur Braunschweiger Hütte
12:20 Uhr	Rückkehr zum Gletscherstüberl wegen
	plötzlich eingetretenen Wettereinbruchs
13:30 Uhr	2. Aufbruch vom Gletscherstüberl
14:00 Uhr	Am Wasserfall (oberhalb des Transport-
	lifts zur Braunschweiger Hütte)
14:33 Uhr	Eingang zum Klettersteig
15:50 Uhr	Erste Sicht auf Braunschweiger Hütte
16:25 Uhr	Ankunft Braunschweiger Hütte (2.758 m)

Entfernung: 7+27 km (56+40 km)   Gehzeit: 6:45 Std. (44:54 Std.)
Anstieg: 1.022 Meter (+ 754 m Bus Wenns – Mittelberg) (4.606 m)
Abstieg: 0 Meter (3.539 m)
Schwierigkeitsgrad: schwer Art des Wegs: schwer, auf Wetter achten
Stationen auf dem Weg: Wenns – Mittelberg (per Bus) – Gletscher-
stüberl – Güterlift Braunschweiger Hütte – Wasserfall – Braunschwei-
ger Hütte   Unterkunft: Braunschweiger Hütte

Erster Ruhetag: Braunschweiger H. Sa. 18.07.2009 (S. 153 ff)

**Etappe 8: Braunschweiger Hütte – Zwieselstein. So., 19.07.2009
(S. 158 ff)**

Zeiten:		
	08:00 Uhr	Vor der Hütte: Bilder im Schnee
	10:12 Uhr	Aufbruch von der Braunschweiger Hütte
	12:14 Uhr	Ankunft Rettenbach Jöchl (Seilbahnstation
		Mittelstation) (2.999 m)
	12:48 Uhr	Restaurant Rettenbach Ferner (Biker-Party
		in der „Event-Arena Rettenbach Ferner"
	14:28 Uhr	Aufbruch von der Event-Arena
	15:49 Uhr	Rettenbach Alm (vorbei gelaufen)
	15:59 Uhr	Am Beginn des Panoramawegs
	16:18 Uhr	Blick auf Hoch-Sölden
	17:34 Uhr	Löple-Alm (Aufbruch: 19:00 Uhr)
	19:23 Uhr	Gaislach-Alm (2.040 m)
	20:29 Uhr	Ankunft: Bundesstraße nach Zwieselstein
	21:00 Uhr	Ankunft Zwieselstein, Brückenwirt
	21:04 Uhr	Ankunft Pension Mühlenroan

Entfernung: 13,5 km (69,5+40 km) Gehzeit: 10:52 Std. (55:46 Std.)
Anstieg: 326 Meter (4.932 m)   Abstieg: 1.614 Meter (5.153 m)
Schwierigkeitsgrad: schwer Art des Wegs: schwerer, ausgesetzter

Aufstieg, langer Abstieg an Sölden vorbei bis Zwieselstein
<u>Stationen auf dem Weg:</u> Braunschweiger Hütte – Rettenbach Jöchl – Restaurant Rettenbach Ferner – Rettenbach Alm – Löple Alm – Gaislach Alm – Zwieselstein <u>Unterkunft:</u> Pension Mühlenroan

Etappen 9 und 10: Vom Ötztal ins Passeier (Seite 172 ff)

Etappe 9: Zwieselstein – Rabenstein (vor Moos im Passeier), Mo., 20.07.2009 (S. 172 ff)

<u>Zeiten:</u>	08:20 Uhr	Aufbruch Zwieselstein, Pension Mühlenroan
	10:30 Uhr	Erste Rast: Kennenlernen eines Paares
	10:41 Uhr	Am Wasserfall des Timmelsbachs
	11:30 Uhr	Überquerung des Timmelsbachs
	13:24 Uhr	Ankunft: Sattel des Timmelsjochs Aufbruch vom Timmelsjoch: 14:15 Uhr
	14:47 Uhr	Zerfallenes Gebäude, vermutlich Zollhaus
	16:09 Uhr	Passstraße zum Timmelsjoch
	16:54 Uhr	Gedenkstein des Dr. Joseph Ennemoser
	17:39 Uhr	Ankunft: Rabenstein
	18:00 Uhr	Rabenstein, Pension Trausberg

<u>Entfernung:</u> 13 km (82,5+40 km) <u>Gehzeit:</u> 9:40 Std. (65:26 Std.)
<u>Anstieg:</u> 1.039 Meter (5.971 m) <u>Abstieg:</u> 1.090 Meter (6.243 m)
<u>Schwierigkeitsgrad:</u> mittel <u>Art des Wegs:</u> sehr langer Latscher
<u>Stationen auf dem Weg:</u> Zwieselstein – Timmelsjoch – altes Zollhaus – Passstraße – Rabenstein <u>Unterkunft:</u> Pension Trausberg

Etappe 10: Rabenstein (über Moos) – Pfandler Alm. Di., 21.07.2009 (S. 192 ff)

<u>Zeiten:</u>	09:08 Uhr	Aufbruch von Rabenstein
	09:46 Uhr	Beginn des Weges am Fluss
	10:38 Uhr	Moos; ab 10:45 Uhr: Café Maria
	11:20 Uhr	Aufbruch in Moos
	15:33 Uhr	Ankunft: St. Leonhard im Passeier
	16:04 Uhr	Pizzeria Restaurant Brühwirt, St. Leonhard
	16:46 Uhr	Aufbruch vom Brühwirt
	19:30 Uhr	Ankunft Pfandleralmhütte

<u>Entfernung:</u> 18,5+4 km (101+44 km) <u>Gehzeit:</u> 10:22 Std.(75:48 Std.)
<u>Anstieg:</u> 956 Meter (6.927 m) <u>Abstieg:</u> 1.026 Meter (7.269 m)
<u>Schwierigkeitsgrad:</u> leicht <u>Art des Wegs:</u> sehr langer Latscher
<u>Stationen auf dem Weg:</u> Rabenstein – Moos im Passeier – Stuls –

St. Leonhard im Passeier – St. Martin im Passeier – Pfandlerhütte
Unterkunft: Pfandlerhütte (Privathütte)

Etappen 11 und 13: Vom Passeier bis Bozen (Seite 208 ff)

Etappe 11: Pfandler Alm – Hirzer H., Mi., 22.07.2009 (S. 208 ff)
Zeiten: 11:09 Uhr   Aufbruch Pfandler Alm
         11:18 Uhr   Pfandleralmhütte Hofer Gedenkstätte
         13:30 Uhr   Hochebene erreicht, kurze Pause
         13:45 Uhr   Aufbruch
         15:24 Uhr   Mahdalm
         15:32 Uhr   Hintereggalm
         16:05 Uhr   Hirzer Hütte in Sicht
         16:15 Uhr   Ankunft Hirzer Hütte
Entfernung: 8 km (109+44 km)   Gehzeit: 5:06 Std. (80:54 Std.)
Anstieg: 790 Meter (7.717 m)   Abstieg: 150 Meter (7.419 m)
Schwierigkeitsgrad: mittel
Art des Wegs: langer Aufstieg, danach langer Latscher
Stationen auf dem Weg: Pfandler Hütte – Pfandleralm (A. Hofer) –
Mahdalm – Hintereggalm – Hirzer Hütte Unterkunft: Hirtzer Hütte

Zweiter Ruhetag: Hirzer Hütte, Do., 23.07.2009 (S. 218 ff)

Etappe 12: Hirzer H. – Meraner H., Fr., 24.07.2009 (S. 225 ff)
Zeiten: 03:44 Uhr   Aufbruch Hirzer Hütte
         06:33 Uhr   Obere Scharte am Hirzer
         07:15 Uhr   Begegnung mit Ziegenbauern
         07:55 Uhr   Aufbruch von Hirzerscharte
         08:30 Uhr   2. Begegnung mit Ziegenhirt u. Sheila
         09:20 Uhr   Pause auf Vorberg am Ende der Hochebene
         10:55 Uhr   An den Seen, Richtung Kratzberger See
         12:32 Uhr   Ankunft am Kratzberger See
         13:26 Uhr   Grüb- und Kirchsteiger Alm,
                       Grenze zur Region Meran 2000
         13:34 Uhr   Erster Blick auf die Meraner Hütte
         14:10 Uhr   Ankunft an der Meraner Hütte
Entfernung: 10 km (129+44 km)   Gehzeit: 10:26 Std. (91:20 Std.)
Anstieg: 735 Meter (8.452 m)   Abstieg: 778 Meter (8.197 m)
Schwierigkeitsgrad: mittel   Art des Wegs: mittelschwerer Latscher
Stationen auf dem Weg: Hirzer Hütte – Hirzerscharte – Kratzberger
See – Grüb- u. Kirchsteiger Alm – Meran 2000 – Meraner Hütte

Unterkunft: Meraner Hütte

Etappe 13: Meraner Hütte – Jenesien bei Bozen. Sa., 25.07.2009 (S. 246 ff)

Zeiten:	
10:32 Uhr	Aufbruch: Meraner Hütte
11:00 Uhr	Am Schartboden (1.964 m)
11:23 Uhr	Kreuzjöchl (1.980 m)
12:25 Uhr	Kreuzjoch (2.084 m)
13:00 Uhr	Auener Joch (1.924 m)
13:42 Uhr	Möltener Kaser; Aufbruch: 14:50 Uhr
15:30 Uhr	Möltener Joch
16:22 Uhr	Schermoos
16:41 Uhr	Lafenn
17:07 Uhr	Alm mit Pferden und Fohlen
17:11 Uhr	Abzweig zum Gschoferstall
17:39 Uhr	Vergatterte Weide (Feldweg auch möglich)
17:50 Uhr	Gasthof Edelweiß
18:23 Uhr	Ortsschild Jenesien
18:31 Uhr	Jenesien, Pizzeria Saltenhof
18:43 Uhr	Jenesien, Tschögglberger Hof

Entfernung: 12+6 km (141+50 km) Gehzeit: 8:11 Std. (99:32 Std.)
Anstieg: 163 m (8.615 m)   Abstieg: 1.046 m (9.243 m)
Schwierigkeitsgrad: leicht Art des Wegs: langer Latscher
Stationen auf dem Weg: Meraner Hütte – Schartboden – Kreuzjöchl – Kreuzjoch – Auener Joch – Möltener Kaser – Möltener Joch – Schermoos – Lafenn – Gasthof Edelweiß - Jenesien
Unterkunft: Hotel und Pension Tschögglberger Hof

Rückfahrt: Von Jenesien über Bozen nach München., So., 26.07.2009 (S. 266 ff)

Zeiten:	
09:42 Uhr	Aufbruch: Tschögglberger Hof
10:24 Uhr	Bozen: Bahnhof; Abfahrt Zug: 10:30 Uhr
14:27 Uhr	Ankunft: München, Hauptbahnhof

Stationen auf dem Weg: Jenesien – Bozen – Brixen – Innsbruck – Rosenheim – München.

Glossar 2: *Offizielle und persönliche Etappeneinteilung*

Offizielle Etappeneinteilung:

1. Etappe:	Oberstdorf – Kemptner Hütte
2. Etappe:	Kemptner Hütte – Memminger Hütte
3. Etappe:	Memminger Hütte – Zams (Inntal, 780 m)
4. Etappe:	Zams – Wenns (Pitztal, 980 m)
5. Etappe:	Wenns – Braunschweiger Hütte (2.758 m)
6. Etappe:	Braunschweiger Hütte - Zwieselstein
7. Etappe:	Zwieselstein - Moos
8. Etappe:	Moos – Pfandler Alm (Sarntaler Alpen)
9. Etappe:	Pfandler Alm – Hirzer Hütte (1.983 m)
10. Etappe:	Hirzer Hütte – Meraner Hütte (1.960)
11. Etappe:	Meraner Hütte – Jenesien (1.087 m)

Persönliche Etappeneinteilung:

1. Etappe:	Oberstdorf – Spielmannsau
2. Etappe:	Spielmannsau – Kemptner Hütte
3. Etappe:	Kemptner Hütte – Madautal
4. Etappe:	Madautal - Memminger Hütte
5. Etappe:	Memminger Hütte – Zams (Inntal, 780 m)
1. Ruhetag:	Auf der Braunschweiger Hütte
6. Etappe:	Zams – Wenns (Pitztal, 980 m)
7. Etappe:	Wenns – Braunschweiger Hütte (2.758 m)
8. Etappe:	Braunschweiger Hütte - Zwieselstein
9. Etappe:	Zwieselstein – Rabenstein
10. Etappe	Rabenstein – Pfandler Alm (Sarntaler Alpen)
11. Etappe:	Pfandler Alm – Hirzer Hütte (1.983 m)
2. Ruhetag:	Auf der Hirzer Hütte
12. Etappe:	Hirzer Hütte – Meraner Hütte (1.960)
13. Etappe:	Meraner Hütte – Jenesien (1.087 m)

Die Wanderung von Oberstdorf nach Meran und Bozen umfasst auf ca. 140 Entfernungskilometern (Luftlinie) einen zu überschreitenden Höhenunterschied von fast 10.000 Höhenmetern. In dieser Alpenregion liegen die Bergzüge des Alpenhauptkamms dicht beieinander und fordern vom Fernwanderer eine erhebliche Kraftanstrengung ab.

Da aufgrund der Höhenunterschiede die Wetterrisiken hoch sind, sollte man für diese Wanderung mindestens 14 Tage einplanen.

Glossar 3: GPS-Wegpunkte Oberstdorf - Meran/Bozen

Wichtiger Nutzungshinweis

Es ist zu beachten, dass die Genauigkeit der in diesem Glossar verzeichneten Wegpunkte (WGS84) immer nur relativ zum Standort und den momentanen Empfangsverhältnissen der GPS-Satelliten möglich ist.

Es können Abweichungen vom tatsächlichen Standort zwischen 6 und 60 Metern oder mehr auftreten! Daher ist eine verlässliche Nutzung dieser Daten nur eingeschränkt möglich. Denn bereits eine Abweichung um einen halben Meter vom Pfad kann im Hochgebirge zu schweren Stürzen bis zum Tod führen.

Die Nutzung dieser Daten geschieht immer auf eigene Gefahr und Verantwortung desjenigen, der die Daten so oder ähnlich zur Nutzung bringt. Autor oder Verlag übernehmen keine Gewähr für die Richtigkeit, Genauigkeit oder Vollständigkeit dieser Wegpunkte.

Dieser Haftungsausschluss bezieht sich auf alle Schäden oder Folgeschäden, die sich aus der Nutzung dieser Daten ergeben könnten.

Keine Gewähr für die Genauigkeit, Richtigkeit und Vollständigkeit der ca. 550 GPS-Wegpunkte (Garmin), die auf den folgenden Seiten wiedergegeben werden:

Name	Type	Coordinates	Elevation	Category
0 5	User Waypoint	N46 32.518 E11 19.325	1240.9 m	Waypoint
453	User Waypoint	N47 59.894 E11 10.297	633.9 m	Waypoint
OBDORF HBF	User Waypoint	N47 24.643 E10 16.632	812.9 m	Waypoint
OBERST	User Waypoint	N47 24.360 E10 16.498		Waypoint
455	User Waypoint	N47 24.215 E10 16.691	813.2 m	Waypoint
456	User Waypoint	N47 23.223 E10 16.845	821.8 m	Waypoint
457	User Waypoint	N47 22.460 E10 17.891	908.6 m	Waypoint
SPIELM AU	User Waypoint	N47 20.822 E10 18.297	980.9 m	Waypoint
458	User Waypoint	N47 20.265 E10 18.375	1034.3 m	Crossing
459	User Waypoint	N47 20.112 E10 18.445	1063.1 m	Building
460	User Waypoint	N47 19.931 E10 18.498	1094.6 m	Waypoint
461	User Waypoint	N47 19.358 E10 18.368	1260.2 m	Waypoint
462	User Waypoint	N47 19.241 E10 19.171	1338.3 m	Waypoint
464	User Waypoint	N47 19.183 E10 19.126	1484.9 m	Waypoint
465	User Waypoint	N47 19.091 E10 19.424	1571.4 m	Waypoint
W FALL	User Waypoint	N47 19.064 E10 19.560	1613.7 m	Waypoint
463	User Waypoint	N47 19.041 E10 19.174	1431.3 m	Waypoint
466	User Waypoint	N47 18.921 E10 19.857	1700.2 m	Waypoint
467	User Waypoint	N47 18.810 E10 19.869	1734.1 m	Waypoint
KEMPTN H	User Waypoint	N47 18.789 E10 19.673	1815.1 m	Waypoint
469	User Waypoint	N47 18.759 E10 19.744	1767.5 m	Waypoint
468	User Waypoint	N47 18.751 E10 19.834	1743.5 m	Waypoint
470	User Waypoint	N47 18.618 E10 19.705	1862.4 m	Crossing
471	User Waypoint	N47 18.522 E10 19.792	1902.3 m	Waypoint
472	User Waypoint	N47 18.486 E10 19.890	1852.8 m	Waypoint
MAEDELE JO	User Waypoint	N47 18.416 E10 20.005	1973.9 m	Summit
474	User Waypoint	N47 18.404 E10 20.299	1851.6 m	Waypoint
473	User Waypoint	N47 18.390 E10 20.102	1948.0 m	Waypoint
475	User Waypoint	N47 18.315 E10 20.313	1817.5 m	Waypoint
476	User Waypoint	N47 18.234 E10 20.253	1807.6 m	Waypoint
477	User Waypoint	N47 18.050 E10 20.179	1744.7 m	Waypoint
478	User Waypoint	N47 17.757 E10 20.189	1603.1 m	Waypoint
479	User Waypoint	N47 17.459 E10 20.170	1490.9 m	Waypoint
480	User Waypoint	N47 17.421 E10 20.058	1437.8 m	Waypoint
481	User Waypoint	N47 17.397 E10 20.131	1402.2 m	Waypoint
ROSSGUMP ALM	User Waypoint	N47 17.374 E10 20.085	1329.4 m	Fast Food
482	User Waypoint	N47 17.329 E10 20.143	1308.2 m	Waypoint
UTTA CAFE	User Waypoint	N47 16.395 E10 20.362	1217.6 m	Waypoint
483	User Waypoint	N47 15.847 E10 20.506	1107.8 m	Waypoint
HOLZGA	User Waypoint	N47 15.626 E10 20.618		Waypoint
IMST	User Waypoint	N47 14.308 E10 44.348		Waypoint
HERMINE G	User Waypoint	N47 13.990 E10 27.086	1308.2 m	Building
484	User Waypoint	N47 13.892 E10 27.097	1266.7 m	Crossing
485	User Waypoint	N47 13.661 E10 27.461	1319.3 m	Waypoint
486	User Waypoint	N47 13.452 E10 27.614	1341.4 m	Waypoint
487	User Waypoint	N47 13.177 E10 27.768	1410.1 m	Waypoint
488	User Waypoint	N47 12.724 E10 27.756	1433.0 m	Waypoint
492	User Waypoint	N47 12.668 E10 28.284	1663.2 m	Waypoint
491	User Waypoint	N47 12.661 E10 28.186	1601.2 m	Waypoint
490	User Waypoint	N47 12.648 E10 28.025	1502.2 m	Waypoint
493	User Waypoint	N47 12.638 E10 28.406	1782.6 m	Waypoint
WFALL	User Waypoint	N47 12.630 E10 28.672	1849.2 m	Waypoint
489	User Waypoint	N47 12.624 E10 27.968	1462.0 m	Waypoint
MATBAHN	User Waypoint	N47 12.621 E10 27.813	1441.6 m	Waypoint
495	User Waypoint	N47 12.578 E10 28.750	1910.7 m	Waypoint
494	User Waypoint	N47 12.541 E10 28.533	1839.6 m	Waypoint
496	User Waypoint	N47 12.497 E10 28.813	1987.6 m	Waypoint
2000 M	User Waypoint	N47 12.474 E10 28.729	2008.5 m	Waypoint
497	User Waypoint	N47 12.454 E10 28.785	2061.4 m	Waypoint
ARZLIM	User Waypoint	N47 12.413 E10 45.708		Waypoint
498	User Waypoint	N47 12.408 E10 28.731	2094.6 m	Waypoint
499	User Waypoint	N47 12.393 E10 28.720	2104.9 m	Waypoint
500	User Waypoint	N47 12.311 E10 28.816	2168.4 m	Waypoint
501	User Waypoint	N47 12.250 E10 28.837	2202.5 m	Waypoint
502	User Waypoint	N47 12.108 E10 28.684	2220.3 m	Waypoint
MEMMINGER	User Waypoint	N47 12.089 E10 28.714	2220.3 m	Waypoint
503	User Waypoint	N47 11.935 E10 28.813	2178.9 m	Waypoint
504	User Waypoint	N47 11.931 E10 28.972	2238.5 m	Waypoint
509	User Waypoint	N47 11.789 E10 29.385	2383.2 m	Waypoint
505	User Waypoint	N47 11.789 E10 29.040	2249.1 m	Waypoint
508	User Waypoint	N47 11.780 E10 29.290	2348.4 m	Waypoint
510	User Waypoint	N47 11.779 E10 29.382	2400.3 m	Crossing
507	User Waypoint	N47 11.767 E10 29.222	2309.0 m	Waypoint
TIMMLS	User Waypoint	N47 11.754 E10 45.131		Waypoint
506	User Waypoint	N47 11.744 E10 29.121	2281.6 m	Waypoint
511	User Waypoint	N47 11.741 E10 29.465	2442.1 m	Waypoint
512	User Waypoint	N47 11.714 E10 29.516	2466.9 m	Waypoint
513	User Waypoint	N47 11.636 E10 29.559	2516.6 m	Waypoint
523	User Waypoint	N47 11.622 E10 30.393	2156.1 m	Waypoint
522	User Waypoint	N47 11.620 E10 30.278	2200.6 m	Waypoint
524	User Waypoint	N47 11.601 E10 30.482	2110.4 m	Waypoint
521	User Waypoint	N47 11.597 E10 30.210	2245.0 m	Waypoint
514	User Waypoint	N47 11.597 E10 29.603	2555.3 m	Waypoint
518	User Waypoint	N47 11.596 E10 29.823	2508.4 m	Waypoint
515	User Waypoint	N47 11.591 E10 29.628	2572.4 m	Waypoint
519	User Waypoint	N47 11.584 E10 29.929	2448.1 m	Waypoint
517	User Waypoint	N47 11.580 E10 29.715	2559.6 m	Waypoint
516	User Waypoint	N47 11.575 E10 29.634	2602.4 m	Summit
520	User Waypoint	N47 11.552 E10 30.139	2312.1 m	Waypoint
525	User Waypoint	N47 11.550 E10 30.537	2052.8 m	Waypoint
526	User Waypoint	N47 11.499 E10 30.549	2018.4 m	Waypoint
527	User Waypoint	N47 11.464 E10 30.609	1962.9 m	Waypoint
528	User Waypoint	N47 11.435 E10 30.621	1925.6 m	Waypoint
529	User Waypoint	N47 11.366 E10 30.799	1832.6 m	Waypoint
530	User Waypoint	N47 11.333 E10 30.818	1817.0 m	Waypoint
531	User Waypoint	N47 11.279 E10 31.185	1791.8 m	Waypoint
533	User Waypoint	N47 11.248 E10 31.854	1706.0 m	Waypoint
532	User Waypoint	N47 11.248 E10 31.579	1764.1 m	Waypoint
534	User Waypoint	N47 11.189 E10 32.074	1652.6 m	Waypoint
536	User Waypoint	N47 11.188 E10 32.643	1574.8 m	Waypoint
UNTERLOCHALM	User Waypoint	N47 11.176 E10 32.861	1568.7 m	Waypoint
535	User Waypoint	N47 11.167 E10 32.340	1606.5 m	Waypoint
537	User Waypoint	N47 11.074 E10 33.065	1554.6 m	Waypoint
538	User Waypoint	N47 10.858 E10 33.573	1517.3 m	Waypoint
539	User Waypoint	N47 10.713 E10 34.013	1492.1 m	Waypoint
540	User Waypoint	N47 10.547 E10 34.110	1465.9 m	Waypoint
541	User Waypoint	N47 10.427 E10 34.076	1395.7 m	Waypoint
542	User Waypoint	N47 10.317 E10 34.115	1354.4 m	Waypoint
PITZTALERH	User Waypoint	N47 10.164 E10 43.824	1019.1 m	Waypoint
607	User Waypoint	N47 10.152 E10 43.717	1072.0 m	Waypoint
609	User Waypoint	N47 10.139 E10 43.766	1043.1 m	Waypoint
608	User Waypoint	N47 10.115 E10 43.734	1059.7 m	Crossing
606	User Waypoint	N47 10.103 E10 43.671	1089.5 m	Waypoint
543	User Waypoint	N47 10.061 E10 34.178	1236.9 m	Waypoint
556	User Waypoint	N47 10.038 E10 35.097	844.6 m	Waypoint
555	User Waypoint	N47 10.024 E10 35.025	885.3 m	Waypoint
WENNS	User Waypoint	N47 10.023 E10 44.019		Waypoint
544	User Waypoint	N47 09.995 E10 34.171	1207.1 m	Waypoint
554	User Waypoint	N47 09.973 E10 34.951	936.0 m	Waypoint
557	User Waypoint	N47 09.959 E10 35.059	787.9 m	Waypoint
545	User Waypoint	N47 09.928 E10 34.205	1162.4 m	Waypoint
605	User Waypoint	N47 09.921 E10 43.451	1155.4 m	Waypoint
WEGENDE	User Waypoint	N47 09.915 E10 35.047	774.7 m	Waypoint
552	User Waypoint	N47 09.885 E10 34.756	1009.5 m	Waypoint
553	User Waypoint	N47 09.884 E10 34.790	999.4 m	Waypoint
551	User Waypoint	N47 09.882 E10 34.747	1013.3 m	Waypoint
550	User Waypoint	N47 09.872 E10 34.691	1029.9 m	Waypoint
547	User Waypoint	N47 09.840 E10 34.552	1114.5 m	Waypoint
549	User Waypoint	N47 09.835 E10 34.612	1070.1 m	Waypoint
546	User Waypoint	N47 09.820 E10 34.440	1138.6 m	Waypoint
548	User Waypoint	N47 09.816 E10 34.554	1088.8 m	Waypoint
604	User Waypoint	N47 09.796 E10 43.341	1196.5 m	Waypoint
602	User Waypoint	N47 09.723 E10 43.157	1286.8 m	Waypoint
600	User Waypoint	N47 09.710 E10 42.881	1387.1 m	Waypoint
PFERDE	User Waypoint	N47 09.703 E10 43.239	1225.1 m	Waypoint
603	User Waypoint	N47 09.651 E10 43.138	1250.3 m	Waypoint
601	User Waypoint	N47 09.584 E10 42.906	1337.8 m	Waypoint
592	User Waypoint	N47 09.575 E10 41.844	1773.0 m	Waypoint
599	User Waypoint	N47 09.549 E10 42.547	1473.1 m	Waypoint
593	User Waypoint	N47 09.473 E10 41.857	1757.4 m	Waypoint

Name	Type	Coordinates	Elev.	Category
598	User Waypoint	N47 09.458 E10 42.327	1549.3 m	Waypoint
ZAMS	User Waypoint	N47 09.446 E10 35.367		Waypoint
LARCHER A	User Waypoint	N47 09.422 E10 41.705	1807.4 m	Building
PITZTALERH	User Waypoint	N47 09.421 E10 35.418	729.0 m	Waypoint
597	User Waypoint	N47 09.417 E10 42.186	1591.3 m	Waypoint
558	User Waypoint	N47 09.380 E10 35.248	749.9 m	Waypoint
591	User Waypoint	N47 09.356 E10 41.576	1822.8 m	Waypoint
595	User Waypoint	N47 09.343 E10 41.864	1706.9 m	Waypoint
596	User Waypoint	N47 09.333 E10 41.966	1665.4 m	Waypoint
594	User Waypoint	N47 09.317 E10 41.821	1713.2 m	Waypoint
VENETBAHN	User Waypoint	N47 09.230 E10 35.127	759.8 m	Waypoint
580	User Waypoint	N47 09.209 E10 40.203	2423.8 m	Waypoint
581	User Waypoint	N47 09.200 E10 40.304	2389.7 m	Waypoint
579	User Waypoint	N47 09.160 E10 40.146	2446.2 m	Summit
590	User Waypoint	N47 09.147 E10 41.311	1887.4 m	Waypoint
578	User Waypoint	N47 09.113 E10 40.103	2461.3 m	Waypoint
582	User Waypoint	N47 09.083 E10 40.380	2284.0 m	Waypoint
PILLER	User Waypoint	N47 09.061 E10 40.044	2486.8 m	Summit
583	User Waypoint	N47 09.059 E10 40.447	2241.9 m	Waypoint
584	User Waypoint	N47 09.039 E10 40.543	2191.0 m	Waypoint
589	User Waypoint	N47 09.038 E10 41.085	1942.9 m	Waypoint
585	User Waypoint	N47 09.023 E10 40.644	2136.9 m	Waypoint
577	User Waypoint	N47 09.022 E10 40.000	2460.6 m	Waypoint
576	User Waypoint	N47 09.018 E10 39.980	2465.4 m	Waypoint
575	User Waypoint	N47 08.992 E10 39.897	2486.1 m	Waypoint
586	User Waypoint	N47 08.970 E10 40.665	2100.1 m	Waypoint
588	User Waypoint	N47 08.960 E10 40.928	2004.5 m	Waypoint
574	User Waypoint	N47 08.957 E10 39.872	2479.8 m	Waypoint
587	User Waypoint	N47 08.946 E10 40.791	2065.7 m	Waypoint
GALFUN H	User Waypoint	N47 08.944 E10 41.064	1960.2 m	Waypoint
573	User Waypoint	N47 08.941 E10 39.768	2508.2 m	Waypoint
572	User Waypoint	N47 08.914 E10 39.697	2510.8 m	Waypoint
571	User Waypoint	N47 08.880 E10 39.451	2463.5 m	Waypoint
568	User Waypoint	N47 08.868 E10 39.306	2405.8 m	Waypoint
WANNEJOECHL	User Waypoint	N47 08.867 E10 39.571	2501.0 m	Summit
564	User Waypoint	N47 08.864 E10 38.682	2220.0 m	Crossing
567	User Waypoint	N47 08.862 E10 39.257	2385.4 m	Waypoint
565	User Waypoint	N47 08.858 E10 38.985	2304.9 m	Waypoint
570	User Waypoint	N47 08.857 E10 39.381	2446.9 m	Waypoint
566	User Waypoint	N47 08.853 E10 39.158	2346.7 m	Waypoint
563	User Waypoint	N47 08.841 E10 38.543	2213.5 m	Waypoint
569	User Waypoint	N47 08.839 E10 39.354	2425.8 m	Waypoint
562	User Waypoint	N47 08.823 E10 38.358	2179.9 m	Crossing
561	User Waypoint	N47 08.809 E10 38.115	2171.5 m	Waypoint
560	User Waypoint	N47 08.805 E10 37.926	2157.3 m	Waypoint
559	User Waypoint	N47 08.775 E10 37.798	2193.8 m	Waypoint
VENETBAHN OBEN	User Waypoint	N47 08.765 E10 37.561	2199.6 m	Waypoint
663	User Waypoint	N46 57.739 E10 58.876	2076.6 m	Waypoint
662	User Waypoint	N46 57.725 E10 58.710	2071.8 m	Waypoint
661	User Waypoint	N46 57.713 E10 58.492	2084.7 m	Waypoint
660	User Waypoint	N46 57.649 E10 58.280	2116.7 m	Waypoint
664	User Waypoint	N46 57.639 E10 59.064	2105.6 m	Waypoint
659	User Waypoint	N46 57.548 E10 58.076	2127.0 m	Waypoint
MITTELBERG	User Waypoint	N46 57.490 E10 52.601	1719.7 m	Trail Head
665	User Waypoint	N46 57.486 E10 59.164	2100.8 m	Waypoint
666	User Waypoint	N46 57.391 E10 59.222	2100.6 m	Waypoint
658	User Waypoint	N46 57.366 E10 57.636	2194.3 m	Waypoint
610	User Waypoint	N46 57.307 E10 52.772	1770.9 m	Waypoint
667	User Waypoint	N46 57.201 E10 59.330	2080.4 m	Waypoint
668	User Waypoint	N46 57.183 E10 59.332	2084.7 m	Waypoint
611	User Waypoint	N46 57.169 E10 52.997	1811.2 m	Waypoint
657	User Waypoint	N46 57.113 E10 57.179	2274.8 m	Waypoint
669	User Waypoint	N46 57.101 E10 59.457	2048.7 m	Waypoint
612	User Waypoint	N46 57.030 E10 53.177	1839.1 m	Waypoint
656	User Waypoint	N46 56.975 E10 56.848	2332.7 m	Waypoint
GLETSCH STÜBERl	User Waypoint	N46 56.829 E10 53.429	1899.4 m	Waypoint
670	User Waypoint	N46 56.814 E10 59.680	2028.0 m	Waypoint
655	User Waypoint	N46 56.792 E10 56.527	2426.7 m	Waypoint
GÜTERSEILBAHN	User Waypoint	N46 56.747 E10 53.507	1934.3 m	Waypoint
671	User Waypoint	N46 56.731 E10 59.763	2018.6 m	Crossing
672	User Waypoint	N46 56.674 E10 59.768	2019.6 m	Waypoint
654	User Waypoint	N46 56.638 E10 56.226	2552.4 m	Waypoint
673	User Waypoint	N46 56.577 E10 59.801	2020.1 m	Waypoint
653	User Waypoint	N46 56.560 E10 56.047	2620.9 m	Waypoint
652	User Waypoint	N46 56.530 E10 55.908	2663.2 m	Waypoint
674	User Waypoint	N46 56.519 E10 59.861	2016.7 m	Waypoint
675	User Waypoint	N46 56.479 E10 59.871	2016.7 m	Waypoint
GAISLACH ALM	User Waypoint	N46 56.474 E10 59.964	1977.8 m	Waypoint
SEILMITTEL	User Waypoint	N46 56.466 E10 55.909	2654.3 m	Waypoint
613	User Waypoint	N46 56.364 E10 53.704	2043.2 m	Waypoint
676	User Waypoint	N46 56.358 E11 00.030	1983.3 m	Waypoint
620	User Waypoint	N46 56.325 E10 54.044	2380.6 m	Waypoint
700	User Waypoint	N46 56.301 E11 01.624	1461.8 m	Waypoint
WASSERFALL	User Waypoint	N46 56.297 E10 53.731	2051.6 m	Waypoint
699	User Waypoint	N46 56.295 E11 01.648	1462.0 m	Waypoint
614	User Waypoint	N46 56.276 E10 53.706	2156.1 m	Waypoint
698	User Waypoint	N46 56.274 E11 01.573	1454.1 m	Waypoint
701	User Waypoint	N46 56.264 E11 02.001	1544.5 m	Waypoint
PENSION MUHLRO(l	User Waypoint	N46 56.263 E11 01.811	1435.6 m	Building
622	User Waypoint	N46 56.258 E10 54.138	2436.8 m	Waypoint
677	User Waypoint	N46 56.256 E11 00.163	1971.1 m	Waypoint
621	User Waypoint	N46 56.253 E10 54.091	2419.5 m	Waypoint
618	User Waypoint	N46 56.243 E10 53.868	2286.6 m	Waypoint
ZWIESE	User Waypoint	N46 56.222 E11 01.610		Waypoint
623	User Waypoint	N46 56.221 E10 54.131	2461.1 m	Waypoint
619	User Waypoint	N46 56.221 E10 53.946	2310.2 m	Waypoint
702	User Waypoint	N46 56.216 E11 02.141	1594.5 m	Waypoint
624	User Waypoint	N46 56.210 E10 54.157	2483.2 m	Waypoint
625	User Waypoint	N46 56.207 E10 54.173	2502.9 m	Waypoint
617	User Waypoint	N46 56.197 E10 53.797	2256.3 m	Waypoint
615	User Waypoint	N46 56.196 E10 53.693	2194.3 m	Waypoint
703	User Waypoint	N46 56.173 E11 02.163	1605.0 m	Waypoint
616	User Waypoint	N46 56.172 E10 53.692	2218.1 m	Waypoint
SONNECK	User Waypoint	N46 56.170 E11 00.174	1945.3 m	Lodging
630	User Waypoint	N46 56.160 E10 54.393	2651.4 m	Waypoint
626	User Waypoint	N46 56.154 E10 54.191	2526.9 m	Waypoint
635	User Waypoint	N46 56.139 E10 54.948	2709.8 m	Waypoint
629	User Waypoint	N46 56.139 E10 54.342	2612.2 m	Waypoint
628	User Waypoint	N46 56.138 E10 54.313	2583.6 m	Waypoint
637	User Waypoint	N46 56.132 E10 55.017	2709.1 m	Waypoint
636	User Waypoint	N46 56.132 E10 54.983	2708.4 m	Waypoint
649	User Waypoint	N46 56.126 E10 55.364	2655.0 m	Waypoint
ZWIESEL	User Waypoint	N46 56.124 E11 01.331	1463.5 m	Waypoint
634	User Waypoint	N46 56.124 E10 54.841	2678.1 m	Waypoint
631	User Waypoint	N46 56.124 E10 54.417	2667.3 m	Waypoint
627	User Waypoint	N46 56.124 E10 54.295	2566.1 m	Waypoint
648	User Waypoint	N46 56.123 E10 55.333	2943.9 m	Waypoint
650	User Waypoint	N46 56.122 E10 55.392	2966.3 m	Waypoint
647	User Waypoint	N46 56.117 E10 55.319	2917.5 m	Waypoint
BRAUNSCHWH	User Waypoint	N46 56.108 E10 54.554	2735.5 m	Building
632	User Waypoint	N46 56.106 E10 54.404	2701.9 m	Waypoint
SEILB STATION	User Waypoint	N46 56.104 E10 55.437	2976.6 m	Waypoint
646	User Waypoint	N46 56.104 E10 55.307	2907.4 m	Waypoint
633	User Waypoint	N46 56.103 E10 54.498	2723.5 m	Waypoint
638	User Waypoint	N46 56.099 E10 55.101	2747.6 m	Waypoint
645	User Waypoint	N46 56.089 E10 55.297	2900.2 m	Waypoint
639	User Waypoint	N46 56.079 E10 55.156	2775.2 m	Waypoint
697	User Waypoint	N46 56.069 E11 01.195	1469.2 m	Waypoint
644	User Waypoint	N46 56.068 E10 55.293	2886.5 m	Waypoint
651	User Waypoint	N46 56.067 E10 55.465	2969.6 m	Waypoint
640	User Waypoint	N46 56.064 E10 55.226	2804.3 m	Waypoint
643	User Waypoint	N46 56.059 E10 55.297	2871.1 m	Waypoint
704	User Waypoint	N46 56.058 E11 02.310	1625.9 m	Crossing
GAISLACH ALM	User Waypoint	N46 56.050 E10 59.946	1950.9 m	Lodging
642	User Waypoint	N46 56.044 E10 55.316	2856.7 m	Waypoint
641	User Waypoint	N46 56.037 E10 55.293	2840.8 m	Waypoint
678	User Waypoint	N46 56.031 E10 59.816	1966.7 m	Waypoint
696	User Waypoint	N46 56.023 E11 01.113	1479.8 m	Waypoint
695	User Waypoint	N46 56.000 E11 00.822	1500.7 m	Waypoint
694	User Waypoint	N46 55.975 E11 00.738	1512.5 m	Waypoint
679	User Waypoint	N46 55.960 E10 59.605	1951.8 m	Waypoint
680	User Waypoint	N46 55.936 E10 59.629	1940.1 m	Waypoint

693	User Waypoint	N46 55.927 E11 00.532	1513.2 m	Waypoint
681	User Waypoint	N46 55.903 E10 59.585	1906.4 m	Waypoint
692	User Waypoint	N46 55.884 E11 00.386	1515.6 m	Waypoint
682	User Waypoint	N46 55.853 E10 59.624	1881.2 m	Waypoint
705	User Waypoint	N46 55.847 E11 02.528	1646.1 m	Crossing
690	User Waypoint	N46 55.826 E11 00.172	1576.0 m	Waypoint
691	User Waypoint	N46 55.823 E11 00.207	1546.4 m	Waypoint
689	User Waypoint	N46 55.823 E11 00.067	1607.2 m	Waypoint
683	User Waypoint	N46 55.823 E10 59.644	1853.8 m	Waypoint
STRASSE	User Waypoint	N46 55.821 E11 00.274	1517.6 m	Waypoint
688	User Waypoint	N46 55.795 E10 59.918	1646.4 m	Waypoint
687	User Waypoint	N46 55.791 E10 59.826	1699.2 m	Waypoint
686	User Waypoint	N46 55.773 E10 59.708	1765.6 m	Waypoint
684	User Waypoint	N46 55.782 E10 59.549	1802.3 m	Waypoint
685	User Waypoint	N46 55.758 E10 59.618	1799.0 m	Waypoint
GR LERCHE	User Waypoint	N46 55.708 E11 02.615	1703.1 m	Waypoint
707	User Waypoint	N46 55.628 E11 02.739	1724.7 m	Waypoint
WASSERFALL	User Waypoint	N46 55.591 E11 02.775	1752.1 m	Waypoint
708	User Waypoint	N46 55.565 E11 02.816	1800.9 m	Waypoint
709	User Waypoint	N46 55.533 E11 02.877	1827.3 m	Waypoint
711	User Waypoint	N46 55.495 E11 02.995	1864.1 m	Waypoint
710	User Waypoint	N46 55.491 E11 02.981	1865.3 m	Waypoint
712	User Waypoint	N46 55.485 E11 03.063	1888.1 m	Waypoint
713	User Waypoint	N46 55.473 E11 03.138	1928.3 m	Waypoint
714	User Waypoint	N46 55.458 E11 03.239	1955.7 m	Waypoint
WFALL TBAH	User Waypoint	N46 55.457 E11 03.022	1878.0 m	Waypoint
716	User Waypoint	N46 55.388 E11 03.353	1975.9 m	Crossing
715	User Waypoint	N46 55.385 E11 03.457	1965.0 m	Waypoint
717	User Waypoint	N46 55.346 E11 03.504	1996.0 m	Waypoint
718	User Waypoint	N46 55.330 E11 03.562	2000.1 m	Waypoint
719	User Waypoint	N46 55.243 E11 03.921	2036.4 m	Waypoint
720	User Waypoint	N46 55.218 E11 04.093	2056.1 m	Bridge
721	User Waypoint	N46 55.183 E11 04.249	2083.3 m	Waypoint
STR1 QUER	User Waypoint	N46 55.163 E11 04.357	2095.3 m	Waypoint
723	User Waypoint	N46 55.064 E11 04.582	2102.0 m	Waypoint
722	User Waypoint	N46 55.064 E11 04.581	2102.0 m	Waypoint
STR2 QUER	User Waypoint	N46 54.892 E11 05.007	2160.7 m	Waypoint
726	User Waypoint	N46 54.889 E11 05.050	2182.8 m	Waypoint
725	User Waypoint	N46 54.877 E11 05.063	2177.0 m	Waypoint
724	User Waypoint	N46 54.876 E11 05.046	2166.0 m	Waypoint
727	User Waypoint	N46 54.839 E11 05.159	2243.6 m	Waypoint
728	User Waypoint	N46 54.839 E11 05.159	2246.5 m	Waypoint
729	User Waypoint	N46 54.750 E11 05.304	2301.0 m	Waypoint
730	User Waypoint	N46 54.628 E11 05.449	2349.8 m	Waypoint
741	User Waypoint	N46 54.529 E11 05.902	2344.8 m	Waypoint
742	User Waypoint	N46 54.520 E11 05.933	2314.2 m	Building
743	User Waypoint	N46 54.512 E11 06.011	2279.6 m	Waypoint
731	User Waypoint	N46 54.511 E11 05.512	2389.0 m	Waypoint
740	User Waypoint	N46 54.464 E11 05.861	2398.1 m	Waypoint
732	User Waypoint	N46 54.457 E11 05.555	2395.2 m	Waypoint
744	User Waypoint	N46 54.455 E11 06.080	2233.7 m	Waypoint
734	User Waypoint	N46 54.429 E11 05.604	2418.8 m	Waypoint
733	User Waypoint	N46 54.428 E11 05.588	2401.5 m	Waypoint
737	User Waypoint	N46 54.385 E11 05.720	2483.2 m	Waypoint
735	User Waypoint	N46 54.382 E11 05.658	2447.6 m	Waypoint
745	User Waypoint	N46 54.372 E11 06.350	2145.1 m	Waypoint
739	User Waypoint	N46 54.360 E11 05.813	2494.0 m	Waypoint
736	User Waypoint	N46 54.345 E11 05.689	2464.4 m	Waypoint
STEIN HAUS	User Waypoint	N46 54.340 E11 05.739	2499.5 m	Building
738	User Waypoint	N46 54.299 E11 05.776	2507.9 m	Bar
746	User Waypoint	N46 54.250 E11 06.532	2062.6 m	Waypoint
747	User Waypoint	N46 54.223 E11 06.895	2018.6 m	Waypoint
748	User Waypoint	N46 54.206 E11 06.754	2006.9 m	Waypoint
749	User Waypoint	N46 54.125 E11 06.953	1993.4 m	Waypoint
750	User Waypoint	N46 54.007 E11 07.236	1952.3 m	Waypoint
751	User Waypoint	N46 53.977 E11 07.361	1914.6 m	Crossing
752	User Waypoint	N46 53.916 E11 07.569	1854.3 m	Waypoint
753	User Waypoint	N46 53.886 E11 07.693	1807.9 m	Waypoint
SCHONAUER A	User Waypoint	N46 53.858 E11 07.733	1771.3 m	Waypoint
754	User Waypoint	N46 53.784 E11 07.757	1782.9 m	Waypoint
755	User Waypoint	N46 53.765 E11 07.793	1756.0 m	Waypoint
756	User Waypoint	N46 53.609 E11 07.856	1736.5 m	Waypoint
757	User Waypoint	N46 53.430 E11 07.884	1727.8 m	Waypoint
758	User Waypoint	N46 53.352 E11 07.942	1660.1 m	Waypoint
759	User Waypoint	N46 53.199 E11 08.045	1596.4 m	Waypoint
760	User Waypoint	N46 53.017 E11 08.225	1569.7 m	Waypoint
761	User Waypoint	N46 52.877 E11 08.600	1572.4 m	Waypoint
762	User Waypoint	N46 52.719 E11 08.782	1587.3 m	Waypoint
763	User Waypoint	N46 52.558 E11 08.874	1522.4 m	Waypoint
764	User Waypoint	N46 52.464 E11 08.880	1472.4 m	Waypoint
765	User Waypoint	N46 52.327 E11 08.902	1443.8 m	Waypoint
PENSION TRAUSBE	User Waypoint	N46 52.272 E11 08.920	1392.8 m	Lodging
767	User Waypoint	N46 52.170 E11 09.069	1366.1 m	Waypoint
766	User Waypoint	N46 52.147 E11 08.977	1382.0 m	Waypoint
768	User Waypoint	N46 51.989 E11 09.258	1343.3 m	Waypoint
VENT	User Waypoint	N46 51.566 E10 55.060		Waypoint
769	User Waypoint	N46 51.451 E11 09.383	1321.2 m	Waypoint
770	User Waypoint	N46 51.394 E11 09.451	1311.4 m	Waypoint
771	User Waypoint	N46 50.938 E11 09.566	1209.5 m	Waypoint
772	User Waypoint	N46 50.385 E11 09.871	1082.1 m	Waypoint
773	User Waypoint	N46 50.142 E11 09.922	1048.9 m	Waypoint
MOOS i P.	User Waypoint	N46 49.953 E11 09.921	1033.8 m	Waypoint
CAFE MARIA	User Waypoint	N46 49.901 E11 10.040	1030.9 m	Bar
MOOSIN	User Waypoint	N46 49.877 E11 10.015		Waypoint
774	User Waypoint	N46 49.749 E11 10.300	1019.4 m	Crossing
783	User Waypoint	N46 49.729 E11 12.621	1298.6 m	Waypoint
784	User Waypoint	N46 49.721 E11 12.729	1302.2 m	Waypoint
778	User Waypoint	N46 49.717 E11 10.987	1134.0 m	Waypoint
779	User Waypoint	N46 49.714 E11 10.986	1145.8 m	Waypoint
775	User Waypoint	N46 49.709 E11 10.462	1043.9 m	Waypoint
776	User Waypoint	N46 49.702 E11 10.688	1087.4 m	Waypoint
STUHLS	User Waypoint	N46 49.685 E11 12.113	1290.9 m	Waypoint
777	User Waypoint	N46 49.683 E11 10.851	1122.2 m	Building
780	User Waypoint	N46 49.662 E11 11.296	1197.0 m	Waypoint
786	User Waypoint	N46 49.661 E11 13.339	1216.2 m	Waypoint
785	User Waypoint	N46 49.647 E11 12.794	1269.5 m	Waypoint
781	User Waypoint	N46 49.561 E11 11.870	1172.4 m	Waypoint
782	User Waypoint	N46 49.559 E11 12.126	1194.8 m	Crossing
787	User Waypoint	N46 49.478 E11 13.787	1138.6 m	Waypoint
788	User Waypoint	N46 49.432 E11 13.966	1071.5 m	Waypoint
789	User Waypoint	N46 49.357 E11 13.991	1010.5 m	Waypoint
790	User Waypoint	N46 49.299 E11 14.070	977.5 m	Waypoint
791	User Waypoint	N46 49.289 E11 14.035	956.1 m	Waypoint
792	User Waypoint	N46 49.222 E11 14.082	899.4 m	Waypoint
793	User Waypoint	N46 49.155 E11 14.163	855.7 m	Waypoint
794	User Waypoint	N46 49.128 E11 14.227	830.5 m	Waypoint
STLEO KREU	User Waypoint	N46 49.112 E11 14.339	787.2 m	Waypoint
795	User Waypoint	N46 49.077 E11 14.619	758.8 m	Waypoint
796	User Waypoint	N46 48.931 E11 14.735	741.8 m	Waypoint
797	User Waypoint	N46 48.849 E11 14.912	766.8 m	Waypoint
799	User Waypoint	N46 48.812 E11 15.176	732.2 m	Waypoint
798	User Waypoint	N46 48.811 E11 14.974	761.2 m	Waypoint
SANLEO	User Waypoint	N46 48.805 E11 14.629		Waypoint
SANMAR	User Waypoint	N46 47.117 E11 13.805		Waypoint
800	User Waypoint	N46 46.835 E11 13.599	593.3 m	Waypoint
PFANDLER H	User Waypoint	N46 46.632 E11 14.964	1297.2 m	Residence
4	User Waypoint	N46 46.593 E11 14.952	1354.6 m	Waypoint
HOFER H	User Waypoint	N46 46.540 E11 14.924	1360.9 m	Building
802	User Waypoint	N46 46.468 E11 14.833	1183.3 m	Waypoint
801	User Waypoint	N46 46.421 E11 14.705	1100.1 m	Waypoint
2	User Waypoint	N46 46.407 E11 14.975	1442.3 m	Waypoint
3	User Waypoint	N46 46.291 E11 14.950	1451.0 m	Waypoint
804	User Waypoint	N46 46.290 E11 15.001	1496.6 m	Waypoint
805	User Waypoint	N46 46.206 E11 15.023	1543.0 m	Waypoint
810	User Waypoint	N46 46.115 E11 15.223	1751.6 m	Waypoint
806	User Waypoint	N46 46.106 E11 15.006	1597.3 m	Waypoint
812	User Waypoint	N46 46.079 E11 15.366	1877.1 m	Waypoint
811	User Waypoint	N46 46.078 E11 15.265	1808.8 m	Waypoint
813	User Waypoint	N46 46.076 E11 15.383	1909.6 m	Waypoint
809	User Waypoint	N46 46.073 E11 15.106	1688.4 m	Waypoint
808	User Waypoint	N46 46.064 E11 15.033	1644.9 m	Waypoint
807	User Waypoint	N46 46.064 E11 15.029	1624.0 m	Waypoint

Name	Type	Coordinates	Elevation	Category
815	User Waypoint	N46 46.062 E11 15.542	2000.6 m	Waypoint
RIFFLSPITZ	User Waypoint	N46 46.052 E11 15.480	1986.2 m	Crossing
814	User Waypoint	N46 46.025 E11 15.427	1947.7 m	Waypoint
816	User Waypoint	N46 46.019 E11 15.671	2033.5 m	Waypoint
803	User Waypoint	N46 45.968 E11 14.488	1272.4 m	Waypoint
817	User Waypoint	N46 45.930 E11 15.862	2076.6 m	Waypoint
819	User Waypoint	N46 45.853 E11 15.928	2093.1 m	Waypoint
818	User Waypoint	N46 45.852 E11 15.929	2093.6 m	Crossing
820	User Waypoint	N46 45.802 E11 15.947	2101.8 m	Waypoint
821	User Waypoint	N46 45.719 E11 15.887	2109.2 m	Waypoint
822	User Waypoint	N46 45.619 E11 15.842	2131.1 m	Waypoint
823	User Waypoint	N46 45.574 E11 15.840	2134.0 m	Waypoint
824	User Waypoint	N46 45.554 E11 15.938	2118.9 m	Waypoint
825	User Waypoint	N46 45.435 E11 15.970	2122.5 m	Waypoint
826	User Waypoint	N46 45.375 E11 15.880	2120.1 m	Waypoint
827	User Waypoint	N46 45.335 E11 15.848	2109.5 m	Waypoint
828	User Waypoint	N46 45.285 E11 15.852	2083.3 m	Waypoint
829	User Waypoint	N46 45.243 E11 15.858	2052.8 m	Waypoint
830	User Waypoint	N46 45.140 E11 15.869	2025.4 m	Waypoint
MAHD ALM	User Waypoint	N46 45.104 E11 15.930	1992.2 m	Waypoint
831	User Waypoint	N46 45.027 E11 15.918	1976.8 m	Waypoint
HINTEREGG ALM	User Waypoint	N46 44.986 E11 15.825	1979.0 m	Waypoint
832	User Waypoint	N46 44.831 E11 15.711	1981.9 m	Waypoint
833	User Waypoint	N46 44.798 E11 15.590	1989.3 m	Waypoint
835	User Waypoint	N46 44.783 E11 15.324	2027.8 m	Waypoint
834	User Waypoint	N46 44.771 E11 15.385	2009.5 m	Waypoint
836	User Waypoint	N46 44.728 E11 15.216	2017.0 m	Waypoint
837	User Waypoint	N46 44.621 E11 15.282	2007.3 m	Waypoint
838	User Waypoint	N46 44.564 E11 15.305	2009.3 m	Crossing
839	User Waypoint	N46 44.453 E11 15.317	1990.3 m	Waypoint
HIRZER HUETTE	User Waypoint	N46 44.386 E11 15.208	1982.8 m	Lodging
841	User Waypoint	N46 44.149 E11 16.647	2628.1 m	Waypoint
840	User Waypoint	N46 44.131 E11 16.584	2658.6 m	Crossing
HIRZERSCHARTE	User Waypoint	N46 44.035 E11 16.548	2689.2 m	Waypoint
842	User Waypoint	N46 43.878 E11 16.780	2411.6 m	Waypoint
843	User Waypoint	N46 43.820 E11 16.779	2367.6 m	Waypoint
844	User Waypoint	N46 43.777 E11 16.825	2339.2 m	Waypoint
845	User Waypoint	N46 43.723 E11 16.921	2259.7 m	Waypoint
846	User Waypoint	N46 43.545 E11 17.185	2122.2 m	Waypoint
847	User Waypoint	N46 43.473 E11 17.204	2114.3 m	Waypoint
848	User Waypoint	N46 43.251 E11 17.412	2131.4 m	Waypoint
849	User Waypoint	N46 43.157 E11 17.373	2135.9 m	Waypoint
850	User Waypoint	N46 43.043 E11 17.401	2119.8 m	Waypoint
851	User Waypoint	N46 42.965 E11 17.464	2109.0 m	Waypoint
852	User Waypoint	N46 42.900 E11 17.558	2097.9 m	Crossing
853	User Waypoint	N46 42.861 E11 17.617	2129.2 m	Waypoint
854	User Waypoint	N46 42.727 E11 17.572	2152.5 m	Waypoint
855	User Waypoint	N46 42.603 E11 17.418	2145.3 m	Waypoint
856	User Waypoint	N46 42.500 E11 17.370	2150.3 m	Waypoint
857	User Waypoint	N46 42.413 E11 17.285	2129.7 m	Waypoint
SEE 1	User Waypoint	N46 42.225 E11 17.163	2113.3 m	Fishing Area
858	User Waypoint	N46 42.179 E11 17.181	2130.2 m	Waypoint
RIFIAN	User Waypoint	N46 42.173 E11 10.839		Waypoint
859	User Waypoint	N46 42.124 E11 17.268	2122.0 m	Waypoint
860	User Waypoint	N46 42.103 E11 17.329	2123.2 m	Waypoint
861	User Waypoint	N46 42.067 E11 17.415	2130.2 m	Waypoint
862	User Waypoint	N46 41.964 E11 17.267	2108.8 m	Waypoint
863	User Waypoint	N46 41.836 E11 17.231	2112.8 m	Waypoint
864	User Waypoint	N46 41.723 E11 17.238	2108.8 m	Waypoint
865	User Waypoint	N46 41.601 E11 17.265	2125.6 m	Waypoint
866	User Waypoint	N46 41.497 E11 17.258	2080.9 m	Waypoint
867	User Waypoint	N46 41.394 E11 17.207	2017.9 m	Waypoint
868	User Waypoint	N46 41.355 E11 17.027	1990.3 m	Waypoint
869	User Waypoint	N46 41.288 E11 16.975	1958.3 m	Waypoint
870	User Waypoint	N46 41.233 E11 16.923	1934.5 m	Waypoint
871	User Waypoint	N46 41.109 E11 16.941	1937.9 m	Waypoint
872	User Waypoint	N46 40.781 E11 16.927	1910.7 m	Waypoint
873	User Waypoint	N46 40.695 E11 16.863	1951.3 m	Waypoint
874	User Waypoint	N46 40.632 E11 16.768	1980.7 m	Waypoint
875	User Waypoint	N46 40.536 E11 16.739	2007.8 m	Waypoint
876	User Waypoint	N46 40.405 E11 16.773	2021.3 m	Waypoint
877	User Waypoint	N46 40.240 E11 16.793	1992.4 m	Waypoint
878	User Waypoint	N46 40.105 E11 16.858	1973.7 m	Crossing
MERANO 2000	User Waypoint	N46 40.031 E11 09.562		Waypoint
879	User Waypoint	N46 39.857 E11 17.047	1970.8 m	Waypoint
880	User Waypoint	N46 39.495 E11 17.222	1993.9 m	Waypoint
881	User Waypoint	N46 39.366 E11 17.384	2001.3 m	Crossing
882	User Waypoint	N46 39.196 E11 17.519	2068.4 m	Waypoint
KREUZJOCH	User Waypoint	N46 39.097 E11 17.553	2092.4 m	Scenic Area
883	User Waypoint	N46 38.917 E11 17.650	2047.5 m	Waypoint
884	User Waypoint	N46 38.816 E11 17.755	2001.3 m	Waypoint
885	User Waypoint	N46 38.456 E11 17.850	1935.0 m	Waypoint
886	User Waypoint	N46 38.186 E11 17.810	1882.4 m	Waypoint
VERL BAUM	User Waypoint	N46 38.020 E11 17.811	1849.0 m	Waypoint
887	User Waypoint	N46 37.733 E11 17.779	1813.6 m	Waypoint
MOELTNER KASER	User Waypoint	N46 37.428 E11 17.954	1763.7 m	Bar
888	User Waypoint	N46 37.127 E11 17.568	1769.4 m	Waypoint
889	User Waypoint	N46 36.931 E11 17.433	1745.9 m	Crossing
890	User Waypoint	N46 36.493 E11 17.297	1723.5 m	Waypoint
891	User Waypoint	N46 36.186 E11 17.079	1682.4 m	Crossing
892	User Waypoint	N46 35.787 E11 17.321	1606.0 m	Waypoint
893	User Waypoint	N46 35.685 E11 17.438	1585.3 m	Waypoint
894	User Waypoint	N46 35.557 E11 17.584	1555.0 m	Crossing
895	User Waypoint	N46 35.496 E11 17.111	1470.7 m	Waypoint
896	User Waypoint	N46 35.434 E11 16.972	1444.0 m	Crossing
LAFENN	User Waypoint	N46 35.093 E11 16.899	1525.0 m	Building
897	User Waypoint	N46 34.713 E11 17.458	1475.0 m	Waypoint
898	User Waypoint	N46 34.160 E11 17.526	1474.8 m	Waypoint
899	User Waypoint	N46 33.503 E11 17.879	1443.8 m	Waypoint
900	User Waypoint	N46 33.129 E11 18.187	1451.5 m	Waypoint
901	User Waypoint	N46 32.927 E11 18.488	1422.1 m	Crossing
902	User Waypoint	N46 32.872 E11 18.558	1410.4 m	Waypoint
903	User Waypoint	N46 32.775 E11 18.739	1382.3 m	Waypoint
904	User Waypoint	N46 32.741 E11 18.765	1377.2 m	Waypoint
GHOF EDELWEISS	User Waypoint	N46 32.697 E11 18.808	1354.9 m	Lodging
905	User Waypoint	N46 32.609 E11 19.038	1295.5 m	Waypoint
906	User Waypoint	N46 32.444 E11 19.459	1213.3 m	Waypoint
GRENZ JENESIEN	User Waypoint	N46 32.415 E11 19.538	1196.4 m	Waypoint
TSCHOE	User Waypoint	N46 32.314 E11 19.826	1112.8 m	Lodging
PIZZERIA1	User Waypoint	N46 32.273 E11 19.803	1148.2 m	Waypoint
JENESIEN	User Waypoint	N46 32.203 E11 19.738		Waypoint
BOZEN	User Waypoint	N46 29.813 E11 20.109		Waypoint

Wichtiger Hinweis zur Nutzung dieser Daten

Die Nutzung dieser GPS-Daten geschieht immer auf eigene Gefahr und Verantwortung desjenigen, der die Daten so oder ähnlich zur Nutzung bringt. Autor oder Verlag übernehmen keine Gewähr für die Richtigkeit, Genauigkeit oder Vollständigkeit dieser Wegpunkte. Dieser Haftungsausschluss bezieht sich auf alle Schäden/Folgeschäden, auch gegenüber Dritten.

Glossar 4: Das Kartenmaterial

<u>Wanderkarten (Minimalausstattung):</u>

- Kompasswanderkarte 120: Europäischer Fernwanderweg E5 – Teil Nord. Maßstab 1:50.000, mit WGS84 (ohne Angaben zu ISBN-Nummer, Auflage und Erscheinungsjahr)
- Kompasswanderkarte 121 – Teil Süd. Maßstab 1:50.000, mit WGS84 (ohne Angaben zu ISBN-Nummer, Auflage und Erscheinungsjahr)

<u>Reiseführer und Reiseunterlagen:</u>

- Selbst ausgearbeitete Reiseunterlagen mit inhaltlichen Informationen und Hinweisen zu den einzelnen Etappen
- Steuerwald, Dirk/Baur, Stephan: Fernwanderung E5. München.. 2., aktualisierte Auflage 2009.
- Schlösser, Klaus. Alpenüberquerung Oberstdorf – Meran. Auf der Panoramaroute der Bergführer. Sulzberg/Allgäu. 2001.
- Mayer, Robert. Der E5. Der legendäre Fernwanderweg. München. 2009.
- Metzler, Veit. Europäischer Fernwanderung E5. (Atlantik –) Bodensee – Alpen – Adria. Ostfildern. 12., korrigierte Auflage 2002.

<u>Hinweis zur Nutzung der Reiseführer</u>

Alle hier aufgeführten Reiseführer dokumentieren entweder einen Teilausschnitt der in diesem Buch geschilderten Wanderung von Oberstdorf nach Meran und Bozen oder geben teilweise sehr subjektive Erfahrungen und Eindrücke an die zukünftigen Wanderer weiter. Insofern ist es hilfreich, erstens das Internet, wo möglich, zu Rate zu ziehen und sich zweitens selbst erarbeitete Reiseunterlagen zu erarbeiten, die die wichtigsten Informationen aus den verschiedenen Quellen zum E5 zusammenfasst.

Glossar 5: *Packliste für gestandene Mannsen und Weibsen und alle anderen Rucksäcke*

Diese Packliste nennt beispielhaft die Ausstattung, die für eine Wanderung von Oberstdorf nach Meran und Bozen gebraucht wird. Sie entspricht auch genau dem, was bei der in diesem Buch beschriebenen Wanderung mitgenommen wurde. Sie kann aber auch beispielhaft für jede andere Fernwanderung als Anregung gelten. Man möge sie dann dem Bedarf gemäß ergänzen und variieren.

UNVERZICHTBARE WANDERAUSSTATTUNG
- 1 Wanderer (leibhaftig!), evtl. mit Begleitung (und – natürlich! danke für den Hinweis! – mit Bekleidung; und dazu gleich hier:)

Am Mann (oder ggf. „An der Frau") zu tragen
- 1 Wanderunterhose Doppelripp (nicht: Tanga)
- 1 Wander-T-Shirt (statt einem Doppelripp-Unterhemd)
- 1 lange Wanderhose (per Reißverschlüsse verkürzbar auf Shorts/kurze Hose)
- 1 Hosengürtel aus Leder
- 1 Paar Wandersocken
- 1 Paar Wanderstiefel mit Schnürsenkel (die von der Fernwanderungen München-Venedig und der von München-Prag erfahrenen)
- 1 Paar Wanderstöcke und 1 Paar Fahrradhandschuhe
- 1 Stofftaschentuch
- 1 Armbanduhr, evtl. mit Stoppuhr
- 1 ärmellose Multifunktionsweste (wegen der vielen Taschen; darin z.B. ein Vokabelheft mit Stift fürs schnelle Notieren sowie ein zweites Nikon-Objektiv zum Wechseln)
- 1 DinA6 Notizblock (Vokabelheft)
- 1 x 1,0 Liter Wasserflasche mit Tragehalterung
- 1 Gürteltasche für zwei Digitalkameras mit:
- 1 digitale Spiegelreflexkamera Nikon D50 mit:
- 1 Objektiv: Nikkor AF-S 18-200mm 1:3.5-5.6 G ED VR (DX)
- 1 kleiner Ledergeldbeutel mit Bargeld
- selbst ausgearbeitete Reiseunterlagen mit inhaltlichen Informationen und Hinweisen zu den einzelnen Etappen *sowie*

- 1 Kompasswanderkarte 120: Europäischer Fernwanderweg E5 – Teil Nord. Maßstab 1:50.000, mit WGS84. (ohne Angaben zu ISBN-Nummer, Auflage und Erscheinungsjahr) *bzw.*
- 1 Kompasswanderkarte 121: Europäischer Fernwanderweg E5 – Teil Süd. Maßstab 1:50.000, mit WGS84. (ohne Angaben zu ISBN-Nummer, Auflage und Erscheinungsjahr)
- 1 Wanderrucksack, ca. 50 bis 55 Liter fassend, mit abtrennbarem Oberteil, Seitentaschen und Regenüberzug; dieser enthält:

Im abnehmbaren Rucksackoberteil
- Außen am …: Mein geliebter Bär der Firma Steiff namens „Bruno"
- 1 DAV-Ausweis, Sektion „unbekannt"
- 1 Personalausweis
- 1 Wanderhut aus Stoff mit breiter Krempe
- 2 Tuben Sonnencreme (1 x Schutzfaktor 20, 1 x Schutzfaktor 60)
- 1 Sonnenbrille im Hardcover-Etui
- 1 Taschenmesser (mit kleinem Handkompass und Kette)
- 2 Meter Toilettenpapier
- 1 Wanderschirm
- 1 Regenüberzug für den Rucksack
- 1 Packung Papier-Taschentücher

Im Hauptteil des Rucksacks

Reserve- und Freizeit-Kleidung
- 1 langärmeliges Wanderhemd
- 1 Ersatz-Unterhose und 1 Ersatz-Unterhemd (Maxi: davon je zwei)
- 1 Ersatz-T-Shirt in weiß
- 1 kurze Turnhose in blau
- 1 Paar Freizeit-Socken in weiß
- 1 Paar Ersatz-Wandersocken, Farbe egal
- 1 Paar Ersatz-Wandersocken, Farbe staubgrau
- 1 Regenjacke in rot oder Farbe egal
- (erstmal) keine Fleece-Jacke (erst in Wenns/Pitztal gekauft, vor Aufstieg auf die Braunschweiger Hütte, zum Glück!)
- 1 Tube Schuhcreme für die Wanderstiefel mit Baumwolllappen
- 1 Seiden-Schlafsack
- 1 Halogen-Taschenlampe

- 3 Vorratsröhrchen Brausetabletten (1 x Vitamin-Komplex, 1 x Magnesium, 1 x Calcium)
- mehrere Ersatz-Plastiktüten
- 1 Aluminium-Sitzunterlage (darauf kann verzichten, wer nicht bei jeder Gelegenheit unter Frostbeulen am Wertesten leidet)

Wertsachen und Schreibmaterialien
- 1 Gürteltasche mit 1 Scheckkarte und/oder 1 Kreditkarte sowie Reserve-Bargeld in Euro
- 1 Impfpass
- 1 Reisetagebuch
- 1 festes Kunststoffschreibetui; Inhalt: 2 Kugelschreiber, 2 Grafit-Bleistifte, 1 Radierer, 1 Spitzer, 1 kleines Lineal, 1 gelber Marker und 1 Klebestift
- 1 unnützes Mitnehmsel: 1 Plastikboot der Bayerischen Gebirgsmarine anno domini

Ausstattung mit elektronischen Geräten
- ca. 20 Speicherkarten SD mit 1 GB und 2 GB Speicherkapazität (insgesamt 30 GB)
- 1 Ersatz-Akku Nikon EN-EL3a (Li-ion 7.4 V 1500mAh
- 1 Ladegerät für Akkus: Nikon MH-18a
- 1 Objektiv: Nikkor AF 24-85mm 1:2.8-4.0 D Makro
- 1 Objektiv: Nikkor AF Fisheye 10.5mm 1:2.8 G ED (DX)
- 1 Displaysucher-Digitalkamera Nikon Coolpix SQ + Ladegerät sowie Speicherkarten mit ca. 1.536 MB Gesamt-Speicherkapazität
- 1 Polarisationsfilter, Filterfassungsgröße 72mm
- Mobiltelefon mit Ladegerät
- GPS-Gerät mit Ersatz-Batterien

Verpflegung
- 2 x 0,5 Liter Wasservorratsflaschen oder gleiche Menge O'Säftle
- 1 Packung Müsliriegel
- 4 Äpfel, evtl. anderes Obst zusätzlich
- 1 kleine Salami, Handvorrat Brot

Waschzeug
- 1 Naturschwamm und 1 Bimsschwamm (nicht: Bums …) zum Entfernen von Hornhaut
- 2 x 20 ml Zahnpasta mit 1 „stiel"-voller Zahnbürste
- 1 kleines Wanderhandtuch

- 1 kleine Handseife im Etui
- 2 Einmalrasierer mit Rasiercreme (auf Rasiercreme kann verzichtet werden, es genügt auch die Handseife; lässt die Haut im Gesicht männlicher erscheinen)
- 1 kleiner Kamm
- 1 Labellostift
- 5 Wäscheklammern
- 1 kleine Nagelzange (verzichtbar, wenn das Taschenmesser eine scharfe Schere besitzt)
- 1 x 75 ml Alpecin (darauf kann verzichtet werden, es genügt auch die Hand- oder Kernseife)

Sicherheitsausrüstung
- 1 Paar Winterhandschuhe mit Wintermütze
- 1 Einmann-Biwaksack
- 1 Trillerpfeife mit Halsband (nicht im Rucksack getragen, besser am Mann, das ist bei schweren Stürzen im Gebirge wichtig!)
- 1 Ersatzbrille
- 1 Paar Ohrstöpsel (auch für Schnarcher! Denn die können, wenn andere schnarchen, auch nicht schlafen! Schon dran gedacht?)

Arzneimittel
- 1 Fahrrad-Erste-Hilfe-Apotheke
- 1 x 100 ml Scholl Hirschtalg (oder Melkfett)
- 1 Packung Compete-Pflaster
- 1 kleine Nagelschere (verzichtbar, wenn das Taschenmesser eine Schere hat)
- 1 Baumwollbinde mit 2 Sicherheitsnadeln
- 1 Hotel-Nähzeug (Hotel Adlon, Berlin, bester Nähfaden!)
- 1 x 100 Gramm Gel Voltaren
- 1 Filmstreifen (10 Tabletten) Voltaren Resinat
- 4 Tabletten Aspirin C
- 1 x 20 g Wund- und Heilsalbe Bepanthem
- 1 x 20 Gramm Soventol
- 1 Rolle Leukoplast S 2,5 cm x 5 m

VERZICHTBARE WANDERAUSSTATTUNG:
- 1 Mountain-Bike (wegen fehlender Fahrradständer im Hochgebirge und auf allen Hütten auf diesem Weg)
- 1 kleine Flasche Haarshampoo (z.B. Alpecin, aber es genügt auch

die Handseife)
- 1 Rasiercreme (auch hier genügt die Handseife – raue Haut macht männlicher!)
- Noch mehr Unter- und Hauptwäsche, als oben angegeben
- Waschmittel (warum Wäsche waschen? Wenn Stinktiere unter Naturschutz stehen!)
- 1 MP3-Player oder ein kleines Kofferradio mit CD-Player (für die tierisch abgehende Fete am Wanderpfad)
- 1 Pulsuhr mit Brustband (Puls fühlen übernimmt gerne die Hüttenwirtin)
- 1 Dixie-Klo einschließlich Brille und Wasserspülung
- 1 Regen- und Windjacke (sofern einem ein Regenponcho reicht)
- 1 Paar Schneegamaschen (sofern man es sich traut)
- 1 Paar Hütten-Hausschuhe (sofern man Wandersandalen vorzieht)
- 1 Paar Badeschuhe (sofern man Fußpilz nicht fürchtet oder ihn selber schon hat)
- Winterbekleidung (zusätzlich zu Handschuhen und Mütze)
- Stirnlampe mit Schneeschuhen oder Schlitten mit Schlittenhunden
- Fleece-Jacke (bis Wenns, aber dort eingekauft – zum Glück!)
- Lippen- oder Kajalstift sowie das obligatorische Rouge zum Feinmachen für schöne Hüttenabende (wer's braucht!)
- Bierkrüge, Weingläser, Cracker, Chips, Salzstengel, alles Gesalzene einschließlich aller sonstigen Utensilien für einen heiteren und kurzweiligen Hüttenabend (nicht nur für die Hüften)
- Skurriles, Witziges und skurril Witziges (nicht immer und nicht unbedingt verzichtbar!)
- 1 Dekontaminierungszelt für notorische Schnarcher (für Frischluft-Fanatiker oder die -Fanatikerin?)
- unsere eigenen Frauen (wirklich?)

Hinweis
Die gesamte, hier aufgeführte Wanderausstattung führte zu einem Gesamtgewicht meines Rucksacks von ca. 16 Kilogramm, also nur der Rucksack alleine, also ohne jene Teile, die hier als „Am Mann" aufgeführt sind.
Mein Begleiter hatte demgegenüber einen Rucksack von ca. 8 bis 9 Kilogramm Gesamtgewicht dabei – was kühl betrachtet bedeutet, dass ich im Gegensatz zu ihm die gesamte Wanderstrecke gemäß der Relation Eigengewicht mal Streckenkilometer mal Höhenmeter zweimal gegangen bin!

293

Literatur

[01] Kompasswanderkarte 120: Europäischer Fernwanderweg E5 – Teil Nord. Maßstab 1:50.000, mit WGS84 (ohne Angaben zu ISBN-Nummer, Auflage und Erscheinungsjahr).

[02] Kompasswanderkarte 121 – Teil Süd. Maßstab 1:50.000, mit WGS84 (ohne Angaben zu ISBN-Nummer, Auflage und Erscheinungsjahr).

[03] Mayer, Robert. Der E5. Der legendäre Fernwanderweg. München. 2009.

[04] Metzler, Veit. Europäischer Fernwanderung E5. (Atlantik –) Bodensee – Alpen – Adria. Ostfildern. 12., korrigierte Auflage 2002.

[05] Schlösser, Klaus. Alpenüberquerung Oberstdorf – Meran. Auf der Panoramaroute der Bergführer. Sulzberg/Allgäu. 2001.

[06] Steuerwald, Dirk/Baur, Stephan: Fernwanderung E5. München.. 2., aktualisierte Auflage 2009.

Die Wanderung erfolgte auf Basis von **Kompasskarten**. Ergänzende Karten wurden nicht hinzugezogen.

Mitglied in einer **Sektion** des **Deutschen Alpenvereins (DAV)** zu sein hat den Vorteil, bei Unfällen im Berg versichert zu sein (Bitte in der Sektion, der Sie beitreten wollen, nachfragen!). Auch gibt es auf dem Wanderweg bei Übernachtung und Essen Kostenreduktionen. Vor dem Beginn einer solchen Wanderung eine Mitgliedschaft in einer DAV-Sektion einzugehen, wird daher empfohlen; ebenso eine regelmäßige Spende an die Bergwacht in Bayern.

Sektionen des Deutschen Alpenvereins (DAV), die ich empfehlen kann, finden Sie **auf meiner Homepage** www.burkhard-wittek.de in der Rubrik „**Links**".

Lesen Sie vom Autor Burkhard Wittek den **ersten Band** der Wander- und Reiseerlebnisse des Dr. h.c. Franz von Frömeling. Das <u>Buch</u> **»Zu Fuß von München nach Venedig«** entführt Sie mit seiner Liebesgeschichte in die atemberaubende Welt der Alpen. Alles beginnt mit spirituell philosophischen Gesprächen mit der faszinierenden Protagonistin Carmina, die einen ziemlich gelangweilten Karrieristen der Computerindustrie auf den Weg seines Lebens entführt.

Das Buch, in der 2. **Auflage** erschienen, ist eine ergänzende Vorbereitung für die Planung der eigenen Wanderung über die Alpen:

Erhältlich in jeder guten Buchhandlung mit <u>ISBN</u> **978-3-939518-23-5.**

Lesen Sie neueste Informationen auf der Homepage von Verlag und Autor und teilen Sie uns Ihre Gedanken und Ihre Meinung mit:

www.wiesenburgverlag.de

www.burkhard-wittek.de

296

Lesen Sie vom Autor Burkhard Wittek den **zweiten Band** der Wander- und Reiseerlebnisse! Sie erfahren im Buch **»Zu Fuß von München nach Prag«** den Werdegang des Dr. h.c. Franz von Frömeling zum selbstbewussten Mitteleuropäer. Er lernt auf seiner Wanderung die Kulturlandschaften Mitteleuropas, die Geschichte Bayerns und Böhmens im Spiegel seiner Selbsterfahrung kennen.

Dieses Buch ist **eine spannende kulturhistorische Geschichte** auf dem Wanderweg von München nach Prag, von Bayern nach Böhmen, ins Land der Vorfahren und in die Geschichte Mitteleuropas.

Erhältlich in jeder guten Buchhandlung mit <u>ISBN</u> **978-3-939518-66-2.**

Lesen Sie neueste Informationen auf der Homepage von Verlag und Autor und teilen Sie uns Ihre Gedanken und Ihre Meinung mit:

www.wiesenburg-verlag.de

www.burkhard-wittek.de

Lesen Sie vom Autor Burkhard Wittek den Reisebericht »**Masuren –
Mein Ort. Nirgends.**«, der eine persönliche Auseinandersetzung des
Autors mir der deutschen Geschichte, dem Nationalsozialismus und
der bürgerlichen Familie väterlicherseits ist, aber auch mit dem eigenen Vater, der als Teilnehmer des 2. Weltkriegs beim Überfall auf Polen und dem sogenannten Barbarossa-Feldzug gegen Russland teilge-
nommen hat. Ein Reisebericht ins ehemalige Ostpreußen und ins heutige Polen mit literarischen Anspielungen und Begegnungen mit den
heute dort lebenden Menschen voller kultureller Ambivalenzen.

Dieses Buch ist **eine spannende kulturhistorische Geschichte der
Deutschen** auf dem Weg zu sich selbst, ins Land der Vorfahren
und in die Geschichte Mitteleuropas – in der 2. Auflage.

Erhältlich in jeder guten Buchhandlung mit <u>ISBN</u> **978-3-940756-37-4.**

Lesen Sie neueste Informationen auf der Homepage von Verlag und
Autor und teilen Sie uns Ihre Gedanken und Ihre Meinung mit:

www.wiesenburg-verlag.de

www.burkhard-wittek.de

Lesen Sie vom Autor Burkhard Wittek Gedanken und Gedichte zum **Jakobsweg**! Ein Buch mit witzig frechen, frivol frischen Erlebnissen und Begegnungen auf dem Weg von St. Jean-Pied-de-Port nach Santiago de Compostela und bis nach Finisterra an den Atlantik. Mit 15 Fotocollagen in Farbe zum spirituellen Geist dieses legendären Weges. Lassen Sie sich durch den Autor Burkhard Wittek auf 35 Pilgeretappen durch Spanien bis ans Ende der westlichen Welt entführen - in seinem Buch »**Hirnblüte und Gottesfrucht**«:

Dieses Buch des Autors der europäischen Wanderberichte ist eine spannende, spirituell kulturhistorische Momentaufnahme vom Jakobsweg mit viel Witz, Humor und ironischer Doppelbödigkeit.

Erhältlich in jeder guten Buchhandlung mit <u>ISBN</u> **978-3-943528-04-6**.

Lesen Sie neueste Informationen auf der Homepage von Verlag und Autor und teilen Sie uns Ihre Gedanken und Ihre Meinung mit:

www.wiesenburg-verlag.de

www.burkhard-wittek.de

Wie viel Phantasie und innere Freiheit, wie viel Irrationalismus benö-
tigt der Rationalismus im Blick auf die globalen Herausforderungen,
um in Hinblick auf die Bedürfnisse der Menschen nach Geborgenheit
und Liebe die Perspektiven auf Freiheit und Menschlichkeit offen zu
halten? Dieser Eigen- und Ortssinn, diese individuelle Regionalisie-
rung von Empfinden und Fühlen zeigt der Autor Burkhard Wittek mit
seinen spirituell-philosophischen Einsichten in die Liebe.

Das Buch »**Liebe- und Leidewelten**«, ein Sammellyricum aus drei
Jahrzehnten, schafft in seiner hermetisch konsumfernen, aber doch offenen Sprache jenen Raum, der in einer neuen Gering- und Wenig-
Kommunikation den Durchbruch zu einer verwandelten Welt führen
kann, in jugendstilleichter Weise wunderbar Lyrisches bietet:

Sie erhalten den Lyrikband »Liebe- und Leidewelten« in jeder guten
Buchhandlung unter <u>ISBN</u> **978-3-939518-54-9**. Lesen Sie neueste Informationen auf der Homepage von Verlag und Autor und teilen Sie
uns Ihre Gedanken und Ihre Meinung mit:

www.wiesenburg-verlag.de

www.burkhard-wittek.de